壹卷
YE BOOK

让 思 想 流 动 起 来

LOGICS

OF

HISTORICAL

SOCIOLOGY

A Transdisciplinary
Exploration
of
Social Theories

孙宇凡 —— 著

历史社会学的逻辑

双学科视角下的理论探索

四川人民出版社

献给吕炳强老师

序言：历史社会学的真谛

严飞（清华大学社会学系副教授）

历史社会学并不是一门全新的分支学科。早在20世纪50年代，美国社会学家赖特·米尔斯（C. Wright Mills）在《社会学的想象力》一书中就明确指出，"历史想象力"对社会学的研究十分必要。到了20世纪80年代，以西达·斯考切波（Theda Skocpol）为代表的一批美国社会学家，更是向整个学科领域宣告："历史社会学已经从涓涓细流汇聚成了滔滔江河，流遍社会学领域的各个角落。"

然而历史社会学在国内学界却是一个新鲜的事物，直到最近几年才逐步受到重视，并慢慢地融合进社会学的主流学科范式中。尽管在研究路径和理论关怀上，不同流派的学者们有着不同的观念取向，但大家都一致认同，历史社会学不仅仅只是社会学下的一个分支学科，而是社会学固有的内在属性，用我的同事应星教授的话说："是一种具有总体性、本源性的研究趋向。"

如果把历史社会学进行一个拆解，很自然地可以分成历史学与社会学两个维度，但这两个维度又如同墙壁上的藤蔓一般，紧紧缠绕在一起、交织在一起。在彼此的渗透与汲取中，既保存着本学科某个重要侧面，使之呈现出独特性与独立性，又试图引入其他学科作为"方法"，并时刻见证着宏观视角与微观视角的兴衰交替，以提升研究的厚度与宽度。

在本书的脉络框架中，作者孙宇凡也如此分成了两大部分，从历史学到社会学，再从社会学到历史学，透过具体的案例，进行方法论上的讨论。对历史社会学而言，历史与社会都是其中不能剥离的基础要素。前者偏向于描述和呈现历史图景的全过程，后者则侧重解读历史事件发生背后的普遍性社会机制；前者偏向历史发展的历时性，后者更强调历史事件的共时性；前者喜欢还原特定时段的微观日常实践和历史人物的生命历程，后者则更在意宏观性议题，例如现代性的起源、国家民族的诞生、革命的爆发，等等。换言之，历史学的目标是揭示过去的社会事实，社会学的目标则是通过研究过去来探究现代性问题。

另一方面，历史与社会的结合又是"美美与共"式的，能够彼此借鉴和利用不同学科的方法或理论，扩展历史社会学的研究疆界。特别是在新史学、文化转向和叙事学转向的浪潮下，历史学需要开拓与现实意义世界的关系，社会学则需要锚定历史卷轴中的诸多动态细节，而最后的落脚点，则是行动者在历史多维图景下的选择与回应，以及如何塑造出路径不一、形态多元的历史流变路径。唯有如此，才能达至威廉·休厄尔（William Sewell）在《历史的诸逻辑》（*Logics of History*）一书中的判断，"我们才能发展出历史学和社会学科共同追求的，洞悉这个时刻变动的世界的学说"。

与此同时，历史社会学的研究从来就不仅仅只是历史社会学，而是必然会和其他的社会学分支领域，譬如政治社会学、文化社会学、组织社会学，或者是特定的研究议题，譬如革命、暴力、记忆、性别，结合在一起进行历史维度的细致解剖。换句话说，历史社会学本身不足够支撑起一位学者全部的学术关怀，而是需要在跨领域的整合之下，结合具体的经验案例，再进行历史社会学的解构。

在这一点上，孙宇凡的结合点是社会学理论，他目前就读的爱丁堡大学社会学博士项目也强于社会学理论。他所主持的"Sociological理论大缸"早已经成为国内青年学子们必读的学术微信公号，对西方社会学理论的迭代与延展进行过全面的梳理和介绍。这一点让我非常佩服。学术界一个常常让人遗憾的事情，就是当一位学者不断步入学术头衔的巅峰期时，也意味着他对学术前沿动态的敏锐度正在不断滑入下坡期。不看最新的研究论文，不了解最新的方法与理论的动向，依旧抱守着早期译介的几本经典著作反复咀嚼，早已成为国内学术界的常态，疲倦而无趣。

当然，这并不意味着孙宇凡的这一本书就完美无瑕。书中的两章曾发表在《清华社会学评论》上，在涉及理论词汇和长短句的表达上，我也曾提出过不少修改的意见。但瑕不掩瑜，作为"后浪"的青年学子对于历史与理论的探索，正如同历史想象力一般，是一份难能可贵的学术品质，更加值得我们这些"中浪"去推荐和帮扶，以期凝聚成一个更朝气昂扬的学术青春共同体。

社会学家都是说故事的人，历史学家都是说书人。这两者结合在一起的历史社会学，就更加需要将那些惊心动魄的历史发生（happenings）在时间序列的脉络上有序呈现出来，再从中提炼出历史发展背后的一般性规律，并推而广之地放置在其他的社会情境和制度环境之下加以验证，从而形成一个更优越的经过社会科学认证过的故事。这是历史社会学的真谛所在，也是研究历史社会学的学者们共同的使命。

2020年6月
于北京清华园

前言和致谢

写一本书，意味着什么？

这本书作为意外的收获，让我很不容易写一篇前言，因为我在四年前打算写的是另一本书：关于十位汉学家的社会理论。不管是站在今天看昨天的构想，还是站在昨天看今天的成书，都如此奇怪。

回想当初，我在阅读了孔飞力、史景迁、魏斐德以及罗威廉等人的作品后，惊叹于其中的社会理论意涵，每每下笔，却又不知从何入手。我不得不花更多的精力在阅读与思考社会理论上，探索建立对话的可能。

我在这种搁浅的过程中，拓展了理论阅读，尤其是开始仔细阅读休厄尔的作品；同时，我也开始反思自己这种奇怪的迂回取向是否具有正当性。

2017年年初，随着撰写至本书第四章初稿，初步完成了本书的第一部分"从历史学到社会学"，我逐渐对美国历史社会学文献熟悉起来，理解迂回历史学、进入社会学也有一番需要论证的道理，但却忘记了自己有过那么一本专著计划。

当我在2017年秋天重返高校，开始读硕士班的时候，更是把当初的专著计划抛之脑后，因为我已打算以休厄尔的历史社会学理论为题，以时间性理论为轴线，撰写硕士毕业论文。然而，我又因师友邀请，临时撰写了对第三波历史社会学的评论（即本书的第六章）。我的导师万毓泽对这篇"小题小作"提出了严厉但中肯的批评，我也打算将该文放置一边，随其命运吧。但是，随着我陆续在"学术志"平台开设《当代社会理论六讲》《理论论文写作六讲》等课程和讲座直播，促使自己更完整地回顾自己的研究与阅读，并以课程大纲等方式整理与呈现，才发现原来自己之前撰写的几篇理论文章，包括对第三波历史社会学的评论，其实已经在时间性理论附近打转了，因而逐渐有了整理本书第二部分"从社会学到历史学"的构想。

坦白地讲，自2015年以来，我陆续发表了一些期刊论文，也更加了解了当代社会理论的经典作品，但却日渐对自己的研究不满。一方面，我感到写作上的乏味——对小题小作，或者只是引进介绍，逐渐缺乏热情；另一方面，我也感到思考力量的愚钝——不知道什么时候能写出议程设置（agenda-setting）的作品。因此，这一两年来，我逐渐领悟到孔飞力对魏斐德的赞赏："他拒绝把自己锁闭在狭窄的路子里，并且鄙弃任何不能归属于一个更大问题的小问题。"[1]

确实，自2012年以来，我跟随香港理工大学应用社会科学系首席讲师（荣休）吕炳强先生研习如何精读文本，感受到何谓分析、何谓深刻，但有时也感到自己把自己局限在"狭窄的路子里"；而2017年以来跟随台湾中山大学社会学系万毓泽教授学习社会理论，又常感受到何谓综合、何谓视野，因而希望自己有所突破。因此，我愿意把为这本书单独撰写的第八章，作为分析与综合、深刻与视野两者结合的尝试之作，并以此回过头来看这几年撰写的几篇时间性作品。

这本书的一些篇章在之前发表过，并得到相应出版机构的授权转载，特此感谢。原出版信息及收录入集时的修订情况，请见附录。

这本书得以出版，要感谢多年来在课堂、会议、邮件等各场合先后相识、不吝赐教的师长，包括万毓泽、高国魁、洪世谦、李钧鹏、李康、刘拥华、刘忠魏、宋灏（Mathias Obert）、汤志杰、韦岱思（Thijs Velema）、严飞、姚德薇、赵鼎新、郑作彧、周雪光老师；以及感谢相互砥砺的学友，尤其是苏格、蔡弘、李弘琛、李立、李越民、刘函儒、吴心越、杨徐健和杨端程。

我也感谢四川人民出版社及编辑老师封龙，慷慨地为

---

[1] Elliott, Mark : "Frederic Wakeman, Jr., 1937–2006." *The China Quarterly* 189, 2007, 180–186.

一位年轻人提供出版机会。

当然，我深深地感谢我的父亲孙永远、母亲尤志君和姐姐孙雨婷。姐姐的开朗与自信是我在漂泊岁月里的慰藉。母亲的坚韧与执着始终是我的人生榜样，让我感受到每一刻都是人生的美好时光。我更不会忘记一贯沉默少言的父亲的酒后心声："我对你的教育，就是想让你放大自己的梦想。"

最后，我想起这本书的起点是吕炳强老师在2015年8月22日的一句鼓励和提议，"咬住不放，便长写长有"。多年来，不管在学术、工作，还是人生成长上，都承蒙吕先生的指点和照顾。因此，我把我的学术生涯的第一本专著献给他。

目　录

孔飞力的《叫魂》尝试回答了中华帝国专制统治之动力问题，但却未留意到其中的时间性维度与文法学问题。本章在阐释国家过程与权力时间概念的基础上，提出在专断权力时间中，君主既是国家的化身，也是政治的化身，能够对诸官僚施以私仆化的作用。而在常规权力时间中，诸官僚通过团伙化来实现将君主"去化身"的可能。将这样的化身理论放置在中西方历史上君主化身的案例比较的语境下，能够看出"叫魂案"中的弘历化身在其类型学与后果效应上既具有共性，也有差异性。

史景迁：虚构传统与历史诠释

　　理解史景迁的书写风格，不仅要从史学家或文学家的身份认定入手，更要从诠释规则角度入手。基于对史景迁的文本式疑问与脉络式疑问，本章指出他在《大汗之国》中为自己树立了汉学的虚构传统，以区别《改变中国》中体现的干预传统。在前一脉络下，史景迁的文本中体现出被观察者／被观察的观察者／观察者（或作者）三重结构，并可以进一步借助述平和吕炳强的某与人、第四身与第一身的文法层次之说，理解为如下主张：作者通过文法学意义上的化身成为被观察的观察者，进而参与到其行动历程与历史世界的事件序列之间的假设检验过程，从而形成文学化的历史书写。最后，本章以《康熙》的自传风格和《王氏之死》的文学风格为例，说明其中的文法层次与诠释规则。

从赵鼎新到魏斐德：意识形态正当性与明清易代

　　基于魏斐德的《洪业：清朝开国史》一书，对于赵鼎新提出的以绩效正当性主导关于天命观的解释，提出以下观点：一、其论述在正当性理论上与韦伯的论述能够兼容而非冲突。其中，绩效或效力是正当性的普遍基础。二、经由四因说，认为"目的因＋质料因"的绩效正当性无法保持理论的融贯性，需要再补充"形式因"，以转变为意识形态正当性。三、以明清易代为例，说明在意识形态正当性解释下，在天命观与正统观连接的情况下，统治者与统治班子之间命令-服从关系所展现的、具有事件时间性的过程。

第四章 / Chapter Four   134

把历史学带进来：历史社会学的跨学科想象与策略

历史社会学在社会学中的学科位置及其正当性仍是一个具有争议的问题。本章从历史社会学的跨学科想象出发，梳理出以分支领域型和学科本质型为代表的两种流派。前者在方法论上向主流社会学靠拢，认为历史社会学只是社会学的分支，历史学家无法是社会学家，而后者则从历史质性的角度认为历史社会学是社会学的学科本质，致力于推动主流社会学转型，认为社会学家要成为历史学家。这两派虽有分殊，但都存在"学科的大国沙文主义"和"孤岛隔绝化"吊诡并存的跨学科想象症结。相较于过于理想化地将社会学与历史学二者合一（即第三种流派），本章提出第四种主张：建立"迂回历史学，进入社会学"的理论研究纲领式对话。

第二部分 Part Two 从社会学到历史学

社会学的想象力与主体时间性：从成伯清到史景迁

成伯清基于社会结构、传记和历史的"社会学的想象力"维度三分法，认为现代性时代背景所导致的社会学反时间倾向，需要通过叙事的策略来加以扭转。不同于此，本章认为可以再引入世代和行动历程维度，来进一步认清基于社会学自身知识增长带来的反思物理时间和迈向主体时间的倾向。而以叙事作为表征策略的必要性，需要立足于以假设检验为核心的士多噶因果性以及奥古斯丁的主体时间。为澄清这种因果性与时间性，本章进一步以史景迁的两本著作为案例加以说明。

第三波历史社会学与突现时间性：存在论与方法论

本章研究的是第三波历史社会学的存在论与方法论立场及其背后的突现时间性预设，而非该波次在经验议题及其解释性理论上的转变。第三波历史社会学的突现存在论包括个体和社会两个层次，而所谓的突现就是连接个体层次的行动者、行动和能动性与社会层次的图式和团体之间的"现实化"，体现了米德的"现在的哲学"；同时，本章厘清了第三波历史社会学的方法论即斯廷奇科姆的深度类比，是对诸历史实例的谓词加以等价比较并建立因果序列的过程。

深度类比方法论的存在论承诺虽然与第三波历史社会学在论证逻辑上一致，但都是从"情境-情境定义"这对概念入手理解对社会结构或社会秩序的拆解与建构。

结构与事件时间性：《历史的诸逻辑》的内在批判

基于事件作为结构转型的定义，本章以内在批判的方式，重新阅读休厄尔《历史的诸逻辑：社会理论与社会转型》中的事件时间性理论。本章对休厄尔的理论提出以下四个方面的挑战并予以修订。一、通过分析休厄尔对结构定义的版本学分歧，指出更合理的"结构"定义为：由权力模式驱动文化图式与物质资源相互衔接的不均衡网络。二、通过指出休厄尔对"结构转型"的认定的分殊取向，将之合并为"事件与结构的实用性双重匹配过程"。三、通过引入里德的权力三维度理论（情境展演、话语诠释和位置关系），指出结构转型是倒三角式的、从断裂到再衔接过程。四、指出休厄尔对事件时间性的理论界定与案例分析中分野，进一步按是否转型了深层图式，划分为垂直与水平两种事件时间性类型。

第一部分
Part One

从历史学

到社会学

第一章 / Chapter One

孔飞力：君主与化身的奥秘

何为专制统治的动力（the dynamics of autocratic rule）问题？[1]在《叫魂：1768年中国妖术大恐慌》（*Soulstealers: the Chinese sorcery scare of 1768*，以下简称《叫魂》）一书中，孔飞力（Philip A. Kuhn）对这一问题的提出与回答是受到了马克斯·韦伯（Max Weber）的影响。他在说完1768年发生的一起看似荒诞但又正经的妖术事件之后，仅仅简要地评说了时下学界关于中华帝国后期的政治制度研究（如通讯、人事），便提出了更为基础

---

[1] 孔飞力（2014，封底）因《叫魂》这本书而荣获"列文森中国研究最佳著作奖"时，其评语中有这样一句话："本书对于专制统治的原动力做了细致、强有力却依然十分准确而又得体的探讨。"

也更为紧要的疑问：专断权力（arbitrary power）[①]和常规权力（routine power）之间是什么关系？显然，他不同意韦伯的观点，并直陈这二者之间并非相互冲突，而是可能以一种看似自相矛盾的方式持续地共处。

与韦伯较量无疑吸引了读者的关注。作为《叫魂》的译者之一，陈兼便提出了反对观点，认为孔飞力（2014：358）的论证并没有从根本上否定这两种权力的此消彼长问题。但是，仅仅是互动形式（冲突或共处）之区别，便能够体现孔飞力回答所谓"动力"问题之功劳吗？冲突观或共处论的争论可能掩盖了一个更重要的先决问题：君主何为？我认为，可以先行搁置争论，逐步回溯，才能更为深入地分析出孔飞力关于前现代中国专制统治动力的洞见。

一、国家过程

在《叫魂》中，孔飞力基于他对"国家"的定义，提出了颇具新意的概念："官僚君主制。"（bureaucratic monarchy）具体来说，首先，孔飞力认为国家具有双重含义：既是工具维度的政府，又是系统维度的官僚君主制。

---

① 我将"arbitrary power"译为"专断权力"，而不是陈兼、刘昶译的"专制权力"。同时，周雪光（2012）也采取了"专断权力"的译法。

　　它（孙按：国家）既是一种工具（根据国家
所有者的利益来管理国家的辖域。其所有者包括满
族君主和满汉精英），也是一种系统（在政治行动
者之间进行权力的和地位的分配）。作为工具的国
家（我将之称为"政府"），同我们对于政府的常
识性理解是相符的：它是为完成诸如征税、治安和
战争之类的任务而建立起的组织。作为系统的国家
（我将之称为"官僚君主制"），则是由那些生活
于等级秩序之中，其生涯取决于声望和权力、流动
和安全的人们之间的关系所构建而成的。[1]（孔飞
力，2014：272；Kuhn，1990：219-220）

　　从系统的维度来看，孔飞力的概念界定似有一问题：
如果我们将该句简化，那么便是"系统（system）即关系
（relationship）"。这一判断应予进一步厘清。一本社会
学词典这样界定"社会系统"（social system）[2]："一
个系统是诸元素之间的关系的任何纹路。"（Marshall，
1996：494）

　　对应来看，这本词典说的是"系统即纹路（pat-
tern）"。照此推论，"诸元素之间的关系"即孔飞力所

---

① 引文中着重号均是译者所加，孔飞力的原文为斜体。我参考了陈兼、刘
　昶的翻译。
② 　这本辞典并没有"系统"（system）词条，我只好取借"社会系统"。
　就内容而言，仍不离"系统"之义。

说的"诸政治行动者"之间"诸关系","任何纹路"却有两种指向:一个是作为"权力的和地位的分配"结果或背景的"等级秩序",另一个是作为"权力的和地位的分配"过程的君主与诸官僚的"生涯"。如果说"官僚君主制"这个概念提法更倾向于抓住以"关系"和"等级秩序"的共时性面向作为一种"纹路",那么本章将尝试分析另一种纹路——从历时性的"生涯"角度,将其观之为一种社会过程(social process)。①不难想象,国家作为"社会过程"(即孔飞力所说的"系统")的话,若如洋葱一样"剥开"观察,便是"生涯"(历时性的关系),再"剥开"一看,是君主与诸官僚(即孔飞力所说的"政治行动者")。我将这种社会过程,特定化地称之为"官僚君主过程"(process of bureaucrats and monarch)。

对于"政府",正如孔飞力从其职能的角度加以理解的那样,包括征税、战争等任务。不过,这些任务是要围绕"国家的所有者"而定。例如,在清政府,这些所有者包括"满族君主"与"满汉精英"的利益,亦可称为君主与官僚。如果这些所有者各思其益、各占其利的话,从社会过程的角度来说,也不得不思考政府是否也会因不同的时态而呈现不同的职能分布(随后,我也将"政府"改造为"政府过程")。相较于征税、战争等任务列举法,孔飞

———

① 这里的"社会过程",即交往过程(process of intercourse),是遵循米德(Mead, 1934:107)的用法。

力在《叫魂》一书中也借用了更为准确的职能界定：政治
（politics）与行政（administration）。孔飞力这样说：

> 卡尔·曼海姆（Karl Mannheim）曾指出："官
> 僚思维（bureaucratic thought）的基本倾向是把所
> 有的政治问题化约为行政问题。"他的意思是说，
> 官僚没有能力超越他们"有限的社会眼界"和理性
> 的秩序化了的工作范围，去认识发生在更大的政治
> 世界中由非理性所生成的利益冲突。[①]（孔飞力，
> 2014：271；Kuhn，1990：218）

在孔飞力看来，正如弘历要将"叫魂"之事定为"政
治罪"那样，君主与官僚分享着不同的世界：官僚基本上
朝向行政世界，即所谓的"有限的社会眼界"，而君主基
本上朝向"非理性"的"政治世界"。君主与官僚虽然共
享着政府，但却由此产生了不同的利益诉求。不过，虽然
孔飞力对于曼海姆的政治–行政之分在此止步，但却为后
来的研究开辟了与国家治理相勾连的有益研究（周雪光，
2011）。因此，有必要详细交代，进一步发挥其理论上的
潜力。

曼海姆的这一对概念区分是来自于阿尔贝·谢弗莱

---

① 我修改了陈兼、刘昶的译文。

（Albert Schaffie）的理论。谢弗莱认为，社会政治生活存在两个面向，一个是"国家的常规事务"（routine affairs of state）或"行政"（administration），另一个是政治（politics）。行政是指具有固定了诸纹路的、定期重复了的一系列社会事件，而政治是指仍为演变着的过程（the process of becoming）的事件，而对于后一种事件，必须做出决断以形成新的、独特的制度（Mannheim，2003：100）。

由此，曼海姆进一步提出划分政治与行政的三个维度：行政可以参考先例，政治无先例可循；行政按规定办事，政治需要决断；行政属理性领域，政治属非理性领域。其中，最后一个维度被孔飞力更显目地使用，但却需要再澄清。曼海姆（Mannheim，2003：103）认为，非理性的来源有三个：无法控制的竞争（uncontrolled competition）、强力的支配（domination by force）和情绪的反应（emotional reaction）。

就孔飞力所用而言，恐怕与第一个来源无关，只与第二项、第三项有关，与第二项最为贴近。同时，我们也知道孔飞力是从官僚与君主的关系中讨论行政与政治关系，那么所谓情绪的反应与强力的支配指的便只能是弘历了。由此可知，在政府运转过程中，作为国家所有者一方的官僚是以理性的方式遵循规则与先例，而作为国家所有者另一方的君主则是以强力的支配（渗入情绪的反应），在没有先例可循的情况下进行决断。

将君主、政治、官僚和行政这四个概念衔接起来看：既然国家的系统维度（亦即社会过程维度）已经将官僚君主制从共时性向历时性方向改造从而提出了官僚君主过程这个概念，我们也可以同样从工具的时间分析视角，将"政府"概念更新为"政府过程"（process of the government）。所谓的政府过程，便是政治与行政的时间结构（temporal structure）。将工具维度与社会过程维度合并起来，孔飞力的国家定义也可视作如下提问：国家在时间过程中呈现何样的结构？根据上述分析，回答便是在政府过程与君主官僚过程方面，君主以强权决断政治和诸官僚依规理性行政这二者交替变换的时间结构。既然如此，我们可以将具有这两个子过程的国家定义称之为"国家过程"（process of the state）。

图1.1 国家过程

政府过程   官僚君主过程

政治 ———————————— 君主
     | |
行政 ———————————— 诸官僚

历时性   历时性

二、权力时间

我到现在还没有完整交代孔飞力著作中的一对重要划分——专断权力与常规权力。事实上，孔飞力并没有直接给出他对二者的定义，只是借用了克罗齐埃（Michel Crozier）《科层现象》（*The Bureaucratic Phenomenon*）中的一段话来暗指这两种权力：

> 为达此目的（孙按：组织管理者对组织成员的谈判权的严格限制），他们（孙按：组织管理者）掌握着两个系列的施压手段：一方面是理性化的权力，或者说是制定和颁布规章制度的权力。另一方面是做例外处理的权力，或者说是对规定视而不见的权力。他们自己（孙按：组织管理者）的战略是试图……找到这两个系列施压手段的最佳结合点。（克罗齐埃，2002：199）

孔飞力认识到，"理性化的权力"即常规权力，"例外处理的权力"即专断权力。而当他提出"官僚君主制"这个看似内含矛盾与冲突的概念之时，便为寻找君主与官僚的互动或共处之道带来了两难境地。显然，官僚施展常规权力，便要收束君主的自主性。君主若祭出专断权力，官僚之常规哪能自处。如此，便难以找到一个"最佳的结合点"。正如孔飞力分析弘历一生对这两种权力的使用情况一样：

> 即位之初，他（孙按：弘历）就立誓要在他过于仁慈的祖父和过于严厉的父亲之间找出一条中庸之道。他确实找到了这样一条中庸之道，但其方式却是奇怪的：他在宽容和严厉这两极之间的来回摆动，因此，他的"中庸之道"并不是一种恒常，而只是一种平均。[①]（孔飞力，2014：283；Kuhn，1990：227）

可以肯定的是，尽管孔飞力借用了克罗齐埃的观点，但恐怕站在君主弘历这个观测点来看，未必是克罗齐埃所说的"最佳的结合点"，亦即"恒常"（constant）。弘历的"中庸之道"其实是"平均"（average）之道——先是一极后是另一极，接着再加权，最后计算出平均数。如果按上述的时间结构的角度来看，这种"一极–另一极"才是弘历这个行动者所为，"平均"不过是研究者所见。因而，虽然无法企求"最佳的结合点"，但却可以同样地用时间结构方法，以"权力时间"来解答：专断权力和常

---

① 我略修改了陈兼、刘昶的翻译。

规权力是在官僚君主过程（亦即政府过程）中，君主–政治和诸官僚–行政这对历时性概念，进一步按权力类型做出的细分，而这一细分则随着官僚君主过程与政府过程的历时变化也相应呈现为变化着的节拍。我们先勾勒图示如下，再予以解说：

图1.2 权力时间与国家过程

具体来看，可以将权力时间视作向上升的自动扶梯，君主最初是站在偶数台阶上，诸官僚最初站在奇数台阶上，当君主抬起脚上一阶便会发现自己身处诸官僚之规程之中，特殊地位与自主性大受制约。君主再跨一步，进入专断权力的上一阶，才能回到自己的"超官僚"（extra-bureaucratic）地位。如此一来，在自动扶梯的运行过程中，便呈现着"专断权力—常规权力—专断权力—……"的时间结构。

以君主为观测点，孔飞力叙述弘历对官员任命方式的变迁过程可作为这个时间结构的例证。在对官员的日常考评制度中，充斥着模板化的、套语式的诸类人事评语，使得弘历难以了解和掌握各官员的真才实学与品格操守，进而使得官员任命可能出现私人庇护等一系列问题。为此，弘历先是以各省督抚等地方高官与京城高官的职位较高、干系重大为由，拒绝了常规化了的、三年一次的考核评估，改由直接让这些官员向弘历呈交"自陈"报告。但是，这个打断旧常规的专断之举又进一步变成了俗词滥语的工作汇报。弘历不得不再推开常规，随时抽查与奖惩这些官员。不过，面向人数众多的诸官员考评工作，弘历也难以一力承担，于是又恢复了常规性"自陈"工作。尽管如此，在再常规化之后，他还是警告各官员不要放松警惕，这意味着下一轮的专断还会降临。

三、化身与去化身

上述改造，是为了得出国家的历时性定义、权力的历时性定义。虽然看似全然放弃了共时性定义（如"官僚君主制""最佳结合点"），但其实是为新的共时性定义让出空间。对于图1.2，如果纵向来看，确实是全乎历时性，但如果从横向来看却又全乎共时性。[1]原因在于：两类权力如同菜刀切肉一般，把国家过程这块肥肉切成两片，让

---

[1] 本章对于历时性，定义为诸时态继替滚动所体现出诸时态的异质性序列。对共时性定义为在暂时撇开其他时态中诸异质性情况下，对同一时态中诸时间点加权之所得。

人不得不思考：在只见专断权力而不见常规权力的情况下，君主、政治是怎样的？在只见常规权力，不见专断权力的情况下，诸官僚、行政又是怎样的？

再进一步，可以发现一个有意思的现象，纵然这块肥肉被切成了两片，但每一片仍可得到特定化了的国家定义。如上所说，国家定义在不论历时性或共时性的情况下，都需包括工具与系统（社会过程），或政府与官僚君主这两个方面。如果说"政治—行政—政治—……"+"君主—诸官僚—君主—……"是历时性的国家定义，那么"君主–政治"/"诸官僚–行政"便是共时性的国家定义。我在上面只是略加提到君主与政治关系，诸官僚与行政关系，未予展开，下面将继续分析。

首先从常规权力时间说起。在这一情境下，看似"君主"消失了，实则是常规权力将君主纳入诸官僚这个团伙之中，一方面使得君主不再具有超越性，并变成了所谓的"最高行政长官"。如此一来，君主既要"向下依附"诸官僚来完成行政事务，又要与其他官僚一样遵守成文法典或传统。另一方面，诸规则、诸惯例也为官僚们提供了掩护，不仅使之免受"君临天下"之祸，并在此境况中借机谋利自得。

黄仁宇的《万历十五年》也精彩地描述了这种情况。在首辅张居正过世后，其派系的势力遭到了清算，但万历皇帝并没有得到真正的受益。黄仁宇这样说：

> 他（孙按：万历皇帝）摆脱了张（孙按：首辅张居正）、冯（孙按：大伴冯保）之后所得到的自主之权仍然受到种种约束。即使贵为天子，也不过是制度所需要的产物……在倒张的人物中可以分为两类，一类人物……立即把攻击的目标转向皇帝……总而言之，他们要把他（孙按：万历皇帝）强迫纳入他们所设置的规范，不让他的个性自由发展。另一类人物则干脆是为了争权夺利。他们利用道德上的辞藻作为装饰……在张冯被劾之后在朝廷上空出来的大批职务，他们就当仁不让，安排亲友。（黄仁宇，1997：44）

诚如黄仁宇看到的诸官僚之两面性：这些官僚一方面以道德来制约皇帝的"自主之权"，另一方面又利用规则与时机，"安排亲友"。君主尽管在诸礼仪活动或行政程序上仍为最高长官，但也不过止步于此罢了，如何能抵得住诸官僚的左右开弓。可以说，皇帝甚至有意或无意地加入了官僚的"团伙"。诸官僚和君主的这种境况被孔飞力敏锐地捕捉到了：在妖术被视作"政治罪"之前，整个妖术活动的惩治或审判都可以说处于常规权力时间，弘历很清楚，他对追查此案必须要基于类似于上述两面性的假设：

> 地方官出于自身利益总是对手边的问题轻描淡

写以减轻他失职的过失。在这种情况下，常规的监察系统（例如对税收报告的监察）变得毫无作用，因为并没有什么常规的制度可以用来审核妖术案犯的人数。（孔飞力，2014：168）

如是看来，弘历的情况并不比前朝的万历好多少，只是弘历更为警觉且更清楚地认识到了这一点。常规权力的行政规则如同反手刃，指向了君主自身，遮掩了君主发挥其专断能力的视界，并使诸官僚得以自我掩护，发挥"天高皇帝远"的利己作用。

不过，我们并不能认为诸官僚在规则的掩护下会各行其是，无所聚团。有意思的是，如同惊警的弘历所预判的那样，君主又怎么会不知诸官僚在常规掩护背后的可能行径呢？毋宁说，君主是在与官僚进行一场合谋！在君主入伙之后，官僚不仅有规则掩护，更可能会得到君主庇护。也是说，一旦君主（作为上级）、行政（普遍性的）、诸官僚中一部分（受庇护的一支）形成合力，那么就可能形成占绝对优势的"超级派系"。正如孔飞力观察的那样，时至18世纪晚期，当弘历龙体日益衰竭之时，和珅集团即是如此：

此前二十年间（孙按：弘历驾崩前），和珅便一直得到老皇帝（孙按：弘历）的宠信，权倾朝野。他⋯⋯编织起了一张渗透整个大清帝国财政系统的恩惠网络……我们或许可以将和珅一党称之为一种"超级派系",因为它得到了最高统治者毫不动摇的庇护。(孔飞力,2013:5)

不过,和珅的最终下场也已然预告了另一种结局:如果君主不入伙,如果君主掀起掩护或约束作用的行政规则,扯破诸派系圈子或官官相护的网络,又是怎么样呢?这正是《叫魂》一书中所要重点展现的专断权力时间一轴。

顺着横向之轴重审上面的图示,我们不再以划分的角度比较性指定政治的含义,而是直截了当地追问:政治是什么?尽管曼海姆与施米特(Carl Schmitt)互陈彼此对政治的定义是对立的,但是经改造过后,曼海姆的政治定义不再直接采用"理性–非理性"划分,同时施米特的政治定义也将只被本章放在前民主化、国家与社会尚未相互渗透的时代加以使用。如此一来,二者之间的对立便可消弭。[1]施米特的说法值得引用:

无论如何,"政治的"一般而言与"国家的"相互并列,或者说与国家之间存在某种关系。由此,国家似乎是某种政治性的东西,而政治则是某种属于国家的东西——这显然是一个令人不快的循

---

[1] 二人对彼此的政治定义持对立态度的观点分别见曼海姆(2003:103)和施米特(2015a:25)。

> 环……只要"国家"真的是一种与那些非政治性群体和事务形成鲜明对比的确定的突出统一体——换言之，只要国家垄断着政治，那么，那种仅仅作为国家的附属性参照的政治的一般性定义就是可以理解的。（施米特，2015a：23—25）

　　问题在于，对于"政治即国家"这个看似广为接受的常识，如果将"即"这个字问题化（problematization），那么便使连接的可能性问题变得紧要起来。下文将会论证，"政治即国家"要拆解与重组为：因为政治即君主，君主即国家，所以"政治即君主即国家"。可以说，"政治即国家"是个"狡猾"的简称，隐藏了"君主"这个中间字眼。在《叫魂》中，这组关系便是以"满族即弘历即清朝"的方式出现，而平常说的"满清"一词便是隐去了"弘历"（或其他清朝君主）之后的简称。

　　对于这个论证要说明文法学上的划分与连接：政治、国家是第四人称代名词（the forth-person pronoun）①涵括的诸研究事体（entities），而君主这个人本身是第一人称代名词（the first-person pronoun）指称的研究事体。

---

① 《汉语大词典》对"人称"的定义是："语法范畴之一。通过一定的语法形式表示行为、动作属于谁的。属于说话人的为第一人称，属于听话人的为第二人称，属于说话人听话人之外的是第三人称。"（罗竹风，1986：1053）汉语中的人称代名词问题的综述与讨论见陈翠珠（2013）和吕炳强、李越民等（2015：95—100）。

因此，论证的问题转而成为文法学上的"化身"问题——"第四身即第一身"或"第一身即第四身"。

如此一来，便牵连出两个问题：第一，本章作为社会学式分析，如何理解文法学上的诸"身"？第二，从社会学式的文法学角度来看，真的有异乎常识的第四身吗？如果有，那么第四身是什么？

实际上，人称代名词分析是社会学的研究事体类型学传统之一。[①]据基尔明斯特（Kilminster, 2012：7）考证，人称代名词的社会意义分析肇始于20世纪初一篇对洪堡（Wilhelm von Humboldt）语言学思想研究的论文。随后，尽管美国社会学先驱库利（Charles H. Cooley）、米德也使用了"I"和"me"等人称代名词作为理论词汇，可涵括一定的研究事体，但并非将"人称代名词"作为研究事体的类型学加以完备地发展。

---

① 吕炳强在一封电邮中说："先厘清'代名词'（pronoun）一词的所指。例如，在话说（parole, speech）当中，吕向孙说及刘，吕会这样说：'我告诉你，他快要出国游学了。''我''你''他'这三个代名词分别替代了'吕''孙''刘'那三个名词（noun）。无论是另三位姓什么，若说同样的事，也是同样的第一身'我'、第二身'你'、第三身'他'所替代。这是从语言的文法学（grammar）的角度来说。但是，我们也可以改从事体（entity）的类型学的角度来说，代名词（'我''你''他'）是一些类型（第一身、第二身、第三身），有关的事体（'吕''孙''刘'三个名词所指向的吕、孙、刘三人）被分别纳入适当的类型里。"（吕炳强、李越民等，2015：98）另，人称代词的理论化也在社会学方法论（尤其涉及定性方法与叙事问题）、存在论上使用，但与本章的研究事体类型学有一定距离，不在此赘述，可分别参考Blauner（1987）和刘忠魏（2016）。

至于在欧洲方面，受曼海姆于20世纪20年代发展的"视角"（perspective）分析之启发，埃利亚斯正式提出了"诸人称代名词作为一种形构模型"（the personal pronouns as a figurational model）的理论构想，从而实现了从"I""We"等代名词的个别分析迈向了整体分析的转变。[①]埃利亚斯（Elias, 1978：122）认为，在非实象的（non-reifying）的日常语言中，人称代名词是最能够为社会学提供概念建构的一支。因为我们凡是考虑到"我"（I）时，亦不得不同时考虑到"你"（You）、"他／她"（He／She）等第二身、第三身。

相较于"社会角色"指定了具体的特定人群来说，这些人称代名词更加具有普适的理论特征，因为任何社会成员都可以是"我"或"他／她"这个范畴中的一员。由此，社会学的研究事体几乎都可以涵括在"我""你""他／她"等人称代名词之下。诸人称代名词便构成了一个由人们（people）而非孤立的个人（individual）相互交织、相互依赖的网络或过程。

不过，埃利亚斯并没有对社会学经常分析的"非人的

---

① 关于埃利亚斯作为曼海姆助手期间，受曼海姆思想的影响过程，见 Kilminster（2007: ch.3）。需要指出的是，曼海姆（2013）在20世纪20年代的作品中并没有使用"人称代词"这一理论词汇。同时，埃利亚斯对"人称代词"理论构想最早且完整地表述，可能是1968年未公开出版的文稿《关于诸人称代名词的反思》（*Reflections on Personal Pronouns*）（Norbert Elias Foundation, n.d.）。

事体"（non-personal entities）（"组织""功能""制度""系统""市场"，等等）加以"人称代名词化"以统合起来。换句话说，埃利亚斯只是认为由"人们"构成的诸人称代名词是一种形构模型，而这些形构出来的、非人的模型并不需要一种人称代名词。不过，尽管埃利亚斯谨慎地只有"我／我们""你／你们""他／她／他们／她们"这些词汇，仍然含糊地使用了一次"它"（it）：

> 制度从不只是对所谓的"系统"（例如一个国家或部落）履行其功能。这些制度也对它们（孙按：制度）的诸成员履行其功能。换句话，它们（孙按：制度）既有"我-功能"（I-function），也有"它-功能"（it-function）。[①]（Elias，1978:126）

撇开埃利亚斯拟人化地以"我-功能"考虑"制度-系统"关系，单从"诸成员"的角度看，即使"制度"是这些成员的相互交织关系的特征，但其本身却也不得不被单独视之（如视为独立的"它"）。但是，仅仅第三人称的"它"适合称谓这些"制度""国家"等事体吗？

---

① 这是埃利亚斯在《什么是社会学？》（*What is sociology?*）一书的"诸人称代名词作为一种形构模型"一节里，唯一一次给"it"加了引号：作为与"I""We"等具肉身的人称代名词之外，作为非肉身人称代名词的理论词汇。至于在他早期的《关于诸人称代名词的反思》一文中有没有此种情况，有待再考证。

毕竟，"它"还可以指称"物体"（thing）、"动物"（animal）等非肉身或非人的事体。

在埃利亚斯之后，人称代名词的类型学传统又回到美国一地。马丁（Martin, 2001）尝试了以第三身（the third person）视角指称拒绝分析第一身或者"人作为理论事体"（the person as a theoretical entity）的分析路径（如卢曼的系统理论）。马丁的用法也不够清楚，因为这样连带地将"他/她"这两个原本由第三身人称代名词指称的对象也拒绝了。[①]

由此，这一研究传统面临着两难境地：如果从正面理解，保留将"制度"等概念作为第三人称事体的"它"所指称的对象，那么意味着"它"如此肥大和混淆，而如果保留从反面界定，以非第一身或非人的角度[②]，来界定常见的"系统"等社会学事体，那么意味着这样保留下来的"第三身"不仅剔除了"他/她"，而且也同样难与"物体"和"动物"等非社会学主流的第三人身代称对象区分出来。

为了理论上的简洁刻画与再拓展，吕炳强相当于翻转

---

① 马丁（Martin, 2001）也以"为什么"（why）问题和"怎么样/如何"（How）分别作为第一身与第三身的另一种代称，这可能是他撇开"他/她"作为第三身指称的理由之一。同时，马丁（Martin, 2001; 2011:17）并没有注意到埃利亚斯的先例，而只是在《社会行动的解释》（*The Explanation of Social Action*）的一个脚注中指明自己要与新康德主义和现象学（如梅洛-庞蒂）在文法学上的第一身与第三身对立传统加以区分。

② 第二身的"你"可以从第一身的"我"衍生出来。

了埃利亚斯的命题：从"诸人称代词作为一种形构模型"，转化为"诸形构模型作为一种人称代词"（figurational models as a personal pronoun）[1]，增加了"第四身"作为社会学的新研究事体类型，以将"结构"等非肉身（incorporeal）、可由行动者"观想到"的"对象实在化"（objective realization）（吕炳强，2011）内容单独归类。[2]

将这样的新事体分类带回到埃利亚斯类型学中也能够得到解释。埃利亚斯并不是将"制度""结构"这些概念看作是给定既存的事体，而是将其看作是由其成员的多元视角（multi-perspectives）所形成的交织事体（Elias，1978:126）。也就是说，上述的"它-功能"，则是复数

---

[1] 同样需要指出的是，吕炳强也不是遵循埃利亚斯的传统，而是借助了德勒兹在《意涵的逻辑》（*The Logic of Sense*）一书中提出的意涵概念来发挥出"第四身"这一类型，因为"意涵是命题的第四个维度……是一个非躯体的、复杂的、不能还原的事体。胡塞尔称这终极的维度为'表述'，他把它从指称（denotation）、表明（manifestation）和展示（demonstration）区分开来。意涵就是那被表述了的东西……意涵是带有躯体的诸起因（causes）及其诸混合的效应（effect）……"。（转引自吕炳强，2009：72—77）

[2] 吕炳强（2011）原使用的词汇是"客观实在化"，但因"客观"在汉语中又含有中立的意思，与行动者"观想到"这一论述不易接合，因而改用同为"objective"译名的"对象性"，进而将"objective realization"译为"对象实在化"。不过，吕炳强（2011）在同一篇论文其他处也将"object"译为"对象"。这样的结构观导向下的第四身，具有解释主义（interpretivism）倾向。同样的分析路径，也可见瑞德（Reed，2008）的"对象化了的诸结构"（objectivized structures）概念。他是将社会结构看作是由行动者创造的一系列具有外在性（externality）的意义。

的"我""你""他"所观想到的对象实在化之综合。[①]
从这个角度来看，诸形构模型也未尝不可作为一个人称
代名词加以特定化地标注出来。以列维纳斯（Emmanuel
Levinas）的学说来类比，如果说第三身中的"他／她"是
具有肉身的"他人"（the other person），那么第四身是
"非人的他者"（the impersonal other），或是非肉身的他
性（the otherness）。[②]

表1.1 文法学视角下的社会学研究事体类型学

文法学维度	第一身	第二身	第三身	第四身
人称代名词	我	你	他／她	他性
肉身性	有	有	有	无
研究事体	君主、父母等行动者事体			政治、国家等结构事体

经过上述处理，以文法学式人称代名词作为社会学研
究事体类型学的视角下，第四身的社会学地位占据重要地
位。因而，上述的"第四身即第一身"或"第一身即第四

---

① 这一综合并不等于累加，因为埃利亚斯式的形构并不能还原为诸个
人。也就是说，多人的行动交织能够产生没有任何参与者计划到的
社会过程。因而，"形构"虽然是由行动者所"建构"的事体，但
却产生了自主性，对行动者具有了权力规制的影响，详见埃利亚斯
（Elias,1978:ch.3）对"赛局模型"（game model）的分析：改变人口变
量（两人到多人）时，其形构对象（赛局过程）越加愈有自主性。
② 列维纳斯用"他性"来指称"上帝"（God）、"死亡"（Death），见
吕炳强（2009：143—167）。

身"（满族即弘历即清朝、政治即弘历即国家）看似成为一个不可能的任务——社会学地讲，何以结构即行动者？或者行动者即结构？

如果以"即"字将政治、君主、国家等第一身与第四身人称代名词对象连接起来，那么便要考虑到"化身的奥秘"（the enigma of incarnation）问题。孔飞力已经或隐或明地指向了这一点：

> 满清朝廷因而需要在两方面展现言辞的舞台，一个用于表现政权的普遍性，另一个则用于捍卫政权的种族特性……弘历的风格，是尚武的满人种族特性与普世主义文化的一种不太和谐的混合物……君权既要成为满人文化完整性的保护者，又要成为多种族霸权的一种象征……要将排他性与汉化完全孤立区分开来是不可想象的。这就是弘历作为满族首领，同时也作为大一统中华帝国皇帝所面临的两难处境。（孔飞力，2014：75—87）

我们不妨把"满清"二字拆开，"满"是"种族特性"，"清"是继替明亡后的又一个得天命正当性的王朝（赵鼎新，2012）。这二者"拧"在一起便势必产生特殊性与普遍性的冲突，并汇集在弘历这个具肉身的君主之上。具体地讲，一方面，"满族"作为种族时是一个第四身事体，作为诸满族人时是诸第一身事体。"满族之化身"是指弘历这个满族人以"满人文化完整性的保护者"或"满族首领"之第一身身份，化身为作为满族这个第四身。另一方面，"清朝"作为王朝时是个第四身事体，作为诸清朝人时便是诸第一身事体。"清朝之化身"是指弘历以"大一统中华帝国皇帝"之第一身身份，化身为清朝这个第四身。①

---

① 周雪光（2012）以《叫魂》为文本，认为专断权力是以传统权威和卡里斯玛（charisma）作为双重合法性基础。由此，"化身的奥秘"便易于被视作韦伯所说的卡里斯玛权威。尽管二者有相交部分，但不完全一致。在此需要作五点说明：第一，尽管卡里斯玛权威能解释皇权的面向，传统权威却无法解释"叫魂"事件中专断权力涉及的"满-汉"问题。第二，如果用纯粹的卡里斯玛类型来解释"满-汉"问题，那么便违背了纯粹卡里斯玛作为一种支配类型的基本规则：人之划分。按韦伯（2010a：351）解说，卡里斯玛是指个人具备常人所不及的某些品质。由此，可推论出"超人-常人"划分。显然，如果按这种划分来解释的话，那么便得出满族人=超人、汉族人=常人的不恰当结论。毕竟，掌握专断权力的只是弘历一人，而非所有满族人。而弘历至多是认为满族这个种族具有优越性，但无法肯定诸个满族人都超乎凡人。第三，即使按照"卡里斯玛变形"（韦伯，2010b：第14章）来解释专断权力，也值得商榷。变形了的卡里斯玛（如血系卡里斯玛、官职卡里斯玛）均是以"去人格化"为特征。从文法学的角度讲，"去人格化"后的卡里斯玛便是本属第一身的特征（超人之品质）演变为第四身的特征（非肉身的属性，如血系、官职），这与由弘历一人掌握专断权力的肉身化之论述不符。第四，与"卡里斯玛"不同，"化身的奥秘"采取的基本划分是：人-非人，亦即第一身的肉身之人与第四身的无肉身之他性的划分。这种解释便从根本上符合专断权力掌握在弘历一人之手的立足点，同时也符合专断权力所涉及的政治（种族）、国家（清朝）事体，均是第四身的文法学规定。因此，在"叫魂"事件中，弘历的"左右开弓"之权术难以从"卡里斯玛"的角度得到完备的解释。第五，当然不否认，在"超人-常人"划分之中，超人自身既可能不与信仰等事体合二为一，但也可能合二为一。这体现在韦伯对卡里斯玛列举的广泛性上：既包括了罗斯福，也包括了基督。从实际后果的表征来看，后一种情况与文法学上的化身相近。感谢周雪光老师点拨这个要点。

　　进一步讲，"清朝之化身"即"国家的化身"，"满族之化身"即"政治的化身"。对于前一问题不难理解，不再赘述。对于后一问题要从政治-行政区分的角度加以说明。孔飞力（2014：69）指出，自满族成为征服者以降，剃发问题一直被保留在法律文本之外。妖术这个事件之所以升级成难以收拾的局面，又在于弘历将该妖术与剃发联系起来，使之上升为"政治罪"（孔飞力，2014：86）。依照前文所述，行政是依成文规则行事，政治是不依先例而强权推进，那么弘历恰恰是利用了剃发这个种族问题，强硬地将其视为政治问题。同时，从反面来看，汉化问题与行政常规化密切相关。弘历对江南的担心与忧虑，正是因为江南"堕落与腐败"的文化使驻地的满族精英被汉化，进而使行政效率低下（孔飞力，2014：92）。

　　对于弘历这个双重化身而言，到底有没有方法将政治与国家或满族与清朝得以结合地处理呢？答案不是正面，而在反面：与国家对抗视之谋叛，与满族对抗视之为汉化，而早先的文字狱事件已经使弘历认识到，"汉化与谋叛其实只不过是同一威胁的两个不同侧面而已"（孔飞力，2014：83）。并且，在事实上，清朝所面临的叛逆，往往是以种族问题作为切入口而提出的挑战（孔飞力，

2014：75）。①

　　就此，我们看到这样的图景：弘历作为政治与国家的化身，为解决种族的特殊性与政权的普遍性之间的矛盾，只需要从反面入手，将汉化与谋叛结合起来便能够解决，而剪辫"叫魂者"所犯的政治罪，正反映了这种结合。②

　　不过，化身的威力还远不止在于得到国家与政治这两个第四身的他性之"化身"，还在于作为第四身之人格化象征之后，趁化身之机，为己谋利。弘历之私利在于，他作为君主，通过将官僚常规政治化，从而使其本人超出诸官僚，并由此和个别的诸第一身建立更为强化的个人关系，打破了团伙化的诸官僚关联。

---

①　吕炳强老师在阅读了本章初稿后，提出"君主（第一身）是先化身为国家（第四身），然后是牵着这个国家再化身为政治（另一个第四身）。这两个化身有不可逆的先后次序，因为若不先成'清'，'满'有何了不起？弘历也作不起君主之怒"。这样的观点与孔飞力不同，我同意孔飞力的观点。正如正文中所说，孔飞力（2014：200）笔下的弘历，是将谋叛与汉化看作一体两面，意指叛逆者是"'破坏国家定制'（即剃发制度）以逞其逆谋"。而从字面上讲，按欧立德（2014：77）考证，"'满州'一词可能表达的是人们的一种共有的情绪，即各女真部族如今已经成为一个新的族群"。按此推论，这样的新族群性表征，反映为皇太极于1636年定国号为"清"，即满语中的"Daicing"，取"战士"之意，使之发出了对新政权具有满州人尚武性的信号。与此同时，皇太极也放弃了努尔哈赤所定、为仿效历史上被汉文化同化了的金朝之国号（"金"）（欧立德，2014：78）。因此，满与清、政治与国家，可能在字面上也具有一定的共通之处了。但是，吕炳强却提出了值得再开拓与深思的理论解释空间：君主双重化身的回环可能有三种情况，一是他认为的先国家后政治，二是孔飞力笔下的国家与政治的同时通义性，三是可能有待证明存在或不存在的先政治后国家。

②　孔飞力（1988：725—740）曾以科场舞弊案为参照，说明政治罪何以不应被视作"寻常的官僚行政系统来处治"的问题。

在专制统治下，君主作为主权者（甘怀真，2008：386），既可以以国家的名义"决断"时下状态是否为例外、非常规状态（施米特，2015b：24），也可以以政治的名义"宣告"敌友之分（施米特，2015a：35—36）。前一招数使得君主打断了诸官僚的行政常规，后一招数使得"叫魂案"中那些想把弘历从"紧急渠道"拉入"安全渠道"的官僚变得胆怯，因为弘历将与那些愿为私仆的诸官僚（如浙江省布政使永德）"众志成城"地对付"叫魂者"和那些仍"留守"在常规权力时间、不遵君命或欺君罔上的，与政治或国家为敌的诸官员。尤其是对于后一群官员来说，他们难免要落得出局、整肃或清洗之下场（如"叫魂案"中的山西巡抚苏尔德等官员，均被斥责为过于汉化）。因而在例外状态之中，弘历便趁机将诸官僚"私仆化"，使官僚向君主私人效忠，而非只是遵循规则或隶属某个团伙派系。

具体来看，孔飞力列举了"叫魂"危机中君主施加淫威的三大举措：严饬属下、重申官场规范和强化个人关系。其中，第一点"严饬属下"其实在专制权力时间之中作用是有限的。正如弘历在妖术危机之初，不严罚瞒报信息的官员，是因为担心如果此招一出，官僚们在极度恐惧之下便更不敢上报信息，达不到杀一儆百的效果（孔飞力，2014：262—263）。对于第二点"重申官场规范"，从其举例来说，与其说重申的是官场规范，倒不说是把

"主子"之事放在第一位。要紧的是第三点："强化个人关系。"孔飞力这样解说道：

> 在弘历用以进行个人控制的言辞中，玩忽职守就是忘恩负义。当江苏省按察使吴坛承认自己未及时报告今春的叫魂案件时，弘历在朱批中斥骂道："……汝实有负朕之信任，不知恩之物！"（孙按：着重号为原文所加）（孔飞力，2014：264）

值得注意的是"玩忽职守=忘恩负义"，这实际是第四身与第一身（职守规定–官僚）转化为诸第一身之间的关系（恩与义）。从这个事件的后果也可看出，对于事件升级起推动作用的山东巡抚富尼汉，事后遭吏部惩罚的原因不在于违背行政规定对囚犯用刑，而是对君主撒谎（孔飞力，2014：226—227）。

回过头来，再重新审视常规权力时间。在该情境下，君主尽管仍是主权者，但只是第一身。此时的君主，不管面对由诸冗文规则所构成的掩护体系，还是由诸官僚组成的、以庇护恩惠等关系为特征的诸官僚团伙网络，都制约与束缚着这个第一身迈向国家的化身或政治的化身之可能。并且，如果君主也已入伙，施展化身威力的可能性便更加成疑（如弘历之于和珅）。进一步梳理的理论图示如下：

图1.3 化身、去化身与国家

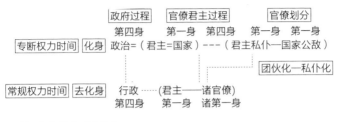

注:"="读作"化身"。

四、比较与讨论

比较来看,在欧洲中世纪乃至古代中国历史上,从身体(body)或者"道成肉身"(incarnation)角度看待君主,或者从国家的"拟人化"(personification)角度看待帝王,不仅是制度和观念,也已有一定的研究基础。职是之故,有必要将上述延伸的理论带回到既有的学术脉络中加以再理解。下文选取了四个案例加以比较与讨论,分别是英国的"作为法人的王权"、法国的路易十四和拿破仑,以及太平天国的洪秀全。

第一,根据梅特兰(Frederic Maitland)的论述,中世纪英国国王的化身是因为国王与作为受益人的公众(the Public)之间构成法律上的信托关系,成为受托人。之所以可以且有必要建立信托关系,与普洛登(Plowden)报告所显示的"国王的两个身体"观念密不可分。该报告指出国王的自然身体与政治身体构成了——死与不死的根本对立。

> 国王具有双重身份（capacities），因为他拥有两个身体：第一个身体是自然身体，像其他所有常人一般，由自然人构成，也因而像其他所有常人一般服从于激情和死亡；第二个身体是政治身体，其成员是他的臣民，他和他的诸臣民（subjects）共同构成了一个法人（corporation）……他（孙按：国王）是首领（head），他们（孙按：诸臣民）是诸成员（members），他是他们的唯一统治者（the sole government）；这个政治身体并不服从于自然身体所服从的诸激情与死亡。正因为这个政治身体，才说"国王不死"（the King never dies）。其自然身体的死亡，在我们的法律中立项不被称为"国王之死"（the death of the King）而是被称为"国王驾崩"（the demise of the King）。那个词（demise）并不是说国王的政治身体的死亡，而是说国王的两个身体分离了，意味着从死去的自然身体转移到另一个自然身体去。因而，它意味着这个王国的国王的政治身体从一个自然身体转移到另一个自然身体。（转引自Kantorwicz，1997:13）

不过，相较于此，也要看到这二者的不对称性：自然身体是"国王这么个人"，即the king，而政治身体则是一个还包括了"诸臣民"的集合法人（collective corporation），而"国王这么个人"只是在其中占据了"首领"位置的一个人。那么，如何看待这个看似化身、但既含有对立又不对称的两个身体呢？

首先，集合法人虽是由复数的诸自然人构成，但由于"转移"或继承问题，所谓的"复数"便涉及继替中的复数性（the plurality in succession）问题了，因而涉及历时性问题（Kantorwicz，1997:310）。因此，所谓的"国王不死"，是指作为政治身体的法人，其构成的领袖与诸臣民在时间历程中不会消亡。同时，在当时的法律中，法律对象只有自然人（natural person）与拟制人（artificial person）两种，而后一种包括集合法人。但是，国王在政治上的不死与自然上的死亡产生了财产权等冲突。为此，梅特兰（Maitland，1901）认为："法律上的拟制人，即具有政治身份的国王，也就是以公众为受益人的受托人。"因此，臣民得以成为公众进而成为受益人，"国王这么个人"也化身为大写的"国王"（the King），[①]肩负着面向公众的、作为国家的受托人角色。通过这样的方

---

① "the king as the King"的论述，亦见坎托洛维奇（Kantorwicz，1997:366）。

法，双方建立了"国家与人民的连续性"（Kantorwicz，1997:301），形成了一种早期现代的社会契约。绘制有关语义学系统图如下：

图1.4 梅特兰的《作为法人的王权》中的化身理论

法律对象　　　拟制人　　　　　拟制人 拟制人 拟制人
第四身　　　　国王（the King）　＝受托人－受益人＝公众
　　　　　　　Ⅲ　　　　　　　　　　　　　Ⅲ

第一身　　　　国王这么个人（the king）＝领袖———臣民
国王的两个身体　自然身体　　　　自然身体 自然身体
国王的两个身体　　　　　　　　　政治身体／集合法人

注："Ⅲ"读作"化身"

　　第二，路易十四的化身是绝对君主制（absolutism）[1]下"君权神授"（divine right）和"朕即国家"（L'etat c'est moi）两大原则所致。沃尔夫（Wolf, 1958）指出，在路易十四看来，按君权神授的观念，"国王这么个人"（the king）是"人民的父亲"（the father of the people），是上帝派在人间，行其圣事的助手（lieutenant），"以侍

---

[1]　《牛津政治学简明词典》对"绝对君主制"的定义："该词源最初是神学概念（1733年），指陈上帝用以决定救世的总体权力。拓展到了政治学后，指陈这样的一个政体：治人者可能合法地（legitimately）决定任何事情……不像诸暴君，绝对君主的诸政体通常被视作是合法的。诚如法国的路易十六所说……他所做的任何决定都是合法的，因为他意之于此。当代的一些历史学者拒绝认为绝对君主制指称着一个终极权力（unlimited power）或权威（authority），而是认为绝对君主制是受限于能够有效限制其'用武之地'的诸传统、诸实践。"（McLean, 1996: 1）

奉上帝"。国王应如圣职人员一般，遵循"上帝的法则"（God's law）。

进一步讲，从洛克式"权威-权力"（authority - power）关系来看，上帝掌握着代表统治权力（right to govern）的"权威"，而君主则掌握着以上帝的权力或权威作为来源的统治能力（ability to govern）。路易十四认为，君权神授不仅意味着君主是上帝的世俗代表，也意味着君主拥有能够承担有关"上帝事务"（His work）所需、由神创的特殊智慧，能够比大臣们更好地处理"国家事务"（Wolf, 1958）。既然如此，分权给其他人，意味着走向腐败或者使上帝之礼物蒙羞（Wolf, 1958）。事实上，路易十四也是这样做的。在马札然去世之后，他不再任命首相，也取消了宗室亲王参与国家统治的传统（列维，2011：206—207）。

因此，在这样的个人智慧要求与国家权力所属的双重作用下，路易十四实践了其"朕即国家"的"个人式国家"（personal state）原则：路易十四"作为国家的象征与施为者""为国家的道成肉身"（Rowen, 1969）。[1]为

---

① 路易十四说过如同"国王的两个身体"一样的话："在法国，国家（nation）并不是一个分离了的，而是驻留在国王的这个人（the person of the King）之中……你们（孙按：叛逆者）胆敢认为国家是与君主（the Monarch）分离的身体。国家的诸权利与诸利益，必须与我的诸权利与诸利益联在一起，必须独一地掌握在我的手里。"（Melzer and Kathryn, 1998）

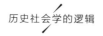

此，绘制有关语义学系统图如下：

图1.5 沃尔夫的《一个国王的培育》中的路易十四之化身

```
（权威 — 神创）— 上帝法则 — 上帝 ——————— 上帝的天国
  |        |               |              |
（权力 — 智慧）— 上帝仆从 — 国王（the King）— 国王的国家
                              |||
                         国王这个人（the king）— 臣民
```

注："|||"读作"化身"

　　第三，拿破仑的化身是通过从第一执政（the First Consul）到终身执政（the First Consul for life），再到皇帝（the Emperor），逐步借助政治、宗教、人民等资源加以升级其合法性基础的过程。由于拿破仑与路易十四以及梅特兰所讨论的英国国王情况中从宗教或法律基础来论述不同，因而可以从他迈向称帝（1799—1804）的政治社会基础，以及称帝加冕的仪式过程（1804年12月2日）这两个方面考察其化身过程与化身形象。

　　从1799年任第一执政到1802年就职终身第一执政，拿破仑因世袭继承权问题[①]，逐步认识到化身的意义。他在1803年读到了反对法国大革命的波纳德（Louis Bonald）撰写的一本小册子，其中提出：社会家庭和自然家庭具有相

① 世袭继承问题，正如梅特兰分析的"国王的两个身体"一样，涉及如何使"国王不死"——即"第一执政不死"的问题，使得国家这个第四身能够"道成于"一连串的第一身。

似性。社会是基于一定的等级原则：包括上帝（God）、主权者（sovereign）如父亲；扮演立法或调停角色的如母亲；以及诸臣民如孩子。权威之首领（head）要以世袭继承的方式避免社会失序（Dwyer, 2010）。这样的比拟与上述的路易十四、英国王权观有所相似，都试图将上帝、主权者与父亲，以及需要加上的拿破仑，列为同一级。这样的诉求不仅反映在生产小册子的政治精英之中，也具有一定的社会基础。

由于当时脆弱的法国受到英国的严重威胁，因而民众将拿破仑视作"救世主"（the Saviour）一般。正如在名画《波拿巴视察雅法的鼠疫病院》中，他既如同基督的形象，又如英法历史上的"国王神迹"（the Crown touch）一般，以亲手触摸的方式治愈病患。无怪乎奥布莱恩（O'Brien, 2006）评论说，这是"共和制度体中的基督"（Christ in a republican uniform）。于是，在这样的社会氛围中，民众提出了一连串请愿。其中，有三点值得关注的现象：1. 开始第一次出现以"皇帝"（emperor）称谓拿破仑；2. 提出需要将世袭制与行政权合二为一的要求；3. 将拿破仑比作神（Divinity）（Dwyer, 2010）。

正是这样充满着世俗与神圣的社会民众观念，为拿破仑称帝铺平了道路：一方面以军功、改革等成就树立了"肉身成于道"的上升路径，另一方面又以世袭继承的原则与方式，以人民期盼的救世主的形象，贯穿于"道成于肉身"的降临路线。

在加冕仪式上,同样能够看到来自宗教、人民和精英以及拿破仑自身的各种力量之汇合。仪式的第一阶段是涂油礼和加冕礼。拿破仑仅让教皇为其头部和胳膊涂上圣油之后,便从教皇手中取下本应为其加冕的皇冠,自己戴到了自己的头上。由此,在世俗与神圣、法国与天主教教廷之间,拿破仑一方面通过涂油仪式获得了神圣性,另一方面又以"自我加冕"(self-coronation)的方式保持了权力的平衡,实现"自我正当化"(self-legitimation)(Dwyer, 2015; Prendergast, 1998:35)。仪式的第二阶段是宣誓礼。拿破仑并非向上帝宣誓,而是与法国人民签下了社会契约,宣誓要"维护共和国领土的完整","只为法兰西人民的利益、幸福和荣耀而统治"(张智,2014)。

通观拿破仑称帝过程,他在1802年获得了终身执政地位与世袭继承权时,已经在实质上具备了化身功效,使得来自于诸第一身的血统与基于国家这个第四身的诸权力位置(如终身执政)绑在了一起。但是,这样的政治实践还没有获得神圣性来源。为此,通过涂油礼,实际上是拿破仑为其化身加上了神圣性色彩。正如彼得·伯克(2015:56)分析路易十四时所指出的,圣油使其有了基督形象。由此响应了人民的请愿与早已经奠定的"国王神迹"和与神比拟的形象。

在这个基础上,便容易理解"自我加冕"其实是一个"基督"而非一个普通人的自我展演，亦如奥布莱恩所言：是基督降临在这个国家。而从宣誓的社会契约来看，这一点也不矛盾。正如此前分析的梅特兰的英国王权观，公众与英王之间也建立了信托关系，共同成为法律上的拟制人，分别成为受益人和受托人。在这里，与其说拿破仑是"我宣誓……"，倒不如说是"我代表法兰西帝国宣誓……"。而一旦公民的利益受损，那么便能够在推翻拿破仑的同时也推翻掉了帝国体制。为此，将拿破仑的四个阶段的化身形象描绘如下：

表1.2 德怀尔两篇文本中的拿破仑化身过程与形象

化身的礼仪环节	涂油礼前	涂油礼	加冕礼	宣誓
化身的形象	世袭化终身执政	成为基督	基督降临成为皇帝	代表世袭帝国签订社会契约

第四，不管是中世纪英国王权观传统、法国的路易十四的绝对君主制，还是拿破仑的化身，其背后都隐含着"与外在永恒秩序之间的联系"，"与耶稣这位有血有肉的神圣国王分享权力"的基督教传统（司徒安，2014：70）。而这样的西方传统移植到中国，又会有一定的变异。为此，再专门考察洪秀全的化身情况。

洪秀全从1837年的一场奇梦启示开始，改变了基督教原有的"三位一体"神圣体系，成了圣父次子。随后，杨秀清与萧朝贵于1848年创举了作为圣父与圣子的代言人的角色。到了1851年分封诸王时，洪秀全为天王、万岁，杨秀清与萧朝贵得以封为九千岁，分别为东王与西王。

在萧朝贵去世和定都天京之后，杨秀清被加封为"圣神灵""劝慰师"，即"三位一体"中的"圣灵"，由此在神圣体系中占据了不同一般的地位：为上帝代言，以及作为圣灵的道成肉身。接着，杨秀清又向洪秀全索要"万岁"之衔，洪秀全表面允诺，但随后谋划了天京事变，以致杨秀清身亡。

洪秀全在天京事变后通过解读与修订《圣经》，也将死去的杨秀清安置在圣父之子的地位。更为重要的是，这时的洪秀全发现了作为"上帝的最高祭司与国王"的麦基洗德（Melchizedek）这一形象，[①]并将麦基洗德看作是自己的前世化身。

由此，在太平天国的化身体系中，洪秀全与麦基洗德同构，在神圣体系中处在"三位一体"之类的地位，而在世俗体系中处在最高地位。同时，从杨秀清与洪秀全的权力争斗来看，其差别在于前者只能为上帝代言化身，并非来自福音启示的道成肉身，并且在世俗体系中

---

① 史景迁（2011：374—378）引述说："此麦基洗德就是朕（孙按：洪秀全）。朕前在天上下凡显此实颜，以作今日下凡做主之凭据也……朕今诚会自证前时麦基洗德是朕太兄，升天后身穿太阳，这妈生出之儿亦是朕。"又，洪秀全将《旧约》中原来作为"仁义王""平安王"的麦基洗德改成了"天王""太平王"。（郭毅生、史式，1995：224）

居于次位。因此，在太平天国中，君主的"道成肉身"系统要如洪秀全那样，是兼为神圣家庭的成员和世俗体系最高地位者。

图1.6 史景迁《太平天国》中的神圣／世俗体系及化身情况

	神圣体系	代言化身	道成肉身	世俗体系
洪秀全 ǁ	圣父次子	无	洪秀全	万岁/天王
麦基洗德	圣父次子的前身	无	麦基洗德	撒冷王
杨秀清	圣父	杨秀清	无	九千岁/东王
	圣灵=圣神风/劝慰师	无	杨秀清	九千岁/东王
	圣灵=圣父之子	无	杨秀清（亡）	九千岁/东王
萧朝贵	圣子/基督	萧朝贵	无	八千岁/西王

回顾来看，立足于"叫魂案"中的弘历化身，反观上述的四个案例，可以得出以下的比较性观点：

1. "叫魂案"中的弘历，与其他四个案例中的君主，在化身的维度上均相同。从文法学视角来看，都是第一身（弘历、"国王这么个人"、路易十四等）与第四身事体（国家、作为拟制人的受托人、圣父次子等）的合一。

2. "叫魂案"中的弘历，与其他案例中化身的方向性都有所不同。如果以"道"与"肉身"的关系作比较的话，那么中世纪的英国国王、君权神授的路易十四、作为圣父次子兼太平天国天王的洪秀全是在一个王权或神学的信仰或观念传统下，"道成于"一个或一系列的"肉身"，而拿破仑在重建帝国历程中，是通过制度创制的方式使自己肉身与相关象征国家的职位融为一体。

不同于此，弘历是一个中间路线，他既在一个已有君权传统体系下处于相当于"国王"（the King）的地位，但又由于常规权力的影响而使得自己被重构为"去化身"角色，只得借助"叫魂"案件，又回归到原有的"国王"化身位置，使之超乎于诸官僚。因而，他不必像拿破仑那样在继承权问题和帝制问题上面临争论和重新创制。

3. "叫魂案"在化身或去化身的具体机制方面，与其他案例有所不同。弘历通过对官僚施加"私仆化"机制得以实现从常规权力时间进入专断权力时间，为君主化身提供了可能性。反过来，诸官僚又通过"团伙化"机制得以将弘历"去化身"。而在英国王权的案例中，以社会契约建立信托关系，则是与之不同的化身机制。同样的，在路易十四与拿破仑案例中，化身机制都不同程度地体现在君权神授方面。与之相对，太平天国中的案例也反映了以代言机制得到暂时性化身的情况。不过，后四个案例都没有反映出来如弘历遭遇的"去化身"机制。

4. "叫魂案"之于弘历的化身，是作为能够引起宏观结构再生产的断裂，并引起结构转型后果的小规模"事件"（event）（Sewell, 2005:227；Hirschman and Reed, 2014），而不管是拿破仑还是其他诸君主，化身都是结构的再生产。

尽管孔飞力（Kuhn, 1990：220-222）并未对"事件"

下一个准确的定义，但就"叫魂案"这个使得弘历化身的事件来看，是"有一个开端和一个结尾"的"机会"，具有可以"得到界定的""进行加工"的特征，可以"使得国家作为工具和系统的两个侧面各自因对方而具有了意义"。也就是说，通过这样短暂的机会窗口，因政治化（工具维度）而得以使君主超越于诸官僚（系统维度），使君主与官僚的地位与关系结构得到了重新界定。相似的情况在太平天国之中也存在，但又不完全一样：由于代言化身这样的"显圣"事件存在，每次杨秀清、萧朝贵代言圣父、圣子显圣，都是作为"机会"而存在，但是否会由显圣的小事件引起全局性关系调整则不是必然关系。

相较于作为事件的弘历化身，作为结构再生产的君主化身更为普遍。不管是在英国王权观中，还是在路易十四、拿破仑的案例中，化身是作为制度安排而存在的。例如君权神授与个人国家原则，这样的设计不是带来结构的断裂，而是带来结构的再生产或连续性。最明显的是为促成诸臣民与"国王这么个人"之间构成容许世代继替的信托关系，因而使双方化身为公众与国王，从而以国王不死、公众亦不死的方式，使原先的关系能够再生产下去。而在拿破仑的化身经验中，尽管是通过仪式、任职等方式得以逐步合法化自身的化身，但其措施是通过宏观结构或制度自身的改进，而不是通过小规模事件制造结构断裂和再衔接。

5. 弘历与其他诸君主都需要化身为"国王"这种情况。在作为前现代政体的君主制自身的要求下（如朕即国家），"君主≡国家"普遍地以"国王这么个人化身为国王"（the king as the King）的情况而存在。例如，与"公众"形成信托关系的英王、发誓允诺的拿破仑以及通过政治化身为国家的弘历。

6. 即使是通过"叫魂"事件化身的弘历、自我加冕的拿破仑，也不否认在"国家"这个第四身事体之外，还有其他的第四身事体作为可化身的对象，例如赋予清廷合法性的天命。毋宁说，在太平天国以及君权神授国家的情况更是如此。

五、结论

行文至此，历史上中华帝国的独裁统治动力的问题已不仅是孔飞力与韦伯之间关于专断权力与常规权力互动形式之论争，而是回溯到君主的"化身的奥秘"问题。对于这个奥秘的解释，参照跨文化的案例对比与文本解读，总结六条如下：

1. 国家过程具有政府过程与官僚君主过程两面，前一过程包括政治与行政，分别与后一过程中的君主与诸官僚对应。

2. 在国家过程（及其子过程）中，对应地展现出两种权力时间，专断权力时间与常规权力时间。前一时间是例外处理权，后一时间是例行处理权。

3. 常规权力时间中，君主不过是最高行政长官，无意或有意、直接参与或间接参与了诸官僚的团伙化。此时诸官僚既得到行政常规掩护，又可能得到其他官僚，或君主的庇护。掩护与庇护关系的遍布，使得君主难以肯定诸官僚是否为其私人仆从。

4. 在专断权力时间中，君主体现出"化身的奥秘"，既是国家的化身，又是政治的化身。前一化身在于君主是国家主权者，可以决断例外状态，后一化身在于君主是征服者集团的首领，可以进行敌友划分。

5. 双重化身不仅包括君主转变为第四身的时刻，也同时可以出于第一身的考虑，通过对诸官僚进行君主私仆与国家公敌划分的方法，促动诸官僚的私仆化，从而打破得到掩护或庇护的诸官僚网络，使诸官僚"忠心不二"。

6. 上述五条从"叫魂案"中引申出来，从文法学维度形成的君主化身理论，在中世纪欧洲以及太平天国等君主化身案例中均有不同程度的反映，并在化身的后果和类型等方面，既有共性也有差别。

参考文献

安东尼·列维：《路易十四》，陈文海译，北京：人民出版社，2011年。

彼得·伯克：《制造路易十四》，郝名玮译，北京：商务印书馆，2015年。

陈翠珠：《汉语人称代词考论》，北京：光明日报出版社，2013年。

甘怀真：《皇权、礼仪与经典诠释》，上海：华东师范大学出版社，2008年。

郭毅生、史式：《太平天国大辞典》，北京：中国社会科学出版社，1995年。

黄仁宇：《万历十五年》，北京：生活·读书·新知三联书店，1997年。

卡尔·曼海姆：《思维的结构》，霍桂恒译，北京：中国人民大学出版社，2013年。

卡尔·施米特：《政治的概念》，刘宗坤、朱雁冰等译，上海：上海人民出版社，2015年。

——：《政治的神学》，刘宗坤、吴增定等译，上海：上海人民出版社，2015年。

孔飞力：《从乾隆档案研究"封建专制"》，江勇振译，中国第一历史档案馆编，《明清档案与历史研究：中国第一历史档案馆六十周年纪念论文集》，北京：中华书局，1988年。

——：《中国现代国家的起源》，陈兼、陈之宏译，北京：生活·读书·新知三联书店，2013年。

——：《叫魂：1768年中国妖术大恐慌》，陈兼、刘昶译，北京：生活·读书·新知三联书店，2014年。

列维：《路易十四》，陈文海译，北京：人民出版社，2011年。

刘忠魏：《时间、行动与他性——"社会科学困境"的另一个构想》，《社会学评论》2016年第1期。

罗竹风：《汉语大辞典》，上海：上海辞书出版社，1986年。

吕炳强：《凝视、行动与社会世界》，台北：漫游者文化，2007年。

——：《我思、我们信任与社会之奥秘》，台北：漫游者文化，2009年。

——：《行动历程中的叙事与筹划》，《社会》2011年第4期。

吕炳强、李越民、孙宇凡、刘拥华：《听与说：社会学电邮集（2012—2013）》，北京：中国社会科学出版社，2015年。

马克斯·韦伯：《经济与社会》（第1卷），阎克文译，上海：上海人民出版社，2010年。

——：《经济与社会》（第2卷），阎克文译，上海：上海人民出版社，2010年。

米歇尔·克罗齐埃：《科层现象》，刘汉全译，上海：上海人民出版社，2002年。

欧立德：《乾隆帝》，青石译，北京：社会科学文献出版社，2014年。

史景迁：《太平天国》，朱庆葆等译，桂林：广西师范大学出版社，2011年。

司徒安：《身体与笔》，李晋译，北京：北京大学出版社，2014年。

张智：《拿破仑：我是全民公投的皇帝，我为自己加冕》，澎湃网站，http://www.thepaper.cn/newsDetail_forward_1264791，2016-07-30，2014年。

赵鼎新：《"天命观"及政绩合法性在古代和当代中国的体现》，龚瑞雪、胡婉译，《经济社会体制比较》2012年第1期。

周雪光：《权威体制与有效治理，当代中国国家治理的制度逻辑》，《开放时代》2011年第10期。

——：《运动型治理机制，中国国家治理的制度逻辑再思考》，《开放时代》2012年第9期。

Blauner, Bob: "Problems of Editing 'first-Person' Sociology." *Qualitative Sociology*, 1987, 10(1).

Dwyer, Philip: "Napoleon and the Foundation of the Empire. " *The Historical Journal*, 2010, 53(2).

——: "Citizen Emperor": Political Ritual, Popular Sovereignty and the Coronation of Napoleon I. *History* 100(339).

Elias, Norbert: *What Is Sociology?* Stephen Mennell and Grace Morrissey, trans. New York: Columbia University Press, 1978.

Hirschman, Daniel, and Isaac Reed: "Formation Stories and Causality in Sociology. " *Sociological Theory*, 2014 32(4).

Kantorowicz, Ernst: *The King's Two Bodies*. Princeton, New Jersey: Princeton University Press,1997.

Kilminster, Richard: *Norbert Elias: Post-Philosophical Sociology*. London and New York: Routledge, 2007.

——: "The Pronoun Model." *Figurations: Newsletter of the Norbert Elias Foundation*, 2012 (37).

Kuhn, Philip: *Soulstealers: The Chinese Sorcery Scare of 1768*. Cambridge.Mass: Harvard University Press,1990.

Maitland, Frederic : "The Crown as Corporation." *Law Quarterly Review*, 1901 (17).

Mannheim, Karl: *Ideology and Utopia*. London: Routledge, 2003.

Marshall, Gordon (ed.) : *The Concise Oxford Dictionary of Sociology*. Oxford: Oxford University Press, 1996.

Martin, John : " On the Limits of Sociological Theory." *Philosophy of the Social Sciences* , 2001, 31(2).

—— : *The Explanation of Social Action.* Oxford and New York: Oxford University Press , 2011.

McLean, Iain, and Alistair McMillan, eds : *The Concise Oxford Dictionary of Politics.* Oxford and New York: Oxford University Press ,1996.

Mead, George H : *Mind. Self and Society. C. W. Morris ed.* Chicago: University of Chicago Press, 1934.

Melzer, Sara, and Kathryn Norberg: *Introduction. From the Royal to the Republican Body: Incorporating the Political in Seventeenth-and Eighteenth-Century France.* Sara E. Melzer and Kathryn Norberg, eds. Berkeley, California: University of California Press, 1998.

Norbert Elias Foundation. n.d. Bibliography of Grey Literature. *Bibliography of Grey Literature.* http://www. norberteliasfoundation.nl/elias/greylitt.php, accessed July 26, 2016.

O'Brien, David: *After the Revolution: Antoine-Jean Gros, Painting and Propaganda Under Napoleon Bonaparte.* University Park, PA: Pennsylvania State University Press, 2006.

Prendergast, Christopher : *Napoleon and History Painting: Antoine-Jean Gros's "La Batailled'Eylau".* Oxford: Oxford University Press, 1997.

Reed, Isaac: "Justifying Sociological Knowledge: From Realism to Interpretation. " *Sociological Theory*, 2008, 26(2).

Rowen, Herbert: "Louis XIV and Absolutism." *Louis XIV and the Craft of Kingship*. John Rule, ed. Columbus, Ohio: Ohio State University Press, 1969.

Sewell, William Jr: *Logics of History: Social Theory and Social Transformation*. Chicago: University of Chicago Press, 2005.

第二章 / Chapter Two

史景迁：虚构传统与历史诠释

一、问题的提出：文本式与脉络式

尽管史景迁是首位运用台北故宫博物院清宫秘档的西方历史学者（Wakeman, 2005），开风气之先，但他后来的名声之盛，却往往在于妙笔生花。正如在回答卢汉超的访谈时，史景迁对自己写作风格的一段概括：

> 如果说我把文学和历史相结合，这只是意味着我对史学的风格有着激情。你可以说在历史学者中我比较注意写作的效果，我试图把一本书建立在这样的架构上，使其既在一个层次上准确，又在另一个层次上表达感情，并给所述故事以更丰富的背

景。这就像运用艺术一样，使历史写作接近艺术以取得更深层的效果。我想这对我来说是一种自觉，因为我热爱西方传统中的文学人物。（卢汉超，2015：30）

如何理解史景迁的文学式史学书写？在他的文本中对"准确""表达感情""更深层的效果"的理解，离不开与"西方传统中的文学人物"相类似的、探究历史人物深层的所思所想。因而阅读他的代表作，不难发出这样的文本式疑问（text-based problem）：

1. 为什么《康熙：重构一位中国皇帝的内心世界》（*Emperor of China: Self-Portrait of K'ang-Hsi*）一书能够以自传体的方式使用第一身代名词（the first-person pronoun）的叙事视角和章节编排（史景迁，2011a）？

2. 如何看待《王氏之死：大历史背后的小人物命运》（*The Death of Woman Wang*）通过引用文学作品《聊斋志异》来了解山东民众的"心灵图像"（李孝悌，2011：xvi）？

3. 与以上相似，涉及其他文本的问题还包括：《太平天国》用意"了解洪秀全的内心世界"（史景迁，2011b：14）是如何可能的，为什么在语法上能够使用现在时态（Wakeman，1998）？《雍正王朝之大义觉迷》（*Treason by the Book*）认为"吾人……总是能进入他们二人（孙按：曾静、雍正）的内心世界而探索这整个过程的蛛丝马迹"是如何可能的（史景迁，2011c：3）？在《胡若望的疑问》（*The Question of Hu*）中，史景迁如何能够推测胡若望的心灵，理解他到底疯还是没疯（Mazlish，1992）……

如果要将史景迁及其作品放回到美国的中国学／汉学界，疑问也难以解答。毕竟，他是鲜见以如此文笔、如此视角见长的汉学家或中国史学家，因而也容易有这样的脉络式疑问（context–based problem）[①]：

1. 能否从汉学传统中给予史景迁这位以文学式书写见长、"双重身份"、"把幻境变成历史判断的正当范围"的学者以定位吗（康无为，1993：26）？

2. 能否从史景迁的文本中，找出他如何看待自己在整个汉学脉络中定位之可能呢？

3. 他在汉学传统中的定位能够和其作品风格结合起来理解吗？

---

① 虽然也可以从文化史的角度来理解史景迁的书写风格，但是该脉络不容易将之与史景迁的长时段作品（《大汗之国》《改变中国》）联系起来。该脉络导向的提问与回答，有待进一步研究。有关初步讨论见Penney（2012：162）。

二、文献述评：两种回答及其不足

本章对于上述的脉络式疑问和文本式疑问，尝试给出统一回答，呈现一个"融贯的"史景迁。

先就学界现状来看，主要有两种回答：

第一种看法是认为史景迁"成于文学、败于史学"，是通过批评他的史实之误、史见之陋，按其风格将之归为小说家之列。汪荣祖（2009）认为，史景迁的作品"重点不在理论与议题，而是在叙事"，并且指出"他的作品作为历史文章毕竟缺乏分析与论证，也少见他对历史问题提出独特的解释。因而虽多引人入胜的故事，却少扎实的历史知识"。在讨论到史景迁的《康熙》《胡若望的疑问》文本时，汪荣祖（2006：101—102）便认为这样越界的叙事是受到"后学"影响，迎合了"叙事再生"（revival of narrative），是在写小说而非写历史。

第二种看法是认为史景迁的"文学之成，不败于史学"，使其以"说故事"的方式贡献于历史学。郑培凯等人承认史景迁的作品确在史学界带来争论[①]，但如是为其辩护：一方面反对"传统学究型历史学家的讽刺"，认为不应

---

① 陈国栋也说："史景迁，虽然并不脱离美国历史学发展的潮流，却是美国史学界的异数。"（1992）

以社会科学方法和理论的贡献作为评判标准，而认为史景迁的作品是符合中国传统史学的主流写法以及吉本（Edward Gibbon）等人的"说故事"的史学原则；另一方面也反对将史景迁归入将历史写作与文学写作差别抹杀的"后学"之列，认为他在历史推论时仍坚守文献材料的考证，解读历史的"可能"是什么（郑培凯、鄢秀，2013:v—x）。

尽管双方的观点都与上述的文本式问题和脉络式问题有接近，但仍有不少距离。比如，双方都承认史景迁的文笔超群，但是这样历史书写的诠释规则是什么？如何应用到解释史景迁文本中关于内心世界之推测？显然，双方的抽象或泛化理解都无以回答。再比如，双方争执于史景迁的"后学"位置，但是该争执点的背后是对史学家／小说家身份的认同，任何一方的回答都无助于理解其文本本身内部的架构。即使接受史景迁写作为后现代史学，那么在汪荣祖看来，史学写作无异于文学写作，"越界"的书写（如第一人称）却因合理化而"去问题化"，掩盖了可讨论的空间。如果不接受这样定位，又无法给出合理的理由来解释这样的"越界"书写。

不同于上面的规范性讨论，柯娇燕（Pamela Crossley）在《美国历史学评论》（*The American Historical Review*）举办的关于历史解释与因果性问题的讨论会上，却谈到理解史景迁的另一种可能性。

她认为，史景迁以及与之类似的学者，尽管没有直接参考狄尔泰（Wilhelm Dilthey），但是却在狄尔泰所说的"精神科学"范围、在诠释论的导向下从事"叙事"，其研究目的是理解过去的人，使得过去与现在得到交汇（Emmanuel et, al, 2015）。并且，在柯娇燕看来，叙事与因果性是同一回事而并非仅仅是等价的（narrative and causation are the same—not just equivalent, but the same），而史景迁正是通过"有感情的叙事"（affective narrative）的方式开启了对因果性研究的新取径，这尤其反映在史景迁（有意或无意地）在史学家通常认为相关"证据"（evidence）已存在具有不可修复的脆弱性之处开展的研究（Emmanuel et, al, 2015）。

在诠释论的脉络下、从叙事与因果性的关系入手来理解这样的历史书写，实际上是将汪荣祖和郑培凯之间的争论进一步深化，在"后学"与"传统学究型历史学家"之外寻找出路，并且进一步转至更切实的讨论而非停留在空泛的规范主张。不过，柯娇燕尽管表达了对史景迁贡献的欣赏[①]，但却未能开展她的论述，难窥她所说的"有感情的叙事"为何、诠释论与因果性如何在史景迁的作品中体现、如何解决缺损证据的叙事等一系列问题。

顺此道路，孙宇凡也讨论了史景迁作品中的叙事与因果性。他以《康熙》和《王氏之死》为案例，借用吕

---

① 这样欣赏是有保留的，她也认为史景迁没有真正实现将"过去"与"现在"连接起来，并且同样没有说明具体理由。

炳强解读德勒兹文本所得的"士多噶因果性"（Stoic causality），结合韦伯（Max Weber）的行动历程（the course of action）概念[①]，认为史景迁的叙事方法，是一种以历史世界中可观察的、"表层"的事件序列作为果，以行动者不可观察的、内心"深处"的行动历程作为因的一种假设检验（孙宇凡，2017）。换句话说，他认为，史景迁的历史书写是以可得的历史证据（如圣旨文本、地方志、小说）以反事实的（counterfactual）方式推测历史行动者（如康熙、妇人王氏）的所思所见（孙宇凡，2017）。

但是，这样的因果性解读虽然将柯娇燕的说法加以细致化，但是与史景迁的自陈自说结合起来看，仍有一定的距离。史景迁在回答关于《王氏之死》使用文学材料引起的争论时，这样说：

> 因为我们知道它们是小说。但同时我们知道蒲松龄正是生活在本书所涉的时代。尽管是小说，它代表了一种见解。我们在《聊斋志异》里看到了蒲松龄本人。……所以我想蒲松龄是他那个时代一个中国人的声音，而《王氏之死》正是为了表达当

---

① 借用瑞德（Reed, 2015）的说法，韦伯关于"理由作为原因"（reason as cause）的构想，在亚里士多德的四因说中，属"目的因"（the final cause）。

时中国人的声音……所以并不是，"我猜想这事发生了"，而是"我们知道这里有一桩谋杀案，我们知道蒲松龄很关注这类暴力，所以也许可以将《福惠全书》中的真实记录和蒲松龄的小说综合使用"……所以这是我的想法："这里有一个非常优秀的耆老之年的中国人，生活在同一地区，思考着同样的问题。让我们把他当作一个同盟吧，不要忽视了他。"（卢汉超，2015：34—35）

这并非史景迁第一次强调"同盟"的作用。在《胡若望的疑问》的序言中，史景迁（2014a：16）同样将带着胡若望从广州到欧洲的耶稣会神父傅圣泽（Jean Francoise Foucquet）看为"同盟"，依赖他的观察与记录，认为：

我们对胡若望的了解，终究还是得仰赖傅圣泽的记载……我并不认为傅圣泽对待胡若望的方式是正确的，但我却因为他所保存的记录，才得以做出这样的判断。因此，即使我认为我成功批判了他，但就某方面而言，他仍然是胜利的一方。

对照来看，孙宇凡对史景迁的因果性特点分析难以直接解释这个书写特点，例如："并不是'我猜想这事发生了'"，"（蒲松龄的小说）它代表了一种见解"，"把他当作一个同盟吧"，"他仍然是胜利的一方"。因为在这样的书写关系中，史景迁不是设计了书写者／历史学家——被书写者／历史行动者的二者之间的关系，而是书写者／历史学家——同盟／见解——被书写者／历史行动者的三层关系。例如，被书写的妇人王氏作为历史中的行动者，不仅被蒲松龄这个"同盟"观察、记录和表达出一种见解，还被史景迁再观察和再书写。

不过，我在下面将会论证，这样的层次拓展与孙宇凡此前的分析并不完全冲突，反而能够同样在诠释论导向下，以此为基础加以拓展，由士多噶因果性论述向"化身"迈进。

三、分析框架：经由述平小说《某》的转化

首先要论证的是，理解这样拓展的三层关系的切入点无须他助，正在史景迁为自己隐秘地建立的一种汉学传统之中。

史景迁在《改变中国：在中国的西方顾问》（*To Change China: Western Advisers in China*）一书出版后，仍持续思考了四十多年的跨文化交流问题，并写就同系列的第二本著作：《大汗之国：西方眼中的中国》（*The Chan's Great Continent: China in Western Minds*）。不过，

我尝试提供另一种解读视角：不是跨文化交流，而是历史书写方法。

《大汗之国》介绍了数百年来48个西方历史人物留下的文本中对中国的想象或理解，但直至最后一个才终于接合了上述的观察／书写层次问题：讨论"被观察的观察者"（the observed observer）主题的卡尔维诺（Italo Calvino）。在卡尔维诺笔下，当忽必烈问及马可波罗回到西方后，是否愿意向同胞复述与他聊谈的故事的时候，马可波罗却回答届时家乡的码头工人、热亚那的狱友都将听到不一样的故事，因为"决定故事的不是说故事的声音，是听故事的耳朵"（史景迁，2013：301—302）。对此，史景迁（2013：301—302）这样赞赏道：

> 卡尔维诺给了我们最好的答案，而且适用于所有的故事。关键在于耳朵，只听想听内容的耳朵。……从一开始，西方人对中国就充满兴趣，几世纪来，新的资料不断，热诚更从未稍减。至今我无法对此现象提出解释。但是本书中的故事似乎证明，中国完全无须改变自己以迎合西方。

回顾这本书来看，卡尔维诺的答案与史景迁自己的书写一样，都保持了同样的三层关系：中国—叙述中国者—叙述中国者的同胞。其中，叙述中国者是卡尔维诺所说的

"被观察的观察者"，既观察中国——凭借他的"耳朵"得到了叙述中国为何的权力，但同时又被他的同胞们所观察——"耳朵"的权力又被同胞所据。

"耳朵"的权力带来一个后果，正是这本书的主题："以感觉而非视觉去体会中国"；即使是到过中国的观察者，也一样"不脱想象的成分"（史景迁，2013：7、11）。在一次访谈中，史景迁进一步总结这些主题时说："我想唯一联贯性在于'虚构'这一行为本身。"（巴宇物，2005：23）

的确，当以感觉、想象、体会，凭借听者的力量来影响叙事的生产，那么"虚构"便成为绕不开的议题。那么同时值得质疑的是：当史景迁认为他眼中的这些"瞄看中国"的历史人物作为"被观察的观察者"并且都在从事虚构的时候，他自己这个同样在写中国的西方人是不是在从事"虚构"呢？

对于这样的"史景迁的史景迁"式自反性质疑，他在另一番回答中有涉及。他并不避讳自己有时会模糊真实与虚构的界限，答道：

> 我只是集中记录了他们自以为是的观察结果。在某一类历史研究中有人会质疑材料的真实性，这种质疑与我所做的研究没有关系……我尽量试图从作者自己的角度来解释他们。我的目的不是要对这

些作者做出任何论断。（巴宇特，2005：20、23）

回顾史景迁将蒲松龄、傅圣泽看作是"同盟"的说法，实际上他并不是要去质疑"被观察的观察者"所观察世界，而是呈现出来这些"同盟"的观察结果（如傅圣泽看到的胡若望的欧洲之旅）。将这两个议题联系起来，可以得出下表：

表2.1 《大汗之国》及《胡若望的疑问》中的书写关系

元／胡若望……	马可波罗／傅圣泽……	史景迁
被观察者	被观察的观察者／"同盟"	观察者
历史中的行动者	历史中的观察者	当代历史学家

这样看来，实际上史景迁是续上了"瞄看中国"传统：该脉络由史景迁自己书写出来，历经天主教时期、中国风时期等一系列阶段，经由最后的卡尔维诺，再"匿名地"由史景迁衔接上。

如果将《大汗之国》看作史景迁树立汉学（我在广义上使用这个词汇，以呼应"瞄看中国"之说）研究"虚构"传统之作的话，那么将会带来另一个麻烦：同一系列的《改变中国》又要如何理解呢？

显然，这二者之间存在着明显的对立。这不仅在于前一本书中的人物多数以文学家身份出现，并且大多没有到过中国，而后一本书中历史人物则均到过中国，并多以顾问等身份参与中国事务，更是因为相较于"虚构"在跨文化交流中也可理解为——"中国完全无须改变自己以迎合西方"来说，这本书立下相对立的"干预"传统——"使中国按西方所理解的定义来改变"（史景迁，2014b：302、329）。

史景迁以汤若望、南怀仁为始，以美苏的顾问专家为终，叙述了这些西方人在干预中国的过程中获得关于中国的知识，又在理解中国的过程中进一步干预中国，以希望通过中国实现他们自己所追求的"宿命"（如传教天职、冒险人生）（Cohen, 1970）。

如果按照上述处理《大汗之国》那样，将跨文化交流理解转化为历史书写方法的话，这本书中汤若望、南怀仁等"汉学家"，不是"通过虚构来讲述中国故事"，而是"通过干预讲述中国故事"。这意味着，一个中国研究者，必须实际参与到中国当中去，与中国人从"被观察者"转化为"被干预者"，并使自己一同成为"历史中的行动者"，成为中国历史的一部分（如以"掌关税大权，振将倾王朝"的赫德、"以译事小枝，撼千年科举"的傅兰雅）。

表2.2 《改变中国》中的书写身份关系

明／清……	汤若望／美苏顾问专家……
被干预者	干预者
历史中的行动者	历史中的行动者

　　由此却带来另一个问题：如何理解史景迁在"干预"传统下的位置呢？他不在此列吗？的确，仅为学者身份的他，与这些改变中国的历史行动者相距甚远。不过，也唯有将这两条脉络并立观之，方才能理解史景迁在"虚构"（fabrication）中的定位。

　　邓为宁（Victoria Cass）在评论《王氏之死》时说，通过蒲松龄的作品，史景迁不仅去重新塑造了"物理实在"（physical realities），也重新塑造了"想象实在"（imaginative realities）（Cass, 1980）。我认为邓为宁的说法可以借鉴，但需修订。史景迁只是通过文本阅读的方式了解和研究中国，无法直接改变"物理实在"，而"重新塑造"的郯城风貌，也只是"想象中的物理实在"。因此，我倾向于将物理实在的改变归功于"干预"传统，想象实在的重新塑造归功于"虚构"传统，而史景迁在他的两本书中所树立的分化现象，及其与卡尔维诺的同构性，正说明他是站在"虚构"传统的一端。

表2.3 史景迁的脉络建构及其定位

史景迁文本	《大汗之国》	《改变中国》
脉络传统	虚构	干预
实在	想象实在	物理实在
史景迁定位	√	×

不过，当"虚构"转回到史学中来理解的话，便容易与"发明或篡改史料"之类的评判联系起来，以致模糊了历史与小说之间的界限。因此，这样的讨论不得不与主流的两种看法联系起来。为此，看一看史景迁自己怎么说。

史景迁（1998）在评论历史小说家阿特伍德（Margaret Atwood）时认为，小说与历史之间的区分在于"我们所允许自己的自由地带"（the zones of freedom that we allow ourselves），包括三个层次：

第一，阿特伍德认为自己写历史小说是"在有确凿的事实（solid fact）之时便不能改变它"，而史景迁的回应却在于：评判一个证据（evidence）是否为实存的（the actual），衡量它的可信度，使之构成事实，却是要靠历史学家。

第二，阿特伍德认为她的作品《格蕾丝》（Alice Grace）中的主要部分虽然都能得到格蕾丝及其时代有关书写的支持，但这些书写本身"可能"（might be）也是含糊的。史景迁（1998）注意到了阿特伍德"可能"一词的暧昧性，并认为这也是历史学家的"黑暗领域"（dark area），因为执迷于此的历史学家往往会为了证明他所提出的假设（hypothesis）而忽视正在阅读的事实其实是"含糊的"。

第三，阿特伍德指出在自己的书写中存在无法得到填补、无法解释的空缺之时，便由她去自由地发明出来。史景迁（1998）对此回答反而是"讽刺"历史学家虽声称不会如此，但实际上他们所作所为与此往往是等价的。例如，中国早期史学家常借助已记录的对话去填补和重构历史人物的对话。

史景迁（1998）看似在说明历史学家与历史小说家时区分、抹杀了二者之间的绝对性界限，但实则不然。他一方面指出，似乎历史学家可以拥有更高的权威，将复杂的历史融入"阐释和记录的模式"（interpretation and the modes of recording），使得史学家如有"见证"自己所未经历之事的本领，知道可能或不可能发生了什么，但另一方面也提出了对这种权威的限制：他以阿特伍德的文本为例，指出她虚构的历史生活普遍特征（比如饮食）在历史学家看来会受到质疑，因为虚构出来的"普遍"要受不同文化模式、不同的技术条件所限制。

可以看出，史景迁并不否认史学家如同小说家的虚构与想象、见证与填补的特权，但是也不忘其限制。这样的假设与证据、重构与记录、见证与阅读之间是相互制约、相互促进的关系，也促成了虚构的开始与终结的关系——作者通过虚构的想象去填补历史空白、推论"黑暗领域"，评判"证据"与"事实"，但是一旦进入"想象实在"之中，便不得不受到"物理实在"之限制，使小说家式的本领受到当时的历史情境（证据、文化/技术）所限，使虚构的无限性走向了历史的可能性，使"怎样都行"的纯粹建构风格走向了"何种可能、何种不可能"假设检验的诠释论风格。

为了再挖掘虚构、想象实在及其限制在书写实践中的文法学关系，我暂且绕开史景迁的史学家一端的视角，转到当代中文小说家述平（2011）一端，从他的一部具有历史学诠释意味的小说——《某》吸取理论工具。

述平这部小说的题材并不出奇，讲的是中年女性乔丽荣在丈夫老周去世后，顺着他遗物（如书信）中的线索，逐渐发现了在她面前一向忠厚的老周的另一面——小城姑娘珍珍的情夫。随着故事以探案的方式开展，乔丽荣对老周的原先印象逐渐模糊，新的形象不断出现，如同解不尽的谜团。而小说的特别之处却在于，述平在谜团越解越不尽之时，"按捺不住"地插入故事之外的理论解说：

我是冒着一种可能要破坏这部小说的危险跳出来说这番话的……，我想说的仅仅围绕着一个字，也就是我这部小说的名字："某"……据我在商务印书馆1978年版的《现代汉语词典》中查到的有关"某"字的解释，有如下几条：……②指不定的人或事物：某人、某地、某种线索；……其中，令我最感兴趣的就是第二条……字典上说这是一个指示代词，而在这里，我却试图使它名词化，从以往那些代替什么东西的附属地位中分离出来、解放出来，作为一个独立存在……在此之前，这个字要结合一些字才能正确使用，比如说某人、某事、某地……但我更喜欢单个地看这个字，我觉得它有点模糊暧昧、意义未明，可以随意地指向任何方向，在时间和空间上都非常广大，可以容纳一切，同时又无所归属……［它］是虚构开始的地方，也是虚构终结的时刻。（述平，2011：57—59）

在述平"跳出来"说的这几句之后，又转入重新编织这个故事，包括老周没有去世等一系列可能性。不过，我感兴趣的是他与史景迁异曲同工之处："某"的名词化。

名词化的"某"在获得独立存在之时，实际上是转到"人称代名词"系统①里获得了一个新的身份。正如述平

① 关于汉语的人称代名词系统的讨论，见陈翠珠（2013）、吕炳强、李越民、孙宇凡、刘拥华（2013：94—97）。

想以此指陈充满谜团的亡者老周：当老周作为活人、面对妻子乔丽荣时，他不是"某"，而是"人"[1]，但当他脱离了肉体，不再说话的时候，成了"某"。此时，"某"与其说是标定了"他"这个"人"（"老周"），倒不如说是标定了"死亡"（"亡者"）。如果接受这样的说法的话，那么"他"甚至"它"这些第三人称代名词便不能精确表达的一种情况。实际上，"人"面对"死亡"一样非肉身的他者的情况不止此例，还可以包括人面对"文化""道德""制度""历史"。当我们说"历史人（物）"或"文化人"的时候，可以将其指定为自己面对的特定的人——如"文化人述平""历史人物蒲松龄"，但把"人"字抽离，让"文化""历史"独立成为"人"所面对的对象之时，就会发现这种在"附属地位中分离出来、解放出来，作为一个独立存在"的情况普遍之至。

故此，吕炳强（2009：143—167）借用勒维纳斯的"他性"（otherness）的概念，将之视作"第四身代名词"。在这里，我将他者（包括我、你、他）／他性（包括上帝、死亡、历史、文化）之间的人称代名词关系，理解为"人／某"之间的关系。[2]

---

[1] 以"某与人"和人称代名词方法来分析这段故事，最初的想法来自于吕炳强、刘忠魏、孙宇凡等（未刊稿）。

[2] 人称代名词作为社会学研究事体的类型学传统（提问如："社会学的研究对象有哪些、可以如何分类、分成哪几类？"），见孙宇凡（2016）。

这样一来，小说讲述的不是乔丽荣和老周这个第三身或"他"的互动——实际的老周早已过世，而是乔丽荣和名词化的死亡本身之间的游戏，是第一身与第四身之间、是人与某之间的关系。

但是，一旦述平从小说中跳出来，人称结构会完整转变。当述平处于匿名状态时，这起平凡故事如同真人真事，如同物理实在的一部分，因此乔丽荣是"人"而非"某"。而当述平要"冒着一种可能要破坏这部小说的危险跳出来"的时候，小说与作者之间的界限树立了起来，"物理实在"露出了其为想象实在的本来面目，小说终究是小说。但也因此，述平抛开了限制，没有将这部分理论解说作为结尾，而仅是中间语，并在后半部分中放弃了"匿名"，开始实验故事重新编织的可能性。在后半部分，乔丽荣只是述平笔下的一个符号，使得小说人物成为作者这个第一身所面对和组织的第四身。

表2.4 小说《某》中的文法学关系

述平与小说的关系	匿名/出场前	出场时	出场后
文本内容的特点	如真人真事	理论解说	文学实验
乔丽荣的文法学地位	第一身/真人	无	第四身/符号

乔丽荣的双重身份以述平的介入作为节点，说明了第一身与第四身、某与人不可并存于一体的关系。唯一的例

外是基督耶稣。耶稣是被钉在十字架之后死而复生并"道成肉身"或"化身"（incarnation）。不过，下面将会看到，史景迁的诠释规则的要害，正是如基督耶稣一样突破人称代名词的界限。

四、案例分析：《康熙》与《王氏之死》

我以史景迁的两个文本：《康熙》和《王氏之死》为例，进一步分析其中的文法学结构、虚构与假设检验之间关系。

《康熙》一书的奇妙之处在于：首先，该书只有在《自序》部分中以一般历史学家的方式，用第三人称来谈康熙、第一人称说自己，而正文中恰恰相反——史学家不见了，只有第一人称的康熙，由此形成了极致的文法学对照。其次，在章节安排上以"游""治""思""寿""阿哥"和"谕"来重构康熙的面貌。如史景迁所说，"尽管是一种历史学家并不常运用这些范畴来架构他们有关制度与传记的材料，但官方活动的种种面向，似乎很自然被涵摄到某种私人、情感的框架之内"（史景迁，2011a：3）。如此一来，文本的焦点便是帝王"个人自身"（the individual himself）而非"假面"（persona）（Wakeman, 2005）。再者，史景迁以这样的框架、这样的口吻所说出的话，其依据的却是"来自于不同脉络的混合材料之拼贴"（Wakeman, 2005）。

对于这些问题，史景迁（2011a：10）并非随意为之，而是将之称为一种"实验"。我认为，理解该实验要明确的是，从史景迁这个当代人视角出发，康熙作为故去之人，如老周一样，已是"在那儿"的历史谜团，是第四身，是"某"。但是，史景迁的《康熙》中要呈现的是康熙作为"在这里"的历史当下，是第一身，是"人"。如上所述，这看似是一种文法学上的不可能——死者何以复活？谁能让死亡发声？"某"何以为"人"？

史景迁的实验正是将自己化身为康熙。他的入口是在《自序》中反复提到的康熙性格——"能够坦率又生动地表达他个人思想，这样的特质在大帝国的统治者身上实属罕见"，以及康熙留下的特殊史料——"数百封以汉、满文书法所述的信笺和断简残篇……通过这些信函，我们得以一睹康熙私底下口语化的风格，捕捉康熙的语言神韵，窥视康熙心绪的翻腾和纠葛"（史景迁，2011a：3）。可以推测的是，史景迁对化身对象的选择是有考虑的，毕竟他同样写过雍正的"内心世界"，但却没有采取自传体的书写风格（史景迁，2011a：10）。

由此入口，史景迁开始虚构与想象自己作为康熙，进入营造出来的历史当下。但是一旦作为"某"的历史之康熙"道成于肉身"史景迁这个"人"，却也对史景迁的虚构产生了限制，因为他的想象必须是"来自于不同脉络的混合材料之拼贴"。无疑，这些材料都是与康熙直接相关。也就是说，当史景迁化身为历史中的康熙的时候，他要面对文本中的康熙，需要将自己想象的一举一动放到文本脉络中加以假设检验。因此，最后在《康熙》一书中呈现的康熙，只是"被观察的观察者"——一方面被史景迁所观察，另一方面观察着自己（史料）。

这样的关系在史景迁对《康熙》的时间结构说明中最为清楚。他在《自序》的末尾提醒读者，这本书"不仅横跨了康熙公布《临终谕旨》前六十三载的生命历程，也可以压缩在《临终谕旨》公布前流逝的一个小时"，这意味着史景迁在实录、起居注等"文本中的康熙"，和化身为"历史中的康熙"作临终前的生平回想之间、在物理的实在和想象的实在之间辗转（Cass, 1980）。

值得留意的是，这样的辗转，也正要借助史景迁这个"人"的化身，才能够使得作为第四身的康熙获得第一身的内心世界，能够使得可观察的、事件序列的文本（如编年体的实录）与作为不可观察的、行动历程的康熙内心（如游、治、思、寿）之间的因果性论证成为可能。[1]否则，仅就"文本中的康熙"进行论证，撇开化身这一环节，便无法解释《自序》中对该书的章节安排、材料来源的特别说明。

---

[1] 吕炳强（2007：221—233、246—252）为处于深处的行动历程架设了主体时间（回忆过去、注意现在、期望未来），为处于表层的事件序列架设了物理时间（较早–较晚），孙宇凡（2017）也运用这一区分分析了史景迁的文本。

图2.1 《康熙》的诠释规则

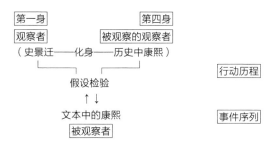

在史景迁的传记作品中，既有被观察的观察者以回忆、反省的方式审视自我、观察生平，使得被观察者与被观察的观察者合二为一，也有被观察的观察者和被观察者分离开来的情况。如《胡若望的疑问》中，通过傅圣泽的视野来观察胡若望以及下面要谈到的《王氏之死》。

《王氏之死》述说了艰难之世事是如何一步步将妇人王氏推向死亡的深渊，以致整本书的大部分都如同妇人王氏之死的脚注（Cass, 1980）。在这本书中，直至第五章《私奔的女人》的中间部分，王氏才登场。但是，在前五章半中被频频使用的蒲松龄《聊斋志异》材料，在此之后只作为王氏的死前梦境内容引用过一次，而在王氏死后的部分（包括第六章）便彻底不再引用了。由于史景迁在第一章《观察者》中，将蒲松龄列为其中，因而有理由相信，蒲松龄作为观察者的任务那一时点便结束了。这样的复杂关系也反映了史景迁在步步推进的过程中，熟练地切换了他的化身对象，看到不同的被观察世界，提出不同的假设并予以检验。

在前四章多的篇幅里，史景迁一直依赖蒲松龄这位"观察者"——准确地讲，是被观察的观察者。但问题在于，相较于《福惠全书》《郯城县志》而言，史景迁是希望用这样的材料来了解当地人的"寂寞、性爱、梦想"，以完成这本书的两个目标：一是描述一个平凡的地方社会，二是"个人的特性"。[①]

为此，史景迁（2011b：46，71，75，79，105—106）不厌其烦地试图说服读者：由于身居与郯城接壤的淄川县，蒲松龄讲述的一些故事的原型可能来自于家乡附近。以此基础，史景迁通过化身蒲松龄，使得小说文本的指向聚焦于郯城记录，形成相互映照的关系——毕竟这是蒲松龄原初的小说，是与以康熙为中心的实录或起居注的根本区别之一。

例如，在论述女性丧偶后的"节烈"问题时，史景迁（2011b：第3章）通过引述《聊斋志异》的故事说明寡妇在财务压力、再婚压力下的处境，并同时引用《县志》中的案例对照说明蒲松龄对该问题的看法（"寡妇需要道德和确切的目的"）。虽然是文学表述，但是"寂寞、性爱

---

① 史景迁（2011b：15—16）认为，关于近代以前中国乡村的研究，有两种倾向：第一种是关注广地域、长时段，以致忽视"个人的特性"，另一种是关注地方特色（如出过哪些名人），而对默默无闻的县份难以了解。

与梦想"方面确可通过历史描述得到验证了。如此一来，史景迁才会说"蒲松龄是他那个时代的一个中国人的声音，而《王氏之死》正是为了表达当时中国人的声音"，也才需要"综合使用"两种材料，将作为事件序列的郯城记录转化为蒲松龄主观的行动历程所观所想。

图2.2 《王氏之死》中的诠释规则之一

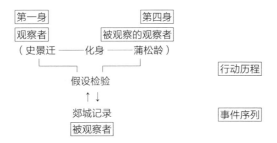

不过，当王氏登场之后，史景迁便灵活地暂时抛开蒲松龄这个化身，转而直接化身王氏，这尤其反映在关于王氏离开丈夫任某之后和另一个男人出逃，并在王氏归乡之前这段出逃时间的描写。

史景迁频繁地以"如果……"的句式，如同谋士一样为没有声音的王氏出谋划策。他提出了三种假设：第一，史景迁（2011b：134—136）虽然说"不知道两个人打算到哪里"，但又说"从地图上可以看出，他们最初有三个选择"，包括邳州、郯城和沂州，并逐一分析了这三个选择的利弊。第二，史景迁（2011b：136—139）指出"这对情侣需要一个藏身处"，随后又开始分析王氏的行为在法律上的犯罪定位，及其对逃亡生活可能带来的影响。第三，史景迁（2011b：139）又进一步指出王氏被爱人抛弃后在郯城自己独立生活、寻找工作机会的可能性。

这三个方面的分析反映了史景迁一方面通过县志等事件记录提供资料，另一方面从王氏的角度提供反事实假设。例如：如果留下独立生活而非返乡要面对怎样的处境？此时的零假设为王氏选择单独逃亡，备选假设为王氏选择返回老家。为了推论王氏的"选择"，史景迁分析了郯城记录，了解到当时当地对女性"并未给她们提供太多的工作"，因此作为历史故去的王氏，在假设检验中得到了史景迁的化身式推论，并借助史景迁搜集的记录资料思考当时处境。

由此，史景迁虽然描述的是郯城记录，但却让读者体会到一个"私奔女人"的行动历程。毕竟，史景迁在第一次提到王氏时，是在讲述完蒲松龄的一则故事之后："但那些没有魔法、金钱做靠山的郯城女性该怎么办呢？嫁给任姓的男子王氏又该怎么办呢？"史景迁的"怎么办"提问（作为假设）是从行动者王氏出发，资料是从郯城县中诸般事件出发，二者正是辗转于史景迁化身王氏。

图2.3 《王氏之死》中的诠释规则之二

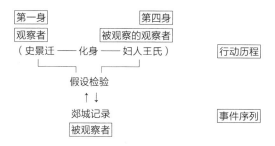

　　故事的高潮是王氏回到丈夫任某身边并被他杀害之前的夜晚，做了一个由史景迁（2011b：18）为她编织的、关于"寂寞、性爱与梦想"的美梦。这一大胆的尝试当然打破了历史与文学的界限（Cass，1980），但确实"使历史写作接近艺术以取得更深层的效果"（卢汉超，2011：30）。

　　如果对照此处和前四章半的部分中的引文可以发现一个强烈的反差：前部分中，蒲松龄的引文均是单独成段，一引一用，甚至出现了大篇幅地引用一个故事的情况。①到了编织王氏的梦境之时，史景迁（2011b：149）标注引用了38次，横跨蒲松龄的文本第60页到第1535页不等。如何理解这种差别呢？

---

① 我检查了这本书引用《聊斋志异》中故事的部分，除独立成段之处，其他17处均为一则引用标一个脚注说明来自仅仅一则故事，并指说见附录中附上的蒲松龄原文。各则故事引文见史景迁（35—36、37、38、39、41—44、44—46、61—62、65、66—71、78—79、80—87、95—96、97—105、120—121、121—122、123、124—126、126—133）。

　　如上所述，蒲松龄一直是被观察的观察者：被史景迁观察的同时又作为史景迁笔下的观察者。但在此处，史景迁延续了自己作为妇人王氏化身的时刻，蒲松龄则只是被观察者。梦境编织的过程，如同王氏去阅读蒲松龄的文学世界（《聊斋志异》），而史景迁则需要想象梦境中的王氏与这个文本世界中的诸种记录之间的假设检验关系。

　　也就是说，由于文学世界的记录代替了历史世界的记录，梦境中的王氏代替了现实中的王氏，二者完全脱离了历史世界。但是，史景迁的化身却得以带入他对郯城女性"寂寞、性爱与梦想"的理解，没有让这个梦境天马行空，而努力保证它的历史性——让读者认为这是一个适合王氏而非其他人做的梦，以及首先是个得意满足但又瞬间回到恐怖现实的梦境而非其他梦境。因此，史景迁如此大篇幅修剪与拼贴文学材料而非如此前那样只取一则故事，也正是化身王氏给作者带来的限制，使其尽管在文学中仍只停留在历史的"可能"。

图2.4　《王氏之死》中的诠释规则之三

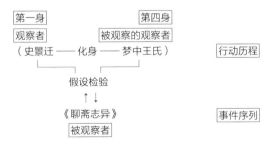

五、结语

也许正因为史景迁这样的化身式书写，邓为宁（Cass，1980）才评价他不仅使用了蒲松龄的"视角"（angle of vision），甚至将之内化了（internalized），甚至做得比蒲松龄还要好。我接受这样的说法，并将"视角""内化"进一步连接述平的"某与人"所传达出的、吕炳强关于"第四身"文法学理论之创见，由此深化到柯娇燕和孙宇凡关于诠释与叙事、因果性与假设检验的构想。

确实，在这样的深化过程中，学界关于史景迁身份之争的主流看法也都有可取之处：文学之长，长于化身术；历史之优，优于因果性。历史与文学的边界不仅并不固定，更要靠历史的规则来挖掘和组织证据，以及靠文学的想象来理解历史证据及其推论。

最后，我以魏斐德对史景迁的一段评价作为结语。魏斐德认为史景迁作品中最精彩的是《太平天国》一书的最后一幕——法国兵营内外，不再有天国的信仰，只剩下忙碌的西方商船以及凝视夜光与聆听信号的士兵。这样描写虽然因细致之至而具有"历史性"，但"作者将自己的视角融入了条约口岸和战场的广角镜头之中……它能够反馈出存在于虚构和事实之间的多重性张力"（Wakeman，1998）。

参考文献

巴宇特：《迷失上海》，上海：上海书店出版社，2005年。

陈翠珠：《汉语人称代词考论》，北京：光明日报出版社，2013年。

陈国栋：《史景迁（Jonathan Spence）》，《近代中国史研究通讯》1992年第14期。

康无为（Harold Kahn）著：《读史偶得》，台北："中研院"近代史研究所，1993年。

侯方峰：《论史景迁的历史叙事写作》，《东岳论丛》2014年第3期。

李孝悌：《代译序》，载史景迁著，《王氏之死：大历史背后的小人物命运》，桂林：广西师范大学出版社，2011年。

卢汉超：《史学的艺术——史景迁访谈录》，载王希、卢汉超、姚平编，《开拓者：著名历史学家访谈录》，北京：北京大学出版社，2015年。

吕炳强：《凝视、行动与社会世界》，台北：漫游者文化，2007年。

吕炳强：《我思、我们信任与社会之奥秘》，台北：

漫游者文化，2009年。

吕炳强、李越民、孙宇凡、刘拥华：《听与说 社会学电邮集（2012—2013）》，北京：中国社会科学出版社，2013年。

吕炳强、刘忠魏、孙宇凡等：《某与人 社会学电邮集（2014—2015）》（未刊稿）。

马金生：《试论史景迁的著史风格》，《史学理论研究》2007年第4期。

史景迁：《康熙：重构一位中国皇帝的内心世界》，温洽溢译，桂林：广西师范大学出版社，2011年。

史景迁：《太平天国》，朱庆葆等译，桂林：广西师范大学出版社，2011年。

史景迁：《雍正王朝之大义觉迷》，温洽溢、吴家恒译，桂林：广西师范大学出版社，2011年。

史景迁：《王氏之死：大历史背后的小人物命运》，李孝恺译，桂林：广西师范大学出版社，2011年。

史景迁：《大汗之国：西方眼中的中国》，阮叔梅译，桂林：广西师范大学出版社，2013年。

史景迁：《胡若望的疑问》，陈信宏译，桂林：广西师范大学出版社，2014年。

史景迁：《改变中国：在中国的西方顾问》，温洽溢译，桂林：广西师范大学出版社，2014年。

述平：《某》，武汉：长江文艺出版社，2011年。

孙宇凡：《君主与化身的奥秘：从孔飞力的〈叫魂：1768年中国妖术大恐慌〉出发》，《社会学评论》2016年第6期。

孙宇凡：《时间、因果性与社会学想象力：与成伯清商榷》，《社会理论学报》2017年第1期。

汪荣祖：《书窗梦笔》，台北：麦田出版社，2006年。

汪荣祖：《梦忆里的梦呓》，《近代史研究所集刊》2009年第65期。

郑培凯、鄢秀：《总序：妙笔生花史景迁》，载史景迁著，《大汗之国：西方眼中的中国》，阮叔梅译，桂林：广西师范大学出版社，2013年。

Cass, Victoria B: "Review of The Death of Woman Wang." *The Journal of Asian Studies*, 1980, 39(3).

Cohen, Paul A: "Review of To Change China: Western Advisers in China, 1620-1960." *Pacific Historical Review*, 1970, 39(2).

Akyeampong, Emmanuel, Caroline Arni, Pamela Kyle Crossley, Mark Hewitson, and William H. Jr. Sewell: "AHR Conversation: Explaining Historical Change; or, The Lost History of Causes." *The American Historical Review*, 2015, 120(4).

Mazlish, Bruce: "The Question of the Question of Hu." *History and Theory*, 1992, 31(2).

Reed, Isaac Ariail: "What Is Interpretive Explanation in Sociohistorical Analysis?" In *Inheriting Gadamer: New Directions in Philosophical Hermeneutics,* edited by G. Warnke. Edinburgh: Edinburgh University Press, 2015.

Penney, Matthew: "Making History: Manga between Kyara and Historiography." In *Manga and the Representation of Japanese History,* edited by R. Rosenbaum. London and New York: Routledge, 2012.

Spence, Jonathan D: "Margaret Atwood and the Edges of History." *The American Historical Review* , 1998, 103(5).

Wakeman Jr., Frederic: "Telling Chinese History." *Modern China* , 1998, 24(2).

Wakeman, Frederic E. Wakeman Jr : "Jonathan Spence Biography." *The General Meeting Booklet*, 2005 AHA Annual Meeting. Retrieved (https://www.historians.org/about-aha-and-membership/aha-history-and-archives/presidential-addresses/jonathan-spence-biography), 2005.

第三章 / Chapter Three

从赵鼎新到魏斐德：意识形态正当性与明清易代

一、导言：经典文本与历史经验中的"天命"研究

"天命"是古代帝制中国的君主（"天子"）理解自己作为治人者（the ruler），受命于具有支配、创造、维系、启示和审判功能的"天"而面向臣民履行仁义之道

和治理疆土职责的基础（Fu, 2003:726–727）。①作为理解帝国统治思维与治理逻辑的重要入口，"天命"在哲学、历史学、社会学领域的研究中都受到了关注，并呈现出"文""史"两种取向之分：

第一种是文本取向研究：关注"天命"在不同时期的哲学、礼仪和法律文本中的意涵，着重分析经典文本中天命及与其他概念（如"德"）的相互关系，并不把重点放在文本知识生产与传播的历史经验脉络。例如晁福林

---

① 我对"天命"的界定摘取于《中国哲学百科全书》（*Encyclopedia of Chinese Philosophy*）的"天"（heaven）字的释义。尽管这本书没有独立地收录"天命"词条，但是在"天"的词条里，给出了详细的"天命"解释："关于'天'（heaven）这个字的起源，可以追溯到西周早期的典章纪录。周朝的开国君主们相信，他们作为治人者（ruler）的正当性（legitimacy）是基于'天命'（mandate of heaven）。此后，周朝君主及后世诸朝的帝王都被称为'天子'——这意味着他们是为了侍奉'天'而被任命为唯一一位主持国家例行事务的人……通过分析《尚书》和《诗经》中的'天'的用法，能够得出古代人所相信的'天'是什么，以及他们对'天'的期望是什么。根据这些文本，'天'有五个功能：1. 支配者（dominator）：'天'作为支配者或'万能的治人者'统御万物……2. 创造者（creator）：'天'是万物的起源……3. 维系者（sustainer）：在创造了万物之后，天也对它们加以控制和支持……4. 启示者（revealer）：'天'的功能并不限于任命一名统治者（'天子'）以领导人民，还通过普遍使用的占卜、人们的集体意志、统治者的高超智慧以证明'天'的启示者功能。由此，'天'通过人民的扬善避恶，使得善恶标准得以传递。'天'的这个功能，预设了对人民福祉的关切。5. 审判者（judge）：……'天'通过不同的方式回应人们的行为，如国家的兴衰……在正常环境下，'天'的这五种功能被认为要由'天子'来显现。因此，作为治人者的'天子'一方面必须通过彰显他的'仁'，以奉行'天'作为创造者和维系者的意志，另一方面必须通过实现他的'义'的品格，以践行'天'作为启示者和审判者的模式……"（Fu, 2003: 726–727）原词条释义较长，我的翻译有缩减。

（2008）、张宏斌（2013）分析探讨了孔子、董仲舒的天命观思想。司徒安（2014：70—71，147，230）考察清朝的礼仪与祭祀规定的文本中体现了天子受命于天的皇权传统。姜永琳（2002：52—86）也分析了《大明律》中体现的天命观与宗教世界。

第二种是历史取向的研究：旨在抓住历史情境中历史行动者对天命观念的践行与需求，并促使这一本土概念进入更广泛的历史与社会科学讨论之中。相较于探讨传统的史学取向以分析天命观念之时间变化为主（例如各朝代对天命的不同用法与理解）（侯旭东，2015；荧公，2005；罗新慧，2012；肖巍，1993），历史社会学取向[①]的天命观研究同样值得关注。其中，渗透最广泛的理论概念是正当性（legitimacy）。不少史学文献已经普遍地将天命与王朝的正当性[②]联系起来（陈赟，2002；晁福林，2015；石元康，1999；孙宇凡，2016；杨小彦，2007；Zhao，2009）。

不过，在这些直接地借用理论概念的史学文献中，多有"用而不疑"的特点，只有赵鼎新反思地进入了正当

---

① 这里对传统史学与历史社会学的区分并非是实践与理论划分意义上的"仅简单搜集数据的蚂蚁型经验主义者和仅织绘自己观点的蜘蛛型纯粹理论家"之别（Burke, 1993:19; Sewell, 1992），而是接受了Abbott（1991；2001）的观点：历史社会学是社会学一方向历史学一方发起的跨学科"联姻"，而传统史学是限于历史学自身传统与脉络的研究。

② 这些文献中也常以"合法性"作为译词。

性研究的理论脉络，批判地重组了韦伯的经典类型学，提出了"绩效正当性"（performance legitimacy）概念，使之更适合分析古代中国的天命观（the Mandate of Heaven idea）（Zhao，2009）。进一步讲，古代中国的君主"受命于天"，意味着要承担提供公共产品，惠泽臣民福祉的职责。但这样的天命观又隐含了"造反有理"的逻辑，因为人民可以通过自然灾难的情况、公共产品的分配来评估君主的治理绩效，而一旦绩效水平不佳则意味着可以用起义叛乱等方式来重建王朝，实现天命的转移（徐进、赵鼎新，2007）。

本章将延续历史社会学的研究思路，着力分析赵鼎新的论述，指出其中对韦伯正当性理论拓展的贡献与不足，并进一步借助传统史学分析在史料与议题上的优势，补充"正统"（orthodoxy）与"天命"的关联，再以明清易代为例，提出与赵鼎新观点有别的、以意识形态正当性（ideological legitimacy）为主导的，具有事件时间性（eventful temporality）取向的解释。本章也将以魏斐德（Frederic Wakeman Jr.）的著作《洪业：清朝的开国史》（*The Great Enterprise: The Manchu Reconstruction of Imperial Order in Seventeenth-Century China*）为主要历史主本，说明其中蕴含的意识形态正当性的历时性解释，由此建立起来魏斐德和赵鼎新关于古代中国王朝正当性的差异性对话。

二、绩效正当性主导下的天命观解释：评述赵鼎新的观点

赵鼎新的理论具体包括以下六个方面的论点：

1. 对正当性概念的理解，拒绝从韦伯式、人类服从关系的理想类型入手，而是从国家权力的合理化方式出发，站在民众（people）的感知立场，认为国家的正当性"揭示了国家生产共识信念（consciousual beliefs）的能力"（Zhao，2001:21；2009:417）。

2. 引进韦伯的正当性划分，将其类型合三为二（Zhao，2001:21-22;2009;2015:38）。其中，赵鼎新将传统、卡里斯玛正当性合并为意识形态正当性，认为"国家去统治的权利是由传统、宗教和政治哲学的特定价值系统来判断的"（Zhao，2009:418）。而法律正当性也被赵鼎新称为法律-程序正当性（legal-procedural legitimacy）①，是指将法律或规则作为约束所有相关社会团体的原则，使民众得以遵守的普遍性认知（Zhao，2015:38）。

---

① 赵鼎新（2016; Zhao, 2009, 2015:38）的论述前后有变，包括法律-选举正当性（legal-electoral legitimacy），法律-程序正当性和程序正当性，但不影响其定义的融贯性，我取第2种说法。理由是：如果简化到程序正当性，那么无法解释为何赵鼎新只将这种正当性限定在民主社会中，而不去解释古代社会的现象（Zhao，2009）。

3. 增加绩效正当性作为第三种类型（赵鼎新，2016;
Zhao, 2001:21-22;杨宏星、赵鼎新，2013）。赵鼎新认
为，"国家去统治的权利是由国家的经济／道德表现，以
及守疆御土的国家能力来判断的"，反映了国家"为社会
提供公共物的能力"（Zhao，2009:418）。

4. 上述的"判断"或评估过程（evaluative process）
是普遍的也是特殊的（Zhao，2009:418）。赵鼎新指出，
"评估过程是绩效正当性的本质部分"，是依靠自我利
益取向、自然而然地、世俗追求的实用理性（pragmatic
rationality）（Zhao，2009:418）。其他类型也有类似的
评估过程，只是与绩效正当性的评估基础不同。意识形
态正当性是以价值理性（value rationality）或实质理性
（substantive rationality）为基础，法律-选举正当性是以
理论-形式理性（theoretical-formal rationality）为支撑的

（赵鼎新，2016；Zhao, 2015:38–39）。[1]由此，绩效正当性无法化约为其他类型的正当性。

5. 尽管国家不可能凭借单一的合法性来源确保其生存，但是在某个特定时期，某一种正当性来源将会成为主导，并由此来决定该国家的性质（Zhao, 2009:418）。

6. 中国历史上的天命观反映在皇帝以受命于天的方式，承担治理好国家的职责，而百姓从统治者职责履行的绩效角度来判断其天命维系得如何。一旦绩效有损，则为起义提供了契机和合理性，成就了"造反有理""成王败寇"的思想（Zhao, 2009:422）。

本章将通过明清易代的具体案例的研究，围绕解释

---

[1] 赵鼎新的论述前后有所发展，具体见下：他在2001年的专著中提出绩效正当性时，只是将国家正当性看作是关系、互动、过程的概念，但没有进一步展开分析人类动机的理性类型（Zhao, 2001:20–21）。到了2009年，赵鼎新便开始尝试引入理性的类型学来匹配正当性类型，其中配对绩效正当性的是实用理性（作为工具理性的一种子类型）。不过，当时他仍缺乏清晰的分类与界定（Zhao, 2009:418）。直到2015年出版专著《儒法国家：中国历史的新理论》（*The Confucian-Legalist State: A New Theory of Chinese History*）一书时，赵鼎新通过借鉴和改造卡尔伯格的观点，初步形成了自己的看法，将"工具理性"改称"实用理性"，保留"实质理性"之名的同时也保留同义的"价值理性"，并指出"理论-形式理性"也包含"工具性计算"，同时增加没有匹配到正当性类型的"历史理性"（Kalberg, 1980; Zhao, 2015:38–39）。他随后又做了一次改造：同样是将卡尔伯格所说的"实用理性"改成了"工具理性"，又将"理论-形式理性"改为"形式理性"（但也非正式地使用前者）却不再认为此一概念包含 "手段-目的计算"，并且同时弃用了"实质理性"（赵鼎新，2016）。从这个发展轨道来看，赵鼎新是一步步建立"绩效正当性—工具理性—手段目的计算"之间的对应关联，并剥离掉"手段目的计算"在其他类型中的位置以及工具理性的多种可能性。

"天命"的正当性类型之辨，对赵鼎新的六方面论点重新进行审视，并重点指出以下三个方面的观点：

1. 第一、二个观点值得商榷。我认为赵鼎新忽视了韦伯以"效力"（validity）为核心开展的"反利益-暴力行动／秩序取向行动／命令-服从关系／秩序稳定性"这四方面命题论述，影响了他对正当性的定义、绩效正当性的理论位置之理解。

2. 不同意第三、四个观点。我认为赵鼎新的类型学创新之处是将韦伯所说的正当性效力从普遍基础之中取出来形成新增的特殊维度。这一问题可以通过亚里士多德的"四因说"重新梳理。但是经此梳理也将看出绩效正当性其实是一种"目的因+质料因"的个体主义方法论解释，无法解释作为"形式因"的、集体观念的"天命"，因而将绩效或效力内涵独立出来是欠妥的。

3. 同意第五个观点，但第六个观点仍需再发展。我将以明清易代的案例，说明天命观经过复杂的历史演变，与"正统观"连接了起来，最终形成了理解帝制中国国家正当性的"天命-正统"（mandate-of-heaven-cum-orthodoxy）观念，使得当时的大顺、南明、大清各政权统治者与统治班子之间的命令与服从关系交织于时间、空间、仁义、种族与名实五个诠释取向的维度。这些维度可以从上述的意识形态正当性角度得以解释。进一步讲，"天命-正统"在明清易代这段具有事件时间性的历史进程中，存在历时异质的因果性（temporal heterogeneous causalities）现象：在清军入关华北、南下征服以及重组建制、和平定"三藩之乱"的不同阶段，既存在路径依赖（path dependency）现象，也存在偶连性（contingency）可能，使得该图式的五个元素在行动者的意义世界中存在不同的调配方式与安置策略（Sewell，2005:100-103）。

三、回到韦伯：作为普遍基础的绩效／效力

赵鼎新对正当性定义与类型的分析，始终要与韦伯划清界限。正如古兹曼（Guzmán，2015）指出，赵鼎新等改造韦伯的正当性理论的学者，多是不考虑其创新之处与韦伯既有理论之间的兼容性问题。[①]我认为这样贸然地划清界限是值得商榷的，并且认为赵鼎新的论述与韦伯的理论之间不乏可兼容之处，而一旦理清这些理论关系，则有助于理解天命与正当性之间的问题。

先看看韦伯在划分类型时所考虑的正当性定义及其问题系。

《马克斯·韦伯词典（第2版）》（*The Max Weber*

---

① 但是，古兹曼以为赵鼎新的创新只是在类型学上无法与韦伯的既有设想兼容，而在定义上是可以兼容的，这与赵鼎新的立场自陈有异（Guzmán，2015）。

Dictionary: Key Words and Central Concepts, Second Edition）
对"正当性"的界定颇能体现韦伯的论述风格：

> 正当性概念是韦伯的社会学中的重要元素
> 之一。这一概念十分普遍地出现在他对政治体制
> （political regimes）的分析之中……如果一个政治
> 体制被视为有效力的（valid）或具有约束力的，
> 那么它相较于完全基于利益或暴力的政治体制所创
> 造的不稳定性（instability）而言，将是更为稳定
> 的。韦伯的正当性类型反映了众所周知的支配类型
> （传统、卡里斯玛和法律）。在正当性支配的经验
> 中，可能有三种不同类型的行动者：治人者（the
> ruler）、统治班子（the staff）和治于人者（the
> subjects）。（Swedberg and Agevall，2016:189）

该词典虽然通过不稳定性／效力程度对比方式，排
除利益或暴力所形成的政治体制，以此筑起正当涉及的传
统、卡里斯玛和法律三种支配类型，但却没有给出"正当
性是什么"的回答。这是因为韦伯在《经济与社会》中更
倾向于从缠绕着正当性的不同侧面的概念（如政治体制、
社会行动）切进去，再接上正当性内部架构的诸个方面
（类型、效力），形成具有贯穿性的论述网络。因而，为
了了解韦伯眼中的正当性"是什么"，必须接受他的穿梭

式、多样化的思考取向，并将各种路数合并隼接。

在《经济与社会》中，韦伯的具体取向主要有两种：第一种取向是从行动进入秩序，体现在《社会学基本术语》部分。他在谈及社会行动、社会关系和行动取向三个问题之后，接续了"正当性秩序"论述：

> 行动，尤其是社会行动，更不用说还有社会关系，可以受到正当性秩序是存在的这一信念的引导。行动在事实上将会这样发生的概率，就可以称为该秩序的"效力"……只有当行为——接近于或总的来说——以明确的"准则"为取向时，一种社会关系的意义内容方可称为"秩序"；只有当出现了着眼于这些准则的取向时，一种秩序方可称为"有效"，而这种取向的出现，除了其他原因之外，还因为行动者在一些可以估计的方面认为那是某种方式的约束或楷模。当然，在具体情况下，以秩序为取向的行动会涉及非常多样化的动机……一种秩序的效力和无效之间并不是严格的非此即彼，恰恰相反，在两极之间有一个逐渐的过渡。（韦伯，2010：121—123）

第二种取向是反向而行，从支配的体系到服从的行动，体现在该书第三章《正当支配的类型》中对正当性的论述：

支配就是某些具体命令（或全部命令）得到既定人员群体服从的概率……就这个意义而言的支配（"权威"）可能会建立在极为不同的顺从动机之上……如果纯粹的物质利益和利益计算成了首脑及其行政班子之间达成团结一致的基础，结果也会像在其他背景下一样出现相对不稳定的局面……除了这些以外，通常还需要一个更深层的要素——对正当性的信仰……从社会学意义上讲，一个支配体系的正当性只能被当作这样一种概率：将会存在一种相应程度上的适当态度，并确保出现相应的实际作为……"服从"则意味着服从者的行动实质上要遵循这样的路线：为了自身的利益而把所接受的命令内容变成行动依据。（韦伯，2010：318—321）

综观之，在韦伯自下而上和自上而下的双向穿梭过程中，在讨论完诸种社会行动、社会关系并进入秩序问题时，或者在谈及支配体系下行动者的服从基础时，便面临上述词典中所说的"稳定性"问题——通过社会行动连接的社会关系如何稳定下来以形成社会秩序？或者反过来，社会秩序是如何稳定连接起来的社会行动？

为此，韦伯通过抓住社会关系中的"命令-服从"（command-compliance）这条支配式关系主线，以"相应

程度"和"逐渐的过渡"的"概率"方式而不是决定论或
静态的方式讨论"可以估计"的"效力"问题。

由效力进入正当性，便要为行动的估量寻找具有稳
定性的"依据"，需要划开由利益或暴力行动所产生的社
会关系中的不稳定趋向，安置"非常多样化的动机"。为
此，韦伯（2010：322）在引入了后来广为人知的三种正
当性支配类型时，也指出是为"正当性要求的效力"寻找
基础。这不仅从正面解释了韦伯为何要将传统、法律和卡
里斯玛类型与正当性的"效力"联系起来——"以秩序为
取向的行动"，也从反面解释了为何在分析支配、命令／
服从之类看似强硬的话题的讨论中会失去利益与暴力作为
正当性基础类型的可能性——"反对纯粹利益／暴力的行
动"，见图3.1：

图3.1 以"效力"合并的韦伯两种正当性取向

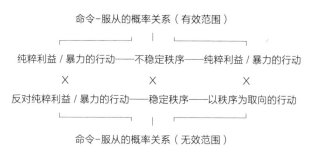

注："X"读作"对立"。

从上述贯穿于命令–服从关系的效力导向论述来看，赵鼎新对正当性的互动、关系、过程式理解都可以得到兼容性解释。赵鼎新接受柯林斯（Randall Collins）的分析取径，强调正当性中蕴含了人民认知与国家能力之间的双向交互关系——"人们对国家正当性的感受将影响他们如何与国家互动。相应地，这些互动将进一步形塑人们对国家的正当性的判断"（Collins，1994; Zhao，2001:21），前提有二：

第一，撇开"人类服从关系"视角下的正当性概念——赵鼎新理解的韦伯式静态定义。但如上分析，韦伯所说的是"命令–服从关系"，前提是反对以全面的暴力或利益作为行动的依据，这便撇开决定论式的静态观。同时，这样的关系是指由命令者自上而下地行动之后，由服从者或不服从者（共同构成面对命令者的社会行动者）基于行动的不同依据——传统、卡里斯玛或法律正当性，从而自下向上地评估这些命令的效力并选择性地服从。当正当性依据能够和命令的内容衔接之时，命令吸收到依据之中，成为不同类型正当性的实例化（instantiation）。

第二，将国家实体化（reification）。因为只有将国家作为固定的事体（fixed entity），作为拥有自主性的行动者一样，才能够进一步延伸出由国家这个"行动者"施展出来的能力事项（如守土御疆）。但是，这样的实体化理解又要带入上述的"感受""判断"之中，从实体化走向去实体化（de-reification）。相较来说，"国家能力-人民认知"的二重性构想转述到韦伯那里，则对应为国家通过命令的方式展现其能力，而人民通过选择性服从来表明其蕴含的认知或评估过程。同时，由于此过程中排除了全面的暴力与利益取向，因而人民具有自主性的认知、评估、服从成为必须要考虑的维度，使其落脚点不得不走向去实体化的阐释论（interpretatism）理解中（Sewell，2005:ch.10）。

四、经由四因说：无法成为特殊维度的绩效正当性

上述是赵鼎新引用韦伯的理论时，未言明的兼容之处——作为普遍基础的绩效或效力。但是，不兼容之处，亦即特殊维度问题也由此显现：效力能够抽出单列为"绩效正当性"吗？我将说明这样的单列独立之举在理论上和经验上都有欠缺之处。

既然正当性是关于"社会关系如何得以稳定"的一种概率解释（吕炳强，2007：151）[1]，那么从解释的"四因说"角度来看，赵鼎新的合并与新增带来了一个新的正当

---

[1] 本章对韦伯的正当性理解之理解，颇受益于吕炳强（2007：第三章）对韦伯的《社会学基本术语》一章及其早期版本（Weber, 1981）的解读。

性解释格局。

　　根据库尔基（Kurki，2008：29）的看法，原因（cause）在"四因说"中是指行动的脉络（the context of action），与行动之间的关系是既限制又促成（constraining and enabling）而非决定论。其中，质料因（material cause）是行动所涉的质料实存、物体和资源（material substances, things, resources）；形式因（formal cause）是行动依据的理念、图式、话语等；目的因（final cause）是行动者的目的或原因；动力因（efficient cause）是指行动的变化与运动（Kurki，2008:ch.6; Reed, 2011:141–146; 2015:41–66; Wan, 2011:133）。

　　具体应用来看：首先，韦伯在提出正当性概念时，其首要考虑是多样化的行动动机问题，因而在解释某种社会秩序何以维系的问题时不可避免要提供"目的因"。赵鼎新也特别声明了人类动机的重要性，并提供了如下类型：实用理性、价值理性以及理论–形式理性（Zhao，2015:38）。

　　其次，赵鼎新为区分法律与意识形态正当性，将前者改造为法律–选举正当性或法律–程序正当性，其意在于：一方面将该类型仅用于民主社会[①]，另一方面通过"选举"进一步强调"程序"而非民主所具有的"意识形态"

---

① 例如赵鼎新在分析中国历史和当代的诸轮变迁之中，均避而不用该正当性类型，只处理绩效正当性和意识形态正当性（Zhao，2009）。

（Zhao，2009）。赵鼎新还额外强调法律-选举正当性之上的程序稳定性[1]——精英冲突、选举变迁、政治机会都得以有条理地运作（Zhao，2009）。如此一来，我认为赵鼎新实际上是将法律-选举/程序看作是一种稳定的动力过程或机制（mechanism），亦即呼应四因说中的"动力因"。[2]

再者，经赵鼎新改造后的意识形态正当性，是以价值为行动依据，不再具有卡里斯玛领袖的人格化因素，因而不再停留在目的因之中，而是可以联系到"形式因"，是以意义的诠释为核心，是让服从者能够理解与阐释意识形态的内容。

最后，在韦伯看来，不管是法律、卡里斯玛还是传统正当性都需要解决在现世之中的证明、评估问题，其后果是需要让服从对象看到物体（包括身体）或资源（resource）的生产与再分配。例如，在家长制中需要调整经济活动来满足臣民的需求；在卡里斯玛类型中，需要给追随者带来"实惠"；在法律正当性中也有同样的情况（韦伯，2010：333，350，353）。这样的经济活动或实惠无法从目的因、

---

[1] 赵鼎新虽然在《天命与绩效正当性：历史与当代的中国》（The Mandate of Heaven and Performance Legitimation in Historical and Contemporary China）一文的第一个脚注中提到稳定性问题，但没有将之带到韦伯式的问题系（Zhao，2009）。

[2] 将机制纳为动力因的看法较为普遍，具体参见Bunge（1997），Wan（2011:124）。

形式因和动力因上得以解释，只能从资源与环境的变化，亦即质料因来切实地证明。

也就是说，意识形态正当性、法律-程序正当性在普遍的目的因和质料因之外，还分别包括能够体现其特殊维度特点（可称为：意义-图式取向和过程-机制取向）的形式因和动力因。但是，绩效正当性只包括目的因和质料因，具有资源-后果取向。读者可能疑问：既然赵鼎新将绩效作为能力的表现，为什么不包括动力因？这是因为动力因的解释面相是"如何""怎么样"的"How"类型问题，但从赵鼎新（2001：287）在分析社会运动中的绩效正当性问题来看，社会力量重点关注并不是国家"怎么样／如何发生"，而是在最后的结果上"有没有""在没在""是不是"的"What"类型问题，因此二者具有根本的不同。

值得注意的是，三种正当性类型作为行动的依据，并不是行动本身。毋宁说，是在先行具有社会行动或社会关系的领域中，加入了来自资源-后果、意义-图式或过程-机制的不同依据。因此，如果仅依"绩效"在字面意义上具有"表现"或"能力"内涵，便认为此一类型是具有行动的，而其他两种（意识形态正当性、法律-程序正当性）是无涉行动的，便是混淆了行动与行动依据之分，见表3.1：

表3.1 赵鼎新的正当性理论与亚里士多德的四因说

正当性类型	解释的原因类型	主要取向
法律–程序	（目的因+质料因）+动力因	过程–机制
意识形态	（目的因+质料因）+形式因	意义–图式
绩效	目的因+质料因	资源–后果

　　如此一来，意识形态正当性是通过特定的图式（schemata）再生产和分配资源，并影响行动者的动机，使得多个行动者在社会关系中通过依据的图式及其具有意义的资源来服从命令、维持秩序。绩效正当性则是通过国土、经济等资源的再生产与分配的后果表现，向行动者呈现并以此制约和促成众多行动者的意图。法律–程序正当性是通过建立能够促成与制约资源和图式的分工方式、过程机制以影响行动者的多元动机。[①]

　　通过因果性格局的重述，虽然可以说明绩效只是普遍基础，但却无法在韦伯定义（亦兼容赵鼎新的定义）上独立出来，反而离不开作为形式因的意义图式。从解释的因果关系上来看，当研究者采取绩效正当性去推论研究对象（如起义的百姓、游行的学生）对国家能力的共识信念时，会存在以下可能性与难题：

---

① 此文的分析思路是受到了休厄尔（William H. Sewell Jr.）的影响，见（Sewell，2005:ch.4）。

由于只有两种原因类型，目的因是不可直接观察的，而质料因是可以直接观察的，因而推论路径只能通过质料因去推论目的因，只能将"共识信念"安置在目的因之上，建立质料后果与目的动机间的正相关关系。①但是，这样不仅混淆了目的因与形式因，而且将作为集体的人民感知转换为个体层次的个人感知，在以下方面有所矛盾：

第一，无法实现解释循环。在赵鼎新提出的意识形态正当性、法律–程序正当性中，均建立了个人主义与集体主义方法论之间的解释循环：价值理性、理论–形式正当性的指向均有超出个人层面，指向集体层面的意义图式或过程机制，并进一步使之成为行动的依据，约束与促动个人层面的命令与服从状况。但是，如果仅依据个体主义方法论，那么便无法回答，个人层面的实用理性中资源多寡的计算如何能够产生集体秩序并转化为个人行动的脉络。

第二，滑向利益博弈。由于缺乏意义图式生产出物质资源的意义，因而个体与资源之间的关系容易滑向自我利益的盘估，使其与正当性要求的反对纯粹利益取向的界限有所违背。

第三，面临行动者的异质性问题（赵鼎新，2016）。在缺乏图式的情况下，若诸行动者均属同质，则可以实

---

① 杨宏星、赵鼎新说："绩效合法性对百姓的许诺太具体，使得百姓对国家的期望马上就会转换为对政府执政的压力。政府绩效越好，百姓就越会产生更多、更高和更新的要求，而一旦绩效下降，国家合法性马上就会受到冲击。"（2013：19）

现成功的解释层次替代，但若行动者之间的存在异质化分布、诸种目的又与不同的质料因连接，则仍留下无法解释此种差异格局的难题。反过来，只有通过明白行动者所处的意义世界与文化系统，才能够明白为何此种而非彼种的物质资源对于某些行动者更具吸引力、为何能够在评估过程中更能受到关注。

以上，我指出了赵鼎新的绩效正当性无法在经验解释上独立出来的因果性难题，并指出了其中离不开意义图式取向的形式因之处。在下文中，为避免个体主义方法论带来的困境和具体说明意识形态正当性，我将以明清易代为案例，以"（目的因+质料因）+形式因"解释命令–服从关系中效力评估过程与正当性秩序。

五、捍卫意识形态正当性：魏斐德论明清易代与天命 - 正统

本章以魏斐德的《洪业：清朝开国史》为主要文本，以明清易代作为案例。此案例的选择主要因为这是古代中国最后一次王朝更替，因而承继了天命观在思想脉络上更为完备的资源。我在下文将述，由于该天命观与正统观的联合，因此也需要更加细致的诠释。同时，就当时局势来看，明清之间夹着大顺进京，而大顺既逐，还有南明偏

安，南明既定又生"三藩之乱"。在这样的走马灯式朝代更替过程中，又夹杂着种族问题。案例的复杂性足以彰显天命观的丰富性。但同时，这样的改朝换代又不似五代十国那样纷杂，因而能够尽量不牺牲掉解释意义上概括化（generalization）。

为对接上述的理论基础与历史观念分析，我将魏斐德关于这段时间中天命–正统观与国家正当性的描述，转化为四个相互关联的解释性问题：

1. 为什么大顺政权缺乏承继天命上的自信？

2. 为什么大清政权作为外族能够在入关南下过程中具有意识形态上的正当性？

3. 为什么南明政权始终存在正当性上的效力危机？

4. 为什么夺得天下的大清政权要到平定三藩之乱时才走出天命上"伪定"的担忧？

尽管明代朝廷面临党争纠葛、社会组织崩散、经济活动衰退、气候恶化以及叛乱肆虐、满族崛起等长期困难，但是在李自成势力与明都北京之间，只剩下黄河天险算是挡敌的屏障之时，崇祯帝却做下了一个艰难而影响深远的决定：不放弃北京城、拒不亲自南下也不派太子去守旧都南京（魏斐德，2013：157—173）。

在南迁之议中，崇祯并非没有动摇过。翰林学士李明睿的天命式劝告让他心动：

> 惟命不于常，善则得之，不善则失之。天命微密，全在人事，人定胜天。皇上此举，正合天心，差之毫厘，谬以千里，知几其神，况事势已至此极。讵可轻忽因循，一不速决，异日有噬脐之忧。当局者迷，旁观者清，皇上可内断之圣心，外之时势，不可一刻迟延者也。（邹漪，1987：18）

李明睿矛盾地述说天命与人事之间的关系。一方面肯定"命不于常"，另一方面又认为得失天命"全在人事，人定胜天"，以致人能够"知几其神"，延续天命。显然，天命作为一种意识形态，李明睿依急骤局势而得到了灵活解释，即使"事势已至此极"的绩效之差，依然能展现新的意义。

不过，崇祯的固执决定终究带来了难以低估的偶连性影响：不仅将明朝汉人完整的中央政府拱手让出，也让大顺政权蒙受弑君之罪，继而让北方志士丧失了参与抗清的动力，投降的臣子长期蒙受亡国亡君的忠义刺痛。最后，更使得南明政权在继承危机的情况下始终难以延续天命–正统的意识形态权威。

确实，当李自成坐在紫禁城之时，尽管有些旧臣已殉明，但仍有些大臣认为天命已经转移（魏斐德，2013：

191）。①这类大臣与投机者、恐惧者共同劝进李自成登基，但却得不到李自成的首肯——因为他"仍不相信自己已有资格受命于天"，认为天命不会归于弑君者（魏斐德，2013：192—193）。更为重要的是，在统治集团内部，李自成始终无法按儒家意识形态与统治班子（明朝降臣）之间建立以秩序为导向的命令－服从关系。李自成一方面不喜儒家礼仪与道义规范的束缚（如他与刘宗敏的关系），另一方面又以自私无义的方式来责备降臣和筹集军饷，使得统治者与统治班子均陷入纯粹利益与暴力的非稳定性关系之中（魏斐德，2013：194—197；中国人民大学清史研究所，2000：10—12）。

由于李自成在跨历史时段的实践中，存在以农民军领袖身份实践的路径依赖问题，为天命在朝代之间的转移打开了空缺。毕竟，天命转移和王朝更替并非一一对应的时间关系。某一王朝的终结（如崇祯自缢于煤山）只是意味此一皇族及其统治集团或王朝的天命终结，但是否立马由叛乱者"自信的"占据及其他治于人所认可，仍可存疑（如大顺政权）。正如李自成最后仓促称帝，甚至都被街头歌谣嘲笑是"自成割据非天子"（陈济生，1989：345）。

为此，需要说明的是，天命观在汉朝时就落座于"五

---

① 从大臣角度看天命转移，更说明天命与正当性之间在意义诠释上的复杂。在北京陷落之前，投降皇太极的辽东大臣祖大寿已经相信天命转移，而他的外甥吴三桂却严拒了这种说法（魏斐德，2013：149）。

德终始说"观念体系之中，与正统观形成了同构关系，这意味着天命的归属有了正伪之分——既有正统[1]，也有伪定[2]。换句话说，天命不仅因无常性而带来收受的时间问题，更有正统性带来的真假问题（罗新慧，2012）。正统观的介入使得天命的认定进入更广泛的行动者范围——尤其要涉及士子们，将统治集团中的统治班子[3]也纳入进来，而非仅仅依靠统治者（如刘邦等开国君主）的话说。那么，究竟怎样的开国君主及其王朝才算是"真正的"因

---

[1] 赵鼎新在引用施拉姆作品时提到了"正统"一词："诸如君权神授（真命天子）、有效的帝位继承（正统）以及统治者正当的行为等构成了古代中国政治理论的内核，同时这些原则属于现代意义上政权正当性的范畴"。（Zhao，2009:417）但是，赵鼎新只取用和分析了这三个要素中的第一个和第三个，忽视了第二个。同时，施拉姆对"正统"的理解，也包括王朝继替的正当性，而不仅是继承人的有效性问题（Schram，1987:89）。我不在上述商榷部分单独讨论这一部分而在此直接分析，是因为赵鼎新忽视了"正统"，没有展开自己的分析，故而我也缺少文本上的商榷基础。

[2] 五德终始说的介绍见饶宗颐（2015：第2—4章）。

[3] 此处是参考了韦伯式正当性理论中统治者、统治班子和被统治者的区分，见上文。赵鼎新（2007）是从国家-社会关系角度重建了这三方关系，但没有说明原因。我的猜测是，这可能因为他最初发展绩效正当性时，难以深入精英集团内部，无法拆解统治者与统治班子。在本章中，我也无法全面地处理这一问题，只用统治者与统治班子之间关系的分析（见下文中的案例）。然而史景迁（2011）的《王氏之死》说服了我，要从被统治者角度考虑正当性议题，因为他描述了山东地方社会中"无声的贫民"徘徊在生死之境而无暇也无力顾及王朝的政治与文化负担。同样可供借鉴的案例，是科大卫（2016：81—108）对珠三角地区"皇帝在村"现象的分析：王朝皇权通过宗教仪式的显现功能以进入地方社会。但是他没有处理在改朝换代之际如何通过宗教仪式的变动来重建地方社会的意义世界以响应王朝皇权的继替。这些问题较为复杂，需另文再撰。

正统而具有天命，才算是能够将由"天"收去的天命，再承受于己呢？

"五德终始说"的灾异启示与谶纬之术的泛滥化解读，无法很好地回答这个问题（侯旭东，2015）。终于到了北宋时期，从正统观为天命观注入新的活力，强调了其中"正"的仁义维度。正如天命要与人事联系起来，其中重要的衔接点是仁义（Fu，2003：726-727）。同样的，证明自己的王朝属正统，也需要"君子大居正"，在仁义方面有所实践，体现出德政的要求（李若晖，2008；欧阳修，2007：34）。

回到历史情境来看，尽管天命-正统中的仁义维度空隙被李自成错过，但却被多尔衮抓住了。①清朝趁此机会，摆脱自身的贝勒共治、军事为主、劫掠华北的部落传统，彰显了其帝国传统中的一面：继承金朝"衣钵"下的适时而起、逐鹿中原与建立天命王朝（魏斐德，2013：206）。因此，多尔衮在其辽东旧臣范文程等人的帮助下，以"救民"为宗旨，自称义兵，以"为尔等雪君父仇"为口号，入关南下，讨剿李自成：

> 我国欲与尔明和好，永享太平，屡致书不答，
> 以致四次深入，期尔朝悔悟，岂意坚执不从，不必

---

① 在多尔衮之前，努尔哈赤、皇太极二人也已有类似的观念，见叶高树（2002：309—315）。

论也。且天下者，非一人之天下，有德者居之。军民者，非一人之军民，有德者主之。我今居此，为尔朝雪君父之仇，破釜沉舟，一贼不灭，誓不返撤。（萧一山，2006：235）

可以说，由于李自成自身的道义行径之失、清军的意识形态之胜，北方的士子志士不乏转而投向清军。

因为从大臣们的角度来看，这些投降大顺政权的明朝旧臣如果不遁入山野或随大顺而去，那么就有以下选择：一是逃到南明政权，但是会受到审查，可能被认定为"从贼官"（如周钟）而有性命之忧。因此，一部分南下的官员又逃回北方（如陈名夏）（魏斐德，2013：262）。二是直接留在北京，服务清军。在已经名节扫地的情况下，旧臣不仅已经降低了道德上的犹豫感（清军占领北京时，没有大臣再殉节），而且在清军的意识形态掩护下能够恢复自身的道德遗憾（魏斐德，2013：287）。[1]此外，大顺政权对北方的破坏也使得不少官员想留下报仇雪耻。而此时，南明政权主张的"借虏平寇"政策[2]，对清军讨灭大

---

[1]　这一点在攻克江南之后依然显著。例如：钱谦益便以"天与人归"之理，以"招抚江南为己任"来说服其他士子参政归顺，拯救黎民，在气节保全与入世救民之间做出抉择，以减轻自己的罪痛感，见（魏斐德，2013：417—422）。

[2]　"目前最急者无逾于办寇矣……（按：清军及吴三桂）既能杀贼，即为我复仇，予以义名"（史可法，1984：27）。

顺军行动持以观望态度，也使得北方官员和士绅对南明不抱希望（魏斐德，2013：273，301）。

从清军治人者的角度来看，在大顺败逃、南明观望、清军征服的过程中，这样的意识形态"一箭双雕"，同时批评了大顺和明朝的德政，也为自己入关华北在道义上提供了依据。当然，这样的意识形态正当化也使得清朝不得不改善治理策略：不仅放弃部落劫掠方针，还通过减免赋税、收养流民的方式，以落实自己的天命所归问题（魏斐德，2013：310—311）。但尽管如此，多尔衮依旧对本朝的天命问题没有信心。他在回应大学士刚林的德政称赞时，便说"善与不善，唯天可表"（魏斐德，2013：312）。多尔衮的话道出了天命观的症结——尽管他要在现世中证明，但是毕竟涉及神圣性的、不可观察的神秘力量，因而到底在现世中的表现达到何种标准才能使统治者有天命上的自信，认为自己名实相符呢？

史可法回复多尔衮的檄文式书信，十分丰富地透露这个问题的要害。我在下文将述，这里涉及了名实、时间之外的仁义、空间与种族维度。如上所述，"代尔朝雪君父之仇"在北方很奏效，但是当清军占据华北，面对南明时，却有着道义的难题。毕竟南方受大顺政权涂害不深，不易以之前的意识形态维度（仁义或"正"）作为其正当性的单一基础。史可法在回信中也看到了这一点，故极力维护南明，从正反两面都体现了以正统观论证天命仍在明朝。他这样说：

> 乃辱明诲，引《春秋》大义，来相诘责，善哉言乎？然此特为列国君薨，世子应立，有贼未讨，不忍死其君者立说耳！若夫天下共主，身殉社稷，青宫皇子，惨变非常，苟拘牵不即位之文，坐昧大一统之义，中原鼎沸，仓卒出师，将何以维系人心，号召忠义？……如莽移汉祚，光武中兴；丕废山阳，昭烈践位；……是旨于国仇未翦之日，亟正位号，《纲目》未尝斥为自立，率以正统予之……昔契丹和宋，止岁输以金缯；回纥助唐，原不利其土地。况贵国笃念世好，兵以义动，万代瞻仰，在此一举。若乃乘我蒙难，弃好崇仇，规此幅员，为德不卒，是以义始而以利终……法北望陵庙，无泪可挥，身献大戮，罪应万死。所以不即从先帝者，实为社稷故。传曰："竭股肱之力，继之以忠贞。"法处今日，鞠躬致命，克尽臣节，所以报也。（史可法，1984：85—87）

史可法认为南明乃正统所在，如东汉中兴的刘秀、偏安西蜀的昭烈帝刘备，所以尽管清军以"代尔朝雪君父仇"，但在驱走"闯贼"后再南下的话，便是置中原时局混乱、百姓生命于不顾，只是利举而非义举（"以义始以利终"）。史可法的指责颇为严重，因为这将意味着清军占领江南是没有正当性的举措，是纯粹的暴力或利益取向的行动，徒为"逐鹿"而非为"天命"（侯旭东，2015）。不过，尽管面对这样的局势，作为股肱之臣，史可法宁可"克尽臣节"，以舍生取义而声张南明之大义。

但值得注意的是，史可法的辩词虽取《春秋》，却模糊了"正统"框架中的"大一统"与"忠义"之分，不仅将前者仅看作是"国不可一日无君"，而且自诩南明是二者的结合。可惜的是，这样的解读方式难以自圆其说。由于崇祯及其太子均未南下，使得继位的弘光帝面临着皇位危机，缺乏权威。为此，他一方面通过童妃案、伪太子案，封杀可能危及其继承次序的人士，使人们产生了对弘光帝自身正当性的怀疑；另一方面，由于弘光帝自身的腐败与懦弱，受制于军纪很差、结党营私的各军镇（如马士英），使得江南民众抗争、广东及福建的诸王势力之间不易统合（司徒琳，2007：第1章）。更甚者，由于南明正规军的溃败，使其不得不依靠土匪、军阀等地方势力，更是消解了自身的道义正当性（魏斐德，2013：559）。这些由南迁之议带来的偶连性后果，与"借虏平寇"的旁观政策、军事失败的局势结合起来，让南明政权的统治班子中仅有史可法这样的孤忠之士来维系其天命–正统。

而史可法辩词中模糊的一面——"大一统"，却实际上正中多尔衮下怀：他已经看出来了，多尔衮当下一刻的考虑不再只是"君子大居正"或"正天下之不正也",还是"王者大一统"或"合天下之不一也",以呼应天命–正统观的"空间"("统")维度(欧阳修,2007:34)。

确实,清军本不敢轻易南侵[1],但当史可法督师扬州之时,南明的黄河防线镇守官员高杰被杀,驻军将领许定国、李成栋又投降了清军,从而改变了军事实力格局,使得多尔衮决意南下(魏斐德,2013:352—363;司徒琳,2007:39—42)。在清军铁骑的冲击下,南明疆域不断萎缩,明朝对于南方各势力来说已经只是有名无实,成为一个称号而已(魏斐德,2013:559)。

但是,南明的"有名无实"并不相应地意味着清朝有名也有实。毕竟,在平定南明、统一天下、施行德政的过程中,清朝却始终有一个难解的问题:种族问题。所谓的"蛮夷"统治天下,具有正统性吗?能够被统治班子里的士子大夫们认为此亦承受天命吗?虽然早在清军尚未南下之时,南明势力中不乏重臣抱着南宋士人一样的想法——正统亦包括种族之别,需辨华与夷(司徒琳,2007:25)。但是,种族于正统,看似指标僵硬,却十分有弹性:一方面,统治集团的构成具有复杂性,另一方面,天命–正统观的其他维度——名实、时间、空间、仁义亦不谓不丰富,故可在一定历史情境下可以消解种族维

---

① 多尔衮在占领北京之初亦较为保守,认为:"何言一统,但得寸则寸,得尺则尺耳。"(转引自顾诚,2011:74)

度的重要性。^①清朝的做法正是兼取二者。

仍从史可法的书信来看，虽没有直接提到华夷之辨，但却援引唐朝请回纥之兵镇压叛乱，回纥却不割占土地的案例，来说明清军不应越过华夷的内外界限（杨念群，2010：233）。而史可法此番说教，却忽视了在"大一统"的进程中，清军的内部构成已经发生了变化，不再仅是满洲贵族军事集团。

自辽东的大凌河一役收降祖大寿，清军南征已经不存在绝对的种族相争，而占领北京逐渐又使得整个统治集团中的汉人从辽东武人集团向北方文人集团拓展（魏斐德，2013：150，290—294）。甚至到了清军占领华北之际，降臣汉官比满洲贵族表现了更强的征服企图（司徒琳，2007：36）。同时，如上所述，清政权要实现从部族传统向帝国传统转变，皇帝也不得不通过联合汉族合作者，按儒家礼仪安排官场秩序，压制既有满族贵族势力，使其成为满汉臣民的"共主"（魏斐德，2013：720—724）。

除了统治班子的构成问题，仍绕不过的是以剃发为象征的种族文化之分。身为满人的多尔衮始终将剃发问题看作是识别是否忠诚的举措（魏斐德，2013：456）。在占领北京初期，由于时局未定，华夷之辨与新旧交替问题交织在一起，得不到真正的彰显。所以当剃发令一激发民众的

---

① 在元末明初，朱元璋势力对元朝发出的檄文很能证明这一点，见（傅范维，2014）的分析。

反弹[1]，多尔衮也就收回成命（司徒琳，2007：35）。但在占领南京之时，剃发令从"剃武不剃文、剃兵不剃民"向全民普及，使得华夷之辨突显出来（魏斐德，2013：455—456）。

汉人们将剃发看作是改变汉人文化甚至是欺辱的一种举措，使得旧朝官员和士绅、农民百姓联合起来反对清朝统治（魏斐德，2013：456—457）。尽管江南因剃发问题而反抗的联合势力最终被贰臣李成栋所征服，但种族问题一经突显，必须在正统观中"正"一端得到更加主导的诠释才能够被化解。而化解的时刻，要在多尔衮之后再经历顺治，直至平定"三藩之乱"的康熙朝。

首先，顺治努力重构大臣共享的道德意义世界。为此，顺治帝引导改变了明朝党争中唯理想取向，尤其是要将晚明士子遗风的"英雄道德观"向"常人道德观"转变，以实务的行政管理、当下社会的改善作为他们的行动导向（魏斐德，2013：316，753）。[2]顺治也致力于打破官员间横向联系强化的可能性，使得在明末对科举制度发挥重要作用的"复社"等文人团体衰落下去，"南人"与"北人"之间的对立也统合到单独与皇帝之间的、纵向的、稳定的命令与服从关系。

---

① 不妨反事实思考：如果多尔衮在下令剃发之时，不仅大臣没异议，而且百姓直接顺从，他还会有天命上的不自信吗？

② 例如，1652—1655年的清初改革高潮中提出的措施，几乎都是由明朝旧臣提出（魏斐德，2013：644）。

其次，顺治特别重视放权给在清朝而非明末取得进士的年轻官员，培养少有朝代更替经验的"新拔"。确实，到了顺治十五年，当宁完我等辽东"旧臣"去世，陈名夏等江南"旧臣"也受打压或制裁，范承谟（范文程的次子）等新世代陆续登上政治舞台后，与顺治建立了命令服从的个人关系就不再中介于横向联系的"朋党"或超越于皇帝而服从于道德理想。顺治言及万历朝旧事时，曾对洪承畴诉说一番，揭示了当时政治与道德的意义图式的转型意图：

> 六部大臣互结奸党，实为大谬。臣子之义，唯以忠义力事于君国。善善恶恶，始见其正。（王钟翰，1987：6598）

魏斐德（2013：759）进一步将这种"忠"与天命观联系了起来，认为此乃"挽回天命的关键"，如有在王朝落日时仍苦劝崇祯的李明睿和以死明志的史可法的影子：

> 在"忠"被表述为对在位天子的赤胆忠诚，而清朝君主又赞赏这种政治上的坚贞的同时，他们手下的儒生官僚也意识到应使这种绝对的忠进一步抽象化为支持当今王朝的天命。比干（他的心被暴君商纣王剖出）因甘愿冒向违背天命的无道暴君谏争而受到后世的影像。8世纪唐朝学者李翰认为："比

干的死意味着暴君末日的来临，比干的生命是挽回天命的关键。"

不过，从历史进程的角度来看，史可法的阴影却还是围绕着开国清朝的各处（尤其是边陲地区）——如何让自己走出"以义始而以利终"？如何让自身政权的统治班子像史可法一样，以秩序为取向，遵循新建的君臣间纵向的意义图式，摆脱以纯粹的利益／暴力为取向，促成命令-服从关系的稳定性呢？

毕竟，除了上述的、在朝堂之上的皇帝与汉族"老臣"或"新拔"合作，在征服前线，清廷同样不得不依赖吴三桂在西南、孟乔芳在西北等方面的军事指挥。尽管清朝开国时历经了北方的持续叛乱、李成栋等征讨至南方的降臣的倒戈反击，甚至使得洪承畴等老臣也受到了连累与猜疑（叶高树，1993：92—114；杨海英，2006：223—229），但最重要的挑战的还是"三藩之乱"。

这场冲突究竟较量的是什么？尽管"三藩"攻势强劲，在战术上卓有成效，但在战略上却成为与清廷之间的资源比拼，以及各官员的忠心对比。当双方僵持不下的时候，福建总督范承谟、广西巡抚马雄镇尽忠死节的消息相继传到北京，影响了一批汉军旗人的立场。[1]魏斐德

---

① 李渔提供了反事实的推论："如果范承谟加入耿精忠的叛乱，那么关东的其他大族也会反叛，清室便会灭亡。"（魏斐德，2013：774）

（2013：777）这样解释马雄镇家族尽忠的特别意义：

> 通过马氏家族，历史终于回到了原来的位置，
> 而清朝如今已同明朝完全相称了，它不仅取代了明
> 朝的统治，而且能够胜任。……马氏家族的殉难还
> 激发了百姓的想象力，因为他们总结了王朝转向另
> 一个王朝的缓慢而难以驾驭的进程：祖父是一个明
> 朝忠臣；父亲归顺于满洲；儿子是一个清朝忠臣。
> 这是三代的经历，也是中华帝国60年的历史。在一
> 种非常现实的意义上说，马雄镇之死集中体现出长
> 期的军事征服之后，清朝的统治已经稳定下来。
> 多年来，对汉族同盟者的依赖曾是清朝的致命弱
> 点……三藩之乱被平定后，主要因为大多数汉官愿
> 意站在朝廷一边，康熙及其大臣才认识到清朝的建
> 立并非"伪定"，而是中华帝国历史中又一鼎盛时
> 代的真正开端。

魏斐德诉说了王朝更替下天命从终结于一个王朝到
转移到另一个王朝，从有名到有实，从"不自信"到走出
"伪定"的艰难历程。多尔衮主导的长期军事征服给清朝
带来了"统"意义上的正统性，顺治也力图在吸纳汉族降
臣的基础上，重建君臣纵向关系的意义世界来化解内部的
种族之分。但当"三藩之乱"的逆臣之举再次使得清朝在

空间和种族方面受到挑战之时，是仁义维度下"殉道派"的尽忠之举，证成了清朝在"正"意义上"正统性"，最终将名实看似又要分离的天命再一次拉了回来（魏斐德，2008：149—182）。

回想最初仍要借名"代尔朝雪君父之仇"、即使德政施之却仍担心天命难测的开国时刻，范承谟和马雄镇之死仿佛在回答多尔衮与史可法之间的天命–正统论辩——史可法舍生取义的尽忠决心，如今又转移到了新世代的清臣身上了，而不同的是：史可法只能是亮节孤忠，而康熙却得到了更广泛的衷心拥护。

回顾这两个朝代的转换、三代君臣的历程，天命–正统与意识形态正当性的关系如图3.2所示：

图3.2 天命–正统、意识形态正当性与明清易代①

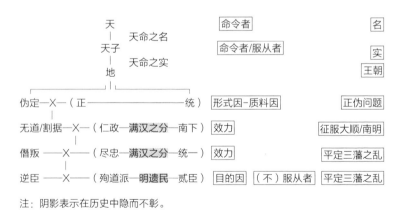

注：阴影表示在历史中隐而不彰。

---

① 贰臣与逆臣之称，取《清史列传》中的分类（王钟翰，1987）。

从天命—正统观来看，天命的名与实要在天与天子、天子与地（我为了对称天与天子间的天命关系而用之）之间的对称性。由于天命无常、不可观察，天子只能通过他治下的王朝情况来回应。在这个过程中，尽管天是命令者，天子是服从者，但是天子面对他的臣下时又是命令者。

为了实现天命之实，对抗"伪定"的可能，天子必须将其正当性意义上的命令服从关系转入正统观之中。正统的解释本身就是一种意识形态、一种形式因，生产着人们对于当下王朝的资源配置（如疆域、种族）的理解。在明清易代中，清政权南下实现空间上的"统"，也承担了作为"义军"的道义要求，对抗"无道"的大顺，以及它眼中"割据"的南明。到了康熙时，清朝又进一步对抗僭叛的三藩势力。在此过程中，范承谟等殉道派通过"尽忠"之举，促使以往陆续收降的"贰臣"继续站在清朝一边，维护当时的统一。显然，臣子殉道尽忠，是说明臣子不再芥蒂种族之别、不再顾虑裂土之忧而君主"大居正"的极佳证明。

在这些具有不同目的因的变动过程中，每一方面都贯穿着天子作为治人者、臣子作为统治班子之间的命令与服从关系的循环，也成为衡量清朝开国秩序的正当性的效力或绩效之所在。而到了清末时刻对满洲贵族统治者产生巨大挑战的种族分别，尽管在清初之时也仍是正统观的一部分，影响着天命转移的归属认定，但是却因正统观受仁义和"大一统"的诠释而没有得到足够的彰显，只是成了明遗民的诠释。但即使像顾炎武、黄宗羲这样的明末清初大儒，也已经鼓励他们子侄去考举入仕了（魏斐德，2013：750）。

六、讨论与结论

如果明清易代的故事由赵鼎新式的利益博弈、国家能力–人民感知正相关关系的绩效正当性来解释，会呈现怎样的叙事呢？可能为：清朝治人者越能够为统治班子提供更丰富的公共物品，越能够取代大顺、南明、"三藩"的过程。但是这样的线性叙事没有看到在诠释论取向下的事件时间性，难以说明下面的复杂过程（孙宇凡，2017；Abbott，1988; Sewell，2005:100–103）。

我在最后将从叙事的时间性角度，对魏斐德的叙事中所涉及的理论基础进行统合式总结，以进一步说明使用意识形态正当性而非绩效正当性在解释上的有效性：总的来说，理解天命转移的问题，理解改朝换代中历史情境及其变迁的"粗粝"特点，不仅需要以诠释论取向去进入行动者所思所想，更需要从目的因、质料因进一步走向形式因，以诸种行动者分享的、差异的、变迁的意义图式去理解行动者类型、行动者评估行动的依据与脉络（Reed，2015:41–66）。

首先，在明清易代的不同阶段、不同地域，天命-正统作为意识形态图式的不同维度各有侧重，对历史时空情境形成了历时差异的因果作用（Sewell，2005:101）。虽然正统观与天命观连接起有名实、时间、空间、仁义和种族五个维度，但在大顺占领北京之时仅带来了时间上的断点与失位，却也因李自成统治集团的问题而打开了名实分离的缺口，使得清军入关时以仁义的口号弥补了意识形态问题。随后在攻占江南、治理内部的满汉大臣矛盾以及平定"三藩之乱"的过程中，清廷的治人者又通过侧重空间与仁义来消解掉种族维度的重要性，将天命的名与实匹配起来。因此，整个过程并不存在一以贯之的线性因果性，甚至可能在此一时段能够起到正相关的意识形态维度到了另一时段便产生反向的因果作用。

其次，历时的因果作用差异并不意味着重建"天命-正统"的过程就不存在历史的持续性问题。"尽忠"现象便是清初诸帝建立历史中路径依赖的最重要成果之一。顺治通过打破满汉之分、朋党之争和道德理想主义的桎梏，建立起纵向的君臣之义，并在"新拔"官员身上得以延续，使得康熙得以继承这份意识形态的遗产。

再者，明清易代中局部偶连性问题对全局产生了重要且持久的影响（Sewell，2005:102）。其中最突显的是崇祯与当时大臣的"南迁之议"。崇祯自缢之举与拒绝派太

子南迁，既打乱了李自成的裂土封王、共主天下的盘算，又使得清朝后来相对完整地接管了中央政府，奠定了清朝的文、武官员的基本构成，使其尽管因剃发令受到种族观的冲击但是统治班子却已经不可能再完全地站在满汉之分的"满"一侧。

最后，尽管从明到清实现了帝制王朝的再生产（reproduction），但也是"天命-正统"的意识形态图式的转型（transformation）（Sewell, 2005:202）。正如魏斐德（2013：777）所说，天命的转移象征着清朝与明朝"完全相称"，使得"历史又回到原来的位置"，但是从正统的角度来讲，由崇祯自缢使得明朝的天命转移在正统的时间维度上的"断裂"（rupture），使得清朝在一连串的征服与治理过程，各种历史行动者不仅一直没有建立起来能够共有的、紧密衔接的正统图式，反而其中的诸种元素（空间、仁义、种族）不得不因时因地而临时重组——直到范承谟等忠臣就义，才在诠释意义上由满汉统治班子实现了清朝与正统的"衔接"（articulation）（Sewell, 2005:227-228）。这个衔接的转折点，正是基于上述的政治文化与道德理想重建，转变了命令-服从关系得以稳定的意义脉络。从这个角度来看，天命-正统的转移过程，正是中国古代帝制王朝的意识形态正当性所蕴含的意义图式既再生产又转型的事件时间性过程。

参考文献

陈济生：《再生纪略》，载王德毅编，《丛书集成续编 第279册 史地类》，1989年。

陈赟：《自发的秩序与无为的政治——中国古代的天命意识与政治的正当性》，《中州学刊》2002年第6期。

晁福林：《"时命"与"时中"：孔子天命观的重要命题》，《清华大学学报》（哲学社会科学版）2008年第5期。

——：《先秦社会最高权力的变迁及其影响因素》，《中国社会科学》2015年第2期。

傅范维：《从〈谕中原檄〉的传钞看明代华夷正统观的转变》，《明代研究》2014年第22期。

黄毓栋：《统而不正——对魏禧〈正统论〉的一种新诠释》，《汉学研究》2009年第1期。

侯旭东：《逐鹿或天命：汉人眼中的秦亡汉兴》，《中国社会科学》2015年第4期。

姜永琳：《论中华帝国法律的宗教性》，载朱诚如、王天有编，《明清论丛》（第3辑），北京：紫禁城出版社，2002年。

芰公：《从天命史观向社会进化史观的过渡——论清代学人为中国社会自我演变所做的史观准备》，《南京大学学报》（哲学·人文科学·社会科学版）2005年第6期。

科大卫：《明清社会和礼仪》，北京：北京师范大学出版社，2016年。

李若晖：《东周时期中华正统观念之形成》，《政治学研究》2008年第1期。

吕炳强：《凝视、行动与社会世界》，台北：漫游者文化，2007年。

罗新慧：《周代天命观念的发展与嬗变》，《历史研究》2012年第5期。

马克斯·韦伯：《经济与社会》，阎克文译，上海：上海人民出版社，2010年。

欧阳修：《原正统论》，载李之亮笺注，《欧阳修集编年笺注》（第4册），成都：巴蜀书社，2007年。

饶宗颐：《中国史学上之正统论》，北京：中华书局，2015年。

史可法：《请遗北使疏》，载张纯修编，《史可法集》，上海：上海古籍出版社，1984年。

史景迁：《王氏之死：大历史背后的小人物命运》，李孝恺译，桂林：广西师范大学出版社，2011年。

石元康：《天命与正当性：从韦伯的分类看儒家的政道》，《开放时代》1999年第6期。

司徒安：《身体与笔：18世纪中国作为文本／表演的大祀》，李晋译，北京：北京大学出版社，2014年。

司徒琳：《南明史：1644—1662》，李荣庆译，上海：上海书店出版社，2007年。

孙宇凡：《君主与化身的奥秘：从孔飞力的〈叫魂：1768年中国妖术大恐慌〉出发》，《社会学评论》2016年第6期。

——：《时间、因果性与社会学的想象力——与成伯清商榷》，《社会理论学报》2017年第1期。

王钟翰点校：《清史列传（全二十册）》，北京：中华书局，1987年。

魏斐德：《讲述中国历史》，梁禾编，北京：东方出版社，2008年。

——：《洪业：清朝开国史》，陈方镇、薄小莹译，北京：新星出版社，2013年版。

肖巍：《传统"天命"观的确立及其象征》，《复旦学报》（社会科学版）1993年第4期。

萧一山：《清代通史》，上海：华东师范大学出版社，2006年。

徐进、赵鼎新：《政府能力和万历年间的民变发展》，《社会学研究》2007年第1期。

杨海英：《洪承畴与明清易代研究》，北京：商务印书馆。

杨宏星、赵鼎新：《绩效合法性与中国经济奇迹》，《学海》2013年第3期。

杨念群：《何处是"江南"？ 清朝正统观的确立和士林精神世界的变异》，北京：生活·读书·新知三联书店，2010年。

杨小彦：《血缘制度和天命观的二元性——论中国远古国家意识形态形成中的内部张力》，《思想战线》2007年第5期。

叶高树：《降清明将研究：1618—1683》，台北：台湾师范大学历史研究所，1993年。

——：《清初诸帝"继前统，受新命"的历史观》，载冯明珠编，《文献与史学：恭贺陈捷先教授七十嵩寿论文集》，台北：远流出版公司，2002年。

张宏斌：《道之大原出于天——董仲舒天命信仰下的王道理想》，《世界宗教研究》2013年第6期。

赵鼎新：《国家合法性和国家社会关系》，《学术月刊》2016年第8期。

中国人民大学清史研究所编：《清史编年：第一卷（顺治朝）》，北京：中国人民大学出版社，1985年。

邹漪：《明季遗闻》，载孔昭明编，《台湾文献史料丛刊 第5辑》，台北：大通书局，1987年。

Abbott, Andrew: "Transcending General Linear Reality." *Sociological Theory* , 1988, 6 (2).

——:"History and Sociology: The Lost Synthesis." *Social Science History* , 1991, 15 (02).

——: *Chaos of Disciplines,* Chicago, University of Chicago Press , 2001b.

Bunge, Mario: "Mechanism and Explanation." *Philosophy of the Social Sciences* , 1997, 27 (4).

Burke, Peter: *History and Social Theory.* Ithaca, N.Y: Cornell University Press, 1993.

Collins, Randall: "Prediction in Macrosociology: The Case of the Soviet Collapse." *American Journal of Sociology,* 1995 , 100 (6).

Guzmán, Sebastián G: "Substantive-Rational Authority: The Missing Fourth Pure Type in Weber's Typology of Legitimate Domination." *Journal of Classical Sociology* , 2015, 15 (1).

Fu, Pei-jung: "Tian (T'ien): Heaven." In *Encyclopedia of Chinese Philosophy,* edited by A. S. Cua, New York: Routledge, 2003.

Kalberg, Stephen: "Max Weber's Types of Rationality: Cornerstones for the Analysis of Rationalization Processes in History." *American Journal of Sociology* , 1980, 85 (5).

Kurki, Milja: *Causation in International Relations.* Cambridge: Cambridge University Press, 2008.

Reed, Isaac: *Interpretation and Social Knowledge: On the Use of Theory in the Human Sciences.* Chicago & London: The

University of Chicago Press, 2011.

——: "What Is Interpretive Explanation in Sociohistorical Analysis?" In *Inheriting Gadamer: New Directions in Philosophical Hermeneutics*, edited by Georgia Warnke, Edinburgh: Edinburgh University Press, 2015.

Schram, Stuart Reynolds: "Foundations and Limits of State Power in China." *London: School of Oriental and African Studies*, University of London, 1987.

Sewell, William H. Jr: "Introduction: Narratives and Social Identities." *Social Science History*, 1992, 16 (3).

——: *Logics of History: Social Theory and Social Transformation.* Chicago: University Of Chicago Press.

Swedberg, Richard, and Ola Agevall: *The Max Weber Dictionary: Key Words and Central Concepts, Second Edition.* Stanford, California: Stanford University Press, 2016.

Wan, Poe Yu-ze: *Reframing the Social: Emergentist Systemism and Social Theory.* Aldershot: Ashgate Publishing, 2011.

Weber, Max: "Some Categories of Interpretive Sociology." *The Sociological Quarterly*, 1981, 22 (2).

Zhao, Dingxin: *The Power of Tiananmen: State-Society Relations and the 1989 Beijing Student Movement.* Chicago: University of Chicago Press, 2001.

——: "The Mandate of Heaven and Performance Legitimation in Historical and Contemporary China." *American Behavioral Scientist,* 2009 , 53 (3).

——: *The Confucian-Legalist State: A New Theory of Chinese History.* Oxford: Oxford University Press, 2015.

第四章 / Chapter Four

把历史学带进来：历史社会学的跨学科想象与策略

一、导言：跨越学科边界的"想象的历史社会学共同体"

虽然美国[①]的"反历史社会学"（ahistorical sociology）在20世纪40年代达到了全盛时期（Tilly，

[①] 德国、法国、英国的情况与美国不同，见Calhoun（1987）和Steinmetz（2017）。本研究对"历史社会学的自我意识"之分析没有直接涉及德法甚至英国的情况。若有涉及，只是以美国为接受者的角度，处理已然影响到该领域学者的相关学说。同时，20世纪30—40年代甚至到60年代的美国，还存在将"历史社会学"这一名词作为进化论取向的社会学研究的代名词：专门以"社会进化与进步的理论"、发现社会发展的起源与法则为研究内容的社会学。他们也抱怨当时主流社会学的"去历史化"问题（Schwartz，1987）。因此相较于以今薄古地批评，究竟如何因时制宜地安置这一时期的"历史社会学"，有待再分析，这里暂不处理。

1980；孙宇凡，2017），但米尔斯（Charles Wright Mills）在十年后便写下了《社会学的想象力》一书，严厉批评了当时不讲究历史脉络性的"宏大理论"和"抽象的经验主义"，提出"把历史带回来"[①]的主张，预示了历史社会学的兴起（Mills, 2000:50；Hamilton, 1987）。确实，20世纪60年代，历史取向和文化取向、女性主义和批判取向形成社会学的四股逆流，逐渐在"宏大理论"和"抽象的经验主义"的主流包围中建立了自己的学科位置（Steinmetz, 2005a）。经历了二十年的发展，历史社会学在80年代便进入了柯林斯（Randall Collins）所说的"黄金时代"（Collins, 1985:107）。一批具有代表性、学科影响力的历史社会学家及其著作问世（例如蒂利、斯考切波等），研究范围也往回追溯数世纪。正在历史社会学努力证明自己的历史视野和学科贡献时，20世纪80年代末和90年代初的学科内部方法论论战，把历史社会学"驱赶到"社会学学科主流的对立面。[②]1996年，克雷格·霍恩（Craig Calhoun）便写下来了定论之言："历史社会学被驯服了（domestication）。"（Calhoun, 1996a:305–338）随着世代更替，新一代的历史社会学家在2005年又集体发表宣言以自证身份，但不仅没有带来历史社会学和主流的新一

---

① "把历史带回来"已经成为中国历史社会学者的宣言，例如成伯清（2015）和周飞舟（2016）。

② 综述可见苗延威（2013）。

轮交锋，反而带来了历史社会学内部老一代和新一代间的学科定位与特色的争论（Calhoun, 1996:305-338；Adams, Clemens and Orloff, 2005:1-72; Lachmann, 2007）。

历经六十载，历史社会学家们似乎对历史社会学的定位仍无共识。

究竟为什么历史社会学的发展经历了如此的波折？历史社会学如何处理自己和社会学主流的关系？历史社会学内部究竟有何分化？他们如何看待自己的实践工作、学科位置与学术认同？他们认定的历史社会学的"主题素材"（subject matter）到底是什么？

归结起来，这些学科分野与学科任务的认定问题都涉及历史社会学家们在学术书写时的"自我意识"。[1]本章将指出历史社会学：在"把历史带进来"的同时，也不得不面对"把历史学带进来或排出去"的问题，因为当他们面对来自于社会学学科主流的批评时，不得不处理历史社会学在历史学和社会学间的关系：如果属于历史学，那么还是社会学吗？如果只属于社会学，那么还可以属于历史学吗？是否可以既属于历史学又属于社会学？如果都属于，那么社会学和历史学的关系又是什么样的？这样的"想象的学术共同体"的自我意识问题，实则关系到跨学科分析视角。因此，本章

---

① "自我意识"一词来自于德梅特里和鲁多梅托夫的文章的子标题《历史社会学自我意识的诞生》（"The Birth of Historical Sociology's Self-Consciousness"），见Demetriou and Roudometof（2014: 43-60）。

采取这一取向进入纷乱沧桑的历史社会学史。

本章将依次从三个方面开展分析：

第一，我将整理历史社会学自我意识的三种类型。首先是分支领域型（subfield）：认为历史社会学只是社会学的一个分支，服从学科主流的方法论，认为历史学家不能作为社会学家；其次是学科本质型（disciplinary essence）：认为历史社会学是社会学的学科本质，致力于社会学转型，指出社会学家也要成为历史学家。最后是二者合一型（unity）[①]，认为有必要取消历史学和社会学的学科边界，将二者合并成一个学科。

第二，我将指出前两个类型的共同假设上的问题和挑战：学科的大国沙文主义（discipline-based great power chauvinism）[②]和孤岛隔绝化（ghettoization）[③]的吊诡共存；指出第三种类型在论证上存在的不可行性。

第三，为克服上述的弊端，促进历史社会学发展，我将从"什么-问题"（what-question），"在哪-问题"（where-question）和"如何-问题"（how-question）三

[①] "分支领域"或"分支学科"（subdiscipline）使用较为普遍，见Abbott（1991），Steinmetz（2017）不赘。"基质"来自于菲利普·艾布拉姆斯（Philip Abrams）所说"历史社会学家并不是社会学的一些特定种类，而是这个学科的基质"。"二者合一"之说，是为了兼顾社会学与历史学合二为一、且成独立的第三种单元的情况，见Abram（1982:2）。

[②] 以"大国沙文主义"描述某一学科的专业特征，是借用了休厄尔对历史学学科的批评，见Sewell（2005:198）。

[③] 这一词是借用了克里尚·库玛尔（Krishan Kumar）对历史社会学的批评，见Kumar（2009：391-408），下文会详述。

个方面提出与详述作为补充与诊疗的第四种方案：迂回-进入（detouring-accessing），即迂回历史学社群吸收已有成果后再带到社会学社群中开展新的对话。

二、类型一：历史社会学作为社会学的分支领域

认同历史社会学是历史社会学分支领域的学者往往认为该系的力迫分析（forcing analysis），可以在时间上可逆地"试炼"（trial）不同的分析方案，并在过去与现在隔离的情况下只将过去作为分析的新数据，从而得出自己是顺从社会学学科主流，无法接受社会学家也作为历史学家。

此类历史社会学将历史现象、事件、过程拆分成一个个零件，然后根据社会学知识库存中的理论范畴加以收编，形成一个个变量，诸如社会经济地位等。在此基础上，学者只需观察固定不变的（fixed）诸个变量范畴之间如同弹球相撞般过程（Steinmetz, 1998; Hirschman and Reed, 2014）。由于此类历史社会学能够将不同的历史真实情况化约为相互独立且对等的事体，所以在力迫分析的学者眼中是"范畴"或"变量"在变而非历史在改变（Abbott, 1992, 1998）。也因而能够从事"试炼"的工作：在不同的因素之间进行求异或求同分析，得出最后事件、现象或过程（如革命）发生的可概化的、普遍

的原因，例如斯考切波从军事等变量对革命的比较研究（Skocpol, 1979, 1984: 356–391; Sewell, 1996: 245–280）。因此，这种力迫分析来自于研究者介入分析时对历史进程加以变量范畴化形成的试炼效果。

从这个角度来看，历史社会学与抽样调查的统计分析遵循了同样的分析逻辑，因而尽管该系学者无法像从事人口普查式学者那样，对当前此刻研究对象从事问卷发放与回收一样的调查工作，但是历史分析却使得"过去"构成了相较"现在"的新证据（Goldthorpe, 1991; Kiser and Hecther，1991）。

这样的方法、时间与数据类型的考虑，使他们得以立足于社会学的主流学科位置，使其与历史学区分出来。具体地讲，这一脉的历史社会学家仍是以"老套路"来看待历史学，将之视作"只会搜集数据的蚂蚁型经验主义者"，而即使承认历史学已经向社会科学学习，也至多只是将之视作"借用者"而非理论的生产者，更是无法建立普遍理论（Burke, 1993:3,19; McDonald, 1996a:91–118; 1996b: 7; Steinmetz, 2007a,2007b,2007c）。

在此基础上[①]，历史社会学又回到了20世纪初关于法则知识（nomothetic knowledge）和个殊知识（idiographic

---

[①] 尽管已有学者从方法论角度谈及此类内容，例如苗延威（2013）。但本章更进一步：在相关的方法论或认识论背后，架设了怎样的学科或跨学科想象？毕竟，不同的学科定位预设了不同的研究策略与研究界限，进一步强化了相应的认识论或方法论。

knowledge）之间的争论，认定社会学属于前者、历史学属于后者的关系，并得出结论：历史社会学只能是社会学的、不能是历史学的，而历史学更不能等同于社会学（Steinmetzs, 2014a）。

三、类型二：历史社会学作为社会学的学科本质

与分支领域型有所不同，认同学科本质型的学者则会认为前一类型只会导致历史社会学被社会学主流"驯服"，而他们则要推动社会学主流的转型（Calhoun, 1996:305–338; Sewell, 1996:245–280）。在此论调下，他们认为历史社会学其实是"历史化了的社会学"（historicized sociology），因为不管是"过去"还是"现在"，都共享"历史性"（historicity），能够重新理解一般的社会学的议题与论域（Adams, Clemens and Orloff, 2005:25; Clemens, 2006, 2007）。

例如蒂利改变从历史取向分析社会学主流的地位获得与不平等研究，认为族群、性别等范畴间的不平等的历史进程是由"精英阶层的剥削、非精英的机会累积、竞争模仿与最终适应"四个机制在历史的偶连性交汇作用下而形成的（Tilly, 1998）。这样的分析正是反映了学科本质型学者从事形塑分析（formation analysis）的特点：反对以固

定不变的范畴或变量看待真实的、不可逆转或不可试炼的历史进程，强调在沧桑变化中从过去走向现在的历史质性（Hirschman and Reed, 2014）。

形塑分析正是回应了米尔斯的"社会学想象力"中将历史维度与个人、社会并列的做法，认为社会学分析不能脱离和超越历史，因而"所有的社会学都应当叫'历史社会学'"（Mills, 2000：6, 144）。由此，这一系学者认为，仅以方法划分和认同来驯服历史社会学，不仅具有误导性，也束缚了历史思考向社会学中更广泛的渗透与传播（Calhoun, 1996：305–338；Schwartz, 1987）。

不过，当他们企图以这样的方式理解"历史社会学是什么"的时候，又会认识到自己一方面被主流社会学或被驯服的历史社会学攻击其不够"科学"，另一方面又被历史学批评不够挖掘"一手档案"而在历史质性大打折扣（Adams, Clemens and Orloff, 2005：27）。

为此，他们提出的解决方案是打破将一手档案的使用水平视作历史学家与社会学家分界的指标（Mayrl and Wilson, n.d.），发出"向档案进军"（Go to the archives）的号召，使得历史社会学家逐渐被要求"像对历史学家期望得那样，做高质量、原创的、档案式的一手资源研究，同样又不丧失社会学式的概括化（generalization）"（Adams, Clemens and Orloff, 2005：27）。据统计分析显示，虽然历史社会学作品普遍混合地使用一、二手档案，但确实在2005年以来，美国社会学学会的历史社会学分会获奖作品中对一手档案引用频数已然增加（Mayrl and Wilson, n.d.）。

这两种历史社会学自我意识的比较见表4.1：

表4.1 历史社会学的跨学科想象之分支领域型与学科本质型

比较项	比较项	分支领域型	学科本质型
后设立场	方法特征	力迫分析	形塑分析
	时间关系	试炼可逆	不可逆性
↓	↓	↓	↓
历史理解	过去与现在的关系	隔断	连接
	过去/现在的方法作用	过去作为新数据	均要历史化
↓	↓	↓	↓
学科认同	与主流社会学的关系	服从或"被驯服"	推动转型
	与历史学（家）的关系	历史学家无法作为社会学家	社会学家也成为历史学家

四、对第二种类型的共同反思：学科沙文主义与孤岛隔绝化的吊诡式并存

上述两种类型存在共同的跨学科性问题：学科沙文主义与孤岛隔绝化的吊诡式并存。具体来说，这两个特征都是直接忽视或不去实际了解其交流学科（即历史学）的具体发展，但前者重在以本学科为中心本位，强调此学科对彼学科间的关系（如排除与区分），后者是重在满足本学科内部的交流与发展，强调此学科内部的关系。

乔治·斯坦梅茨（Steinmetz, 2005b:150）一针见血地指出历史社会学的自我中心本位所隐含的这两个弊端[1]：

> 我们的学科（社会学）好像是相信马克斯·韦伯发明了历史，并且直至20世纪60年代社会学家才又对历史感兴趣之前，历史都是消失的。事实上，比较历史社会科学出自于历史学，并且大部分经典作品也是历史学家所作的。

换句话，一旦走向这种"学科的大国沙文主义"，便

[1] 比较法的历史分析并非历史社会学所独有，历史学中也有但发展情况有所不同，见Burke（2016）。

会停下对其他学科了解与吸收的意愿，逐渐只满足于自己范围内的学术生产与交流，进一步走向"孤岛隔绝化"。正如库玛尔（Kumar, 2009：405）总结的那样，历史社会学家基于"他们希望做历史要比历史学家做得更好"的念头，反而导致了历史社会学更加"隔绝化"，其学术交流对象已是其他历史社会学家而非历史学家，无须再考虑到历史学家作品，以致在具体研究"革命"的主题时也已习于引用斯考切波、戈德斯通等历史社会学家，而非以历史学家著称的约翰·达恩（John Dunn）等人的作品。

当然，即使是坚持学科本质观的历史社会学家倡导向历史学家的身份转变，也只是停留在一手档案的使用方面而已，并非正视历史学家作为理论上的对手与合作对象。①正如新生代历史社会学家在解释自身使命的时候时所说——"在历史中寻找形式"（finding form in history）、将跨案例的范畴建构及其操作化作为历史社会学与历史学的区分、作为"社会学承诺"（Clemens, 2005：493–516）。其背后的假设是：因自身的"历史化了"（historicized）主张而放松了法则知识与个殊知识分界，却也同样地直接从社会学本位出发，而不对理论-数据划分放手，没能更实际地理解历史学的多种可能，例如已经理论化的社会科学史学，远比以上两种类型想象得那么僵化。

---

① 这也与历史学家的理论意识有关，涉及历史学的理论使用现状及其潜能的分析，见Sewell（2005:ch.1）。

麦克唐纳指出，早在1954—1963年间便由社会科学研究理事会（Social Science Research Council）掀起了历史学从向社会科学理论借用到将理论反补回去的讨论，并批评李普塞特等人关于社会学与历史学之间的理论–数据划分、斯考切波忽视历史学进展的问题，甚至直接提出"为什么社会学家是如此地再生产历史学实践的'僵化'图景"之疑问（McDonald, 1996: 102–105）。更不用提，1974年便成立的社会科学史学协会（Social Science History Association）对于历史学走出叙事分析，吸收社会科学成果的重要影响（Adams, Clemens and Orloff, 2005: 10, 19; Abbott, 1991）。而据休厄尔回忆，美国历史学在20世纪60年代以来的社会史及随后的文化史转向，都是受到社会学的方法（如量化分析）或理论（如格尔茨）的影响（Sewell, 2005: ch.2；2008）。

那么，如果还要坚持学科上的大国沙文主义和孤岛隔绝化，最后可能会产生"重复发明车轮"的不利后果（Steinmetz, 2007c）。从跨学科的角度来看，在遮盖、不去引用与分析历史学已有的同议题研究的时候，便难以判断历史社会学成果的真正价值，从而可能只是做重复的工作。

五、第三种类型？理想大于实际的"二者合一"

尽管这一脉与第二种自我意识有相似之处，但区分在于它的直接参考框架不仅是社会学的内部划分，更是历史学-社会学的跨学科关系。在此基础上，有关学者进一步指出两个学科在后设意义上的共同纲领，将之合并为同一单元。

艾布拉姆斯（Abrams, 1982: ix-x）较早地提出了这样主张：

> 将历史学与社会学看作是一个整体，并重建为历史社会学可能更为有益……［因为］这两个学科做同样的事情、采取同样的解释逻辑……其核心也是共同的项目（common project）……都是要去解人类的能动性、社会的结构动作（social structuring）之过程的谜团。

不同于艾布拉姆斯指出理论上"共同的项目"，约翰·霍尔（John Hall, 1992）是以"共享的诸策略"（shared strategies）——以"价值—叙事—社会理论—解释"作为话语形式的秩序安排（ordering form of discourse）的基础，用"社会历史探究"（sociohistorical inquiry）的名称表明要抛弃了划定学科边界的做法，进而只标定了历史学式社会学（historical sociology）、社会学式历史学（sociological history）两种"探究取向"而非学科划分，并建立了列联表式分类学。

斯坦梅茨（Steinmetz, 2005a）的处理方法与艾布拉姆斯的理论取向、霍尔的策略取向均不同：他以类似于历史回顾的办法，梳理出魏玛德国时期阿尔弗雷德·韦伯（Alfred Weber）所说的 "Geschichts-Soziologie"（history-sociology or historical sociology）——去除社会学与历史学两个学科边界以形成的"第三"空间（the "third"space）或"带连字号的社会学"（hyphenated sociology），由此主张将历史社会学与历史学之间的划分视作"灾难的"。

按他所说，当时的德国社会学受到德国新历史主义影响甚重，已然拒绝了目的论式、进化论式的历史观以及普遍法则解释观，形成了由偶连性、集体的人类能动性所构成的社会变迁观（Steinmetz, 2007a: 1-28; 2014a:418-22）。同时，在外部环境上，德国社会学也通过以诠释风格与法国的实证传统形成区分，向历史学家延聘社会学教席，借助德国社会学会与政治倾向力量，形成了社会学面向历史学的开放性（Steinmetz, 2007a）。

第三种自我意识的理论、策略与历史三种具体取向各有不足：

首先，艾布拉姆斯合并历史学与社会学的学科，是为了以历史的方法解决社会学家所面对的理论问题–能动性与结构争论，因而才会发出与基质观学者同样的声音："社会学作为历史学"（sociology as history）——其历史学印象当然也便是按需所见，未按历史学实际加以论证。换句话说，艾布拉姆斯的论证逻辑是：社会学是历史社会学（先接受本质观），所以社会学是历史学（再迈进二者合一观）。

对此，西格蒙德甚至不客气地评论，艾布拉姆斯没有给出历史社会学的清晰定义，其理论主张（"社会结构作为时间中的过程"）以及社会学与历史学的整合方案都只是作为结论却缺乏关于"怎么做"（How）的论证（Sigmund, 1984）。历史学家彼得·伯克在批评时更是道出了历史学视角的反视：历史学已满是诸种"形容词的历史学"（adjectival history），如城市史、经济史，等等，那么学科的二合一究竟还能怎样开展呢（Burke, 1985）？

确实，以上三种自我意识中对两种学科的"划分"，其实都是假定了能够完整且单一地掌握历史学与社会学，但显然这种做法既不符合学科实际，也高估了学者能够掌握学科能力的范围（Graff, 2016）。难怪斯坦梅茨提出警告：要区分跨学科论述中应然与实然分离的状态（Steinmetz, 2007b）！

其次，霍尔（Hall，1992）的策略取向合并方案是建立于假设："所有的历史学都必须或明或暗地是'社会学的'，所有的社会学（即使是形式理论），也必须将历史性作为纳入其中的一个维度，才能够是恰当的。"但是，这样的假设何以可能，也正是需要论证的内容。

同时，霍尔梳理出来的两种探究取向（历史学式社会学、社会学式历史学），只是重置了社会学与历史学的学科位置，并没有真正地取消学科边界，算不上"二者合一"。更要紧的是，其中安置了8种分类虽各得其位，但由于过于静态，以致无法理解如何跨越种类（例如从历史学式社会学的子项到社会学式历史学的子项）的内部沟通与运作。因此，该跨学科方案分类学看似周密，其实不仅是基于值得论证的假设，而且没有达到真正的跨学科沟通目的。①

最后，斯坦梅茨的历史取向合并方案只将"学科"改为"场域"（field）来挖掘与识别德国社会学学科变动情况。其中，他将宏观社会危机等"外于科学的变迁"（extra-scientific changes）作为主动影响因素，将"内于科学的过程"（intra-scientific process）（例如历史学与社会学间的关系）作为被动因素，因此焦点在于前者而非后者，没有对魏玛时期德国"历史学-社会学"所指为何、

---

① 霍尔的话语形式的秩序安排，与其说是适用于整合社会学与历史学，倒不如说是适合整个社会科学乃至人文科学。因此，只能视为通用研究程序，本身并无学科性。

内部理路怎样投入精力分析。同时，即使从他对"外于科学的变迁"过程的分析来看，也只是以"社会学"这个学术社群为观测点，而非历史学或者兼顾两个学术社群，仅仅考察其中历史学成分的增减罢了。

由此可知，意在将历史学与社会学二者合一之途还没有明确的可行方案。他们要么以结论代替论证，要么重制度环境的外在逻辑而非学术演进的内在逻辑。因此，尽管第三种方案的愿景很美好，但实际成果使之难以纳入应用。

六、迈向第四种类型："迂回与进入"

由于分支领域型、学科本质型和二者合一型的三种历史社会学自我意识要么对历史学的发展忽视或轻视，要么在方案的可行性上难以立足。因此，历史社会学的发展历程呈现分歧、波折、被边缘化等不成熟或衰退的情况也在所难免。究竟什么样的自我意识能够克服现存的学科的大国沙文主义和孤岛隔绝化的问题呢？如上所述，在面临"重复发明车轮"的危险下，需要重视历史学这一交流学科的已有成果，才能让发明不再重复，在交流之中破除已有弊端。故此，本章提出要迂回历史学，再进入社会学，以具体作品的具体分析为中心而非以学科的单一判断为中心，将历史学的成果"说"给社会学学者"听"。

首先涉及"什么的"（What-）问题：何为迂回与进入？

这一学术方法战略上也是受到了跨文化哲学家于连（François Julien）的启发。他认为迂回与进入是"通过进入中国思想世界来走出希腊哲学王国，并通过这种'迂回'的战略选择去追问欧洲理性的深处，以期'进入'我们的理性传统之光所没有照亮的地方"，是"一种思想的'换域'"，能够使得"不言自明的选择浮现"（于连，1999；2012：158）。

由此，经由历史学，进入社会学，将对直接从社会学学科出发所被遮掩的历史学图景进行反思与更新，避免由于学科沙文主义和孤岛隔绝化带来的自我中心弊端，并通过注入历史学的新鲜生命带至更新历史社会学既有视角的效果，从而达至"换域"的跨学科成效。这种策略类型与其他三者的参考位置关系见表4.2：

表4.2 历史社会学的跨学科想象的四种类型

学科＼学科	社会学	历史学	社会学-历史学
社会学	类型一：分支领域	进入 ↑ 类型四 迂回	
历史学	类型二：学科本质		
社会学-历史学			类型三：二者合一

其次涉及"在哪的"（Where-）问题：在理论研究纲领之中展开。

相较于连所建立的将东西方哲学联系起来的比较框架，本研究支撑将历史学带入社会学对话的框架是"定位战略—理论研究纲领—单位理论"的光谱（Berger, Willer and Zelditch, 2005; Berger and Zelditch,1993:3; Wagner and Berger, 1985, 1986; Wagner, 2007: 4984-4987; Zelditch, 1991）：

定向战略（orienting strategy）是后设理论的结构（metatheoretical structure）。尽管是由相互关联的概念、目标、标准、预设以及指引所构成的系统，但其中的多数元素是非经验的（nonempirical），例如功能主义、冲突理论、理性选择理论等等。理论研究纲领（theoretical research program）是由一些相互关联的诸个单元理论构成，例如资源动员理论、认同理论等等。单元理论（unit theory）是一些以理论为基础的经验模型（theory-based empirical models），通过诸概念、诸原则将抽象结构与经验实在关联起来以解释特定的确切现象。

泽尔蒂奇等人对理论划分看似是三种，实则是两种二分法：

第一，非经验解释的理论（定向战略）和经验解释的理论（理论研究纲领和单元理论）。这一分类意味着对于"何为理论"的纷乱定义中，采取了解释取向（explanation-

based），而非只是从世界观（worldview）等角度加以定义
（Abend, 2008）。第二，实体的类型（entity-type）和关系类型（relation-type）（Emirbayer, 1997）：前者包括定向战略和单元理论，都是可以自我定义的、单数的理论，而理论研究纲领却看似更"虚"，只是单元理论间的关系网络。因此，理论研究纲领不是实体的纲领，而只是关系的纲领。

正因如此，相较来看，历史学研究的历史社会世界，与自然世界不同，是具有"概念依赖的"（concept-dependent）（Steinmetz, 1998），因而尽管未必如"演绎主义"那样"以理论为基础的经验模型"，但仍不可否认其能够满足"单元理论"的要求。因此，在整个学科知识的格局中，历史学的知识只需要在理论研究纲领层面进行关系式连接，便可以展开对话，从而将"历史学带进社会学"。

最后是关于"如何的"（How-）问题：从策略性叙事到关系对话式再脉络化。

斯考切波（第一种类型的代表）在批评艾布拉姆斯（第三种类型代表）的作品的时候便颇有洞见地指出："好的历史学应当是社会学式的，但要有直接的理论设计从而能够开启诚挚而充分的讨论。"（Skocpol, 1985）因此，为了将历史学成果解读给社会学者听，本章提出两个步骤：

一是策略性叙事（strategic narrative）。该步骤即"迂回"，重点是双向地反复运算。这是要在特定历史学文本中不断调整其中的经验与概念、诸种经验之间的相互关系，直至在"混乱的开放性"（the anomaly unfolds）中能够找到一个合适的解释和形成单元理论（Stryker，1996）。

二是再脉络化（recontextualization）。该步骤即"进入"，重点是在和社会学中已有的同类型的单元理论开展对话，并依据理论研究纲领中的几种理论关系进行匹配，指出历史学成果的社会学贡献。在此步骤中，只包括由社会学家们所组成的"研究的脉络"（the context of investigation），不再考虑依时依地的依赖性（time- and space-dependent）脉络。因此，这里实际是将历史学家看为行动者，其历史学文本是阅读历史世界所得的解释，是在 "解释的脉络"（the context of explanation）（Reed，2010）。

当然，本章并不是认为所有的历史学研究都能具有社会学对话的贡献，也不认为所有的历史学成果都能调整出优质的单元理论。但是，一旦再脉络化，对社会学已有的单元理论带来新的挑战，那么历史学-社会学之间依据具体作品，形成了几种关系：详述（elaboration）、扩散（proliferation）、变异（variation）、竞争（competition）、整合（integration）（Wagner，2007：

4984–4985）。

一是详述，尽管H（即迂回与进入的历史学作品观点，下同）与S（即被关联到的社会学作品观点，下同）共享同一个理论上的核心理念（core idea），但是H比S有更多的经验基底（empirical grounding）；二是变异，H和S共享核心理念，但是在理论细化的时候各自以不同的机制去解释同一经验领域中的不同情况；三是扩散，H将S的核心理念带到了新的领域，在不更改二者共享的核心理念的基础上进行调整，从而解释新的经验，如同分芽繁殖；四是竞争，H与S有不同的核心理念，竞争解释同样的经验领域；五是整合，提出另一种核心理念所支撑的H，建立原本处于竞争或变异情况下H与S二者以各自条件化（conditioning）的方式加以整合。

因此，通过理论研究纲领的理论间关联类型，呈现了一个动态的、累积的跨学科成果发展。如表4.2所示，历史学作品及其对话的社会学作品具有丰富的直接关系，而这些关系由于解释的经验领域的差异，也导致对历史学作品的进一步需求，使得后续其他历史学作品为追求新的详述、变异、扩散、竞争甚至整合，而带来新一轮、更高层次的对话。

七、迂回与进入的历史社会学书写：以本书的前三章为例

本书的前三章分别以孔飞力、史景迁和魏斐德为题，却视之为历史社会学著作的开篇，看似奇怪。这是与历史社会学的迂回与进入式书写有关。在此，本书提出后设解释，说明其中如何调整策略性叙事、如何开展理论纲领对话以及如何使得既有的社会学从历史学作品中受益。

（一）孔飞力作为历史社会学家

尽管这三位汉学家或中国史学家在美国社会学界的接受度程度几乎为零[①]，但在中国社会学界却有所不同。孔飞力的作品一直被视为理解中国国家治理的关键作品：既有周雪光（2012，2013）结合组织社会学议题的政府运作解读，也有刘拥华（2015）从国家社会关系角度的分析。当我说出"作为历史社会学家的孔飞力"，恐怕至少在国内学界也颇可接受。其实即使放宽到一般的社会学界，孔飞力在《叫魂》最后部分与韦伯的专断权力做对话，也理

---

① 在英文社会学的重要刊物里，对《叫魂》一书有正式引述的情况，只见于 *Sociological Theory* 刊载过的一篇集体暴力研究。不过，这篇文章的作者却是来自历史系而非社会学系，见 de la Roche（2001）。

应受到重视。

为了促进这种更直接的学科对话，我在第一章中采取了策略性叙事的办法：没有先讲故事（第一章到第八章：叫魂是什么？如何发生？产生什么后果？），而是先讲理论（第九章、第十章）。从《叫魂》的章节安排来看，这种策略性叙事翻转了原有的安排。该书原有各章排序见下：

第一章 中国窃贼传奇

第二章 盛世

第三章 或现或隐的威胁

第四章 罪的界定

第五章 妖术大恐慌的由来

第六章 各省的清剿

第七章 妖首的踪迹

第八章 终结

第九章 政治罪与官僚君主制

第十章 主题的变奏

读者只需翻看我讨论的段落便可发现，孔飞力引用和讨论韦伯、曼海姆、克罗齐埃的理论的部分，被单独挑了出来，并附以第一章到第七章中的内容予以佐证。由此，由三位社会学家牵头的理论对话，在一位汉学家的文本中被清理出来，形成了策略性叙事。

接着，我把孔飞力的理论贡献再脉络化：脱离出原来的历史分析，进入理论分析。孔飞力的工作究竟是上述理论研究纲领中的扩散、变异、整合、竞争还是详述呢？

尽管孔飞力是围绕韦伯的专断权力–常规权力的讨论，但是他进一步引入了曼海姆的政治–行政、克罗齐埃的例外–常规的区分，并以"官僚君主制"或我在该章中所用的"官僚君主过程"的自创概念为焦点，形成了三种理论关系。这三种关系并非平行并列，而是在孔飞力的写作和我的解读中迭代式演进发展。

第一，变异的理论关系，为韦伯的讨论带来了时间结构的维度。专断和常规两种权力作为两种时间过程，二者交替出现，而不再是静态地比较分析。

第二，竞争的理论关系。如果只看孔飞力的《叫魂》会认为他的"官僚君主制"是破除君主是专断无上的迷思，把科层制分析或官僚对君主的限制引进来，从而理论核心是常规权力。但是，在我的文本解读中，尤其是其中的"政治罪"问题，涉及的却是专断权力的本质。为此，我引入了文法学意义上第四身与第一身间的化身或者国家的人格化议题——君主即政治即国家的化身，从而将理论核心转变到了专断权力一端。同样的文本、不同的理论核心，由此产生了理论竞争的关系。

第三，详述的理论关系。不管是在孔飞力笔下还是在韦伯的笔下，都没有对官僚与君主关系、官僚集团作进一步划分。但是，在《叫魂》中，不同官僚在不同时刻的不同际遇（尤其是在乾隆于最后阶段收拾各地官员），恰能反映其中的理论潜力。为此，我陈述了专断权力下官僚的君主私仆化，常规权力下的官僚的团伙化情况。

值得一说的是，策略性叙事和再脉络化的理论对话，并不是从此到彼的过程，而是辩证的过程。为了将孔飞力转变为历史社会学家，我从后二章进入前八章，但是孔飞力作为历史学家所呈现的丰富情境，使得其中的理论意蕴比孔飞力的言说更多，因而才有了君主私仆和团伙化二分等详述式理论再增长。

不过，我为了将孔飞力的理论核心从常规权力转向专断权力，花了相当篇幅引入了社会学式文法学，以说明国家的人格化。在此，我略过不谈，因为这和下面在讨论史景迁和魏斐德的历史社会学化有相当的类似之处。

（二）魏斐德作为历史社会学家

尽管魏斐德在作品中多次提到历史社会学家，如艾森斯塔德（Shmuel Noah Eisenstadt）（魏斐德，2002：2），但是他的写作风格以综合／叙事为主，与社会学常规的专题式写作十分不同。就我撰写第三章而言，将他理解为历史社会学家的经验与理解孔飞力十分不同。

如果说孔飞力的作品时常体现相当割裂的叙事史学和社会科学史学（如《叫魂》的前八章和后两章），可较为清晰地看出专题式的理论对话（如：与韦伯的专断／常规权力理论），并可通过翻转、分拆、详述等方式进行策略性叙事，那么魏斐德的作品则体现出以叙事史学为主，而将政治史、社会史、思想史融入其中，不注重专门就理论开展讨论。[①]也因此，在中文社会学界，尽管魏斐德的作品与孔飞力作品一样，具有国家形塑研究等历史社会学主题的研究价值，但却没有得到同样的关注。

为了解决这个问题，我以《洪业》为例，找出魏斐德的叙事主线，再引入合适的理论对话资源。在这本书中，尽管他四面出击，也探讨了地方社会秩序重建、学术思想转变，但是仍相当留意以天命转移作为帝制王朝重建的主要线索。由此，我将一部"通史"策略性地理解为一部专题史。

接着，由于魏斐德自己没有明显交代理解天命转移或帝制王朝重建的社会科学理论资源，我不得不为其代劳。就历史社会学的专题焦点而言，斯考切波一代所关注的是西欧为中心（甚至不包括美国）的现代国家形成的政治经济问题（Clemens, 2005: 512–514），而即使到了斯坦梅茨一代开始关注帝国问题，但问题轴线仍是以帝国–殖民为主（Go, 2008; Steinmetz, 2008: 2014b），只有少数作品纯粹以传统的王朝为主，例如安德森（Perry Andersen,

---

① 这种风格反映于他对历史书写理论总结，见魏斐德（2001）。

2016）的《绝对主义国家的系谱》、巴基（Karen Barkey，2008）对奥斯曼帝国长期存续的研究，库玛尔研究西方的帝国观念史（Kumar, 2017）。但是在这些少数的作品中，中华帝国被专门研究的更是少之又少（例外见Zhao，2015；许田波，2018）。[1]因此，我只能在较少的理论资源中挑选。赵鼎新的绩效正当性理论正是合用。

在解读《叫魂》时，我把文章的主要篇幅放在策略性叙事。但到了解读《洪业》时，我则把主要篇幅放在了再脉络化。这是因为即使是赵鼎新绩效正当性理论，也需颇多修正，才适合衔接魏斐德的论述。因此，我从赵鼎新的论述回到韦伯文本，指出正当性的基础维度包括效力／绩效，而无须也无法另立绩效正当性类型出来。因而，赵鼎新的类型学便被修正为只有意识形态正当性和程序正当性。这一修正意味着意识形态正当性整合了绩效正当性，并分别体现在本土概念和经验解释上的理论整合。

首先，不同于赵鼎新过于关注商周易代的天命转移，魏斐德已经意识到明清易代已受到正统观的影响，例如清朝开国后直至康熙才走出"伪定"的阴影。在正统化之后，天命观便具有名实、种族的华夷之辨、空间上的"大一统"、道德上的"大居正"的图式，对于逐鹿中原的各个政权产生了理解自身政治行为的基础。

---

[1] 当然，我这样的说法是排除了诸多历史学的作品，以及像迈克尔·曼（Michael Mann, 1986）这样全球史视角的历史社会学家。

其次，我试图呈现魏斐德文本中对于正当性在主观意义诠释上的历时不确定性而非绩效的客观估算性。例如，史可法和多尔衮的书信争论、多尔衮和李自成对天命转移的不自信。同时，我也呈现这种意识诠释的主观性是基于变迁着的政治文化图式。例如顺治朝廷通过打压江南复社的旧势力，重建了君臣之间纵向的道德义务。这些体现了王朝重建的连续性与转型性的吊诡并存：一方面，以天命–正统观为代表的意识形态，持续对王朝的统治自信和臣心向背产生影响；另一方面，政治文化图式的重建又体现了王朝重建的转型性。正是这种吊诡并存的格局，才有了本书在魏斐德研究一章中最后所言：明清易代是事件性时间性，而非线性叙事，因而无法用绩效正当性来理解、更适合用吊诡的王朝意识形态来理解。魏斐德与赵鼎新的对话关系见图4.1：

图4.1 魏斐德和赵鼎新的对话关系

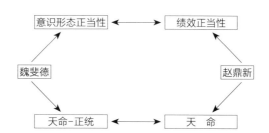

（三）史景迁作为历史社会学家

就"迂回历史学、进入社会学"的主张来看，在解读孔飞力、魏斐德作品时，主要问题在于"进入社会学"。不管是翻转《叫魂》的章目安排，还是抽出修正赵鼎新的绩效正当性理论，都是为了把社会学理论在贡献明确、定位清晰的历史学作品中突显出来。但是，在解读史景迁这样一位把历史学作品写成文学风格的学者的时候，问题却变成了"迂回哪种历史学"，因为史景迁历史书写给历史学学界也带来了困惑。历史学界没有现成答案，我必须先对此问题做出清理。

正如我在该项研究的章首所列的疑问：

1. 为什么《康熙：重构一位中国皇帝的内心世界》（*Emperor of China: Self-Portrait of K'ang-Hsi*）一书能够以自传体的方式使用第一身（the first–person）代名词的叙事视角和章节编排（史景迁，2011a）？

2. 如何看待《王氏之死：大历史背后的小人物命运》（*The Death of Woman Wang*）通过引用文学作品《聊斋志异》来了解山东民众的"心灵图像"（李孝悌，2011：xvi）？

3. 能否从汉学传统中给予史景迁这位以文学式书写见长、"双重身份"、"把幻境变成历史判断的正当范围"的学者以定位吗（康无为，1993：26）？

4. 能否从史景迁的文本中，找出他如何看待自己在整个汉学脉络中定位之可能呢？

5. 他在汉学传统中的定位能够和其作品风格结合起来理解吗？

通过从文本式疑问到脉络式疑问的转化，该章得以回答"迂回哪种历史学"的疑问。但是，如果读者从小说的形式来看，就会发现，其文献综述从汪荣祖与郑培凯关于史景迁是历史学家还是小说家的身份之争，经由柯娇燕至吕炳强，实则是借由柯娇燕从诠释论角度对史景迁的评估，转入诠释社会学理论，既确定了"迂回哪种历史学"，又进一步进入到同样取向的社会学。

从这个角度来看，策略性叙事不再是单一文本中的视角调整，而是纵贯学者一生多部作品间关系的调整。因此，我才会进一步指明，诠释取向的历史社会学亦符合史景迁对自己建立起的虚构传统而非干预传统的汉学或历史学。而这一传统又集中体现在《康熙》和《王氏之死》二书中。在诠释论的共同通道中，至于"进入社会学"，史景迁的三层结构论——被观察者（历史中的行动者）、被观察的观察者（历史中的观察者）、观察者（当代历史学家）详述了吕炳强的士多噶因果性中关于假设检验的构想。

这样的方法论或认识论，对于理解第三代历史社会学至关重要。因为相较于斯考切波一代关注从宏观过程的政治经济议题，第三波历史学家更会关注文化、认同等中微观过程，使得"被观察的观察者"这一角度突显出来。例如，斯坦梅茨（Steinmetz，2008）在讨论德国殖民者如何统治青岛时，运用"人种学式见解"（ethnographic acuity）概念，强调反华派和知华派之间对于中国人国民性的不同理解导致了19世纪末20世纪初殖民管理的转变。朱利安·高（Julian Go, 2008）也尝试以"意义的政治"来说明美国的教导式民主如何被菲律宾和波多黎各两处殖民地精英所观察理解和运用转化。瑞德（Issac Reed）也在讨论北美历史上最大的猎杀女巫案件中，教会人士、平民等相互审视过程中所透露的世界观（瑞德，2015）。

因此，史景迁的历史诠释方法论，通过理论增长详述这一类型，把士多噶因果性丰富起来，有利于理解历史行动者之间如何相互观察、相互叙述，并由历史社会学家验证推论的过程。

八、结论

特伦斯·麦克唐纳（Terrence J. McDonald）在二十多年前质问历史社会学学界——"为什么社会学家在生产历史学实践的'僵化'图景？"（McDonald，1996：104）进一步的追问是：如果我们接受历史学已经受到社会科学的冲击，我们是否应当忽视反方向冲击的可能？或者：如何在历史社会学的实践中尊重历史学？这种尊重正是构建新型的"想象的历史社会学共同体"之基础。

从既有的两种主流类型（将历史社会学看作社会学的分支领域，和将历史社会学看作是社会学的学科本质）来看，背后都是立足于社会学本学科的自我中心本位，因而不可避免地染上了吊诡式想象症结：学科上的大国沙文主义和孤岛隔绝主义。这两种症结的吊诡共存，使得历史社会学日益成为一个封闭的学科交流社群，更倾向于引用自身传统的作品而非来自历史学传统的作品，更固定且单一地看待历史学和社会学，而不是从"形容式的历史学"（如城市化、妇女史）等方面，具体切实地了解历史学究竟在做什么。

尽管斯坦梅茨、霍尔等学科致力于将历史社会学看作是历史学和社会学合二为一的后果（第三种类型），但通过分析的理论、策略、历史的分析可知，这种"二合一"的历史社会学想象终究过于理想，缺乏扎实的论证与实践的指导。

为此，本章提出了迂回历史学，进入社会学的第四种类型，瞄准了该领域的两大难题：对话与合作。本章在最后也提出了策略性叙事、重新脉络化与理论研究纲领的观点，并非主张要全盘代替现行的、经验解释性的历史社会学研究，而是希望以前三章关于孔飞力、史景迁和魏斐德的作品解读，提供一种动态对话的实践方案：

第一，在历史社会学家坚持社会学学科位置的时候，也要同时挖掘与尊重历史学（尤其是社会科学史学）的已有成果。

第二，在历史社会学家像历史学家从事一手档案分析的时候，要同时避免"重新发明车轮"。

第三，在历史社会学家想当然地把历史学和社会学当成一回事的时候，不仅要努力避免静止地思考还要更为动态和发展地促进跨学科实践。

第四，在历史社会学想象自身的实践之正当性的时候，应当从跨学科沟通与对话的角度，将历史学的已有成果和社会学的已有主张之间建立起理论研究纲领式对话，探讨其中的详述、扩散、变异、竞争或整合可能性。

参考文献

佩里·安德森（Perry Anderson）：《绝对主义国家的系谱》，刘北成、龚晓庄译，上海：上海人民出版社，2016年。

成伯清：《时间、叙事与想象——将历史维度带回社会学》，《江海学刊》2015年第5期。

康无为（Harold Kahn）：《读史偶得》，台北："中研院"近代史研究所，1993年。

李孝悌：《代译序》，载史景迁著，《王氏之死：大历史背后的小人物命运》，李孝恺译，桂林：广西师范大学出版社，2011年。

苗延威：《历史社会学的方法论争议》，《社会科学论丛》（台湾）2013年第1期。

史景迁著：《康熙：重构一位中国皇帝的内心世界》，温洽溢译，桂林：广西师范大学出版社，2011年。

刘拥华：《何处是江南？〈叫魂〉叙事中的"江南隐喻"》，《史林》2015年第1期。

孙宇凡：《君主与化身的奥秘：从孔飞力的〈叫魂〉出发》，《社会学评论》2016年第6期。

——：《时间、因果性与社会学想象力》，《社会理论学报》2017年第1期。

魏斐德：《讲述中国历史》，梁禾译，《史林》2001年第3期。

魏斐德：《明清更替：十七世纪的危机抑或轴心突破》，《中国学术》第11辑，刘东编，北京：商务印书馆，2002年。

许田波：《战争与国家形成：春秋战国与近代早期欧洲之比较》，徐进译，上海：上海人民出版社，2018年。

伊萨克·瑞德：《清教文化的性别形而上学：对萨勒姆审巫案的诠释性解释》，童韵评译，《社会》2015年第4期。

于连著：《新世纪对中国文化的挑战》，陈彦译，

《二十一世纪双月刊》1999第52期。

于连著：《论多元文化：语言的差异——思想的资源，或如何酝酿未来的对话》，萧盈盈译，载乐黛云、李比雄、钱木森编，《跨文化对话》第29辑，北京：生活·读书·新知三联书店，2012年。

周飞舟：《论社会学研究的历史维度——以政府行为研究为例》，《江海学刊》2016年第1期。

周雪光：《运动型治理机制：中国国家治理的制度逻辑再思考》，《开放时代》2012年第3期。

周雪光：《国家治理逻辑与中国官僚体制：一个韦伯理论视角》，《开放时代》2013年第3期。

Abbott, Andrew: "Transcending general linear reality." *Sociological Theory*, 1988 , 6(2).

——: "History and Sociology: The Lost Synthesis." *Social Science History* , 1991, 15 (02).

——: "From Causes to Events: Notes on Narrative Positivism." *Sociological Methods & Research* , 1992, 20(4).

Abend, Gabriel:"The Meaning of 'Theory'. "*Sociological Theory* , 2008, 26(2).

Abrams, Philip: *Historical Sociology*. Ithaca, NY: Cornell University Press, 1982.

Adams, Julia, Elisabeth S. Clemens, and Ann Shola Orloff. ed. : "Introduction: Social Theory, Modernity, and

the Three Waves of Historical Sociology." In *Remaking Modernity: Politics, History, and Sociology*, edited by Julia Adams, Elisabeth S. Clemens, and Ann Shola Orloff. Durham and London: Duke University Press, 2005.

Adams, Julia, Elisabeth S. Clemens, and Ann Shola Orloff: *Remaking Modernity: Politics, History, and Sociology*, edited by Julia Adams, Elisabeth S. Clemens, and Ann Shola Orloff. Durham and London: Duke University Press, 2005.

Barkey, Karen: *Empire of Difference: The Ottomans in Comparative Perspective*. Cambridge, New York: Cambridge University Press. 2008.

Clemens, Elisabeth S: "Afterword: Logics of History? Agency, Multiplicity, and Incoherence in the Explanation of Change." In *Remaking Modernity: Politics, History, and Sociology*, edited by J. Adams, E. S. Clemens, and A. S. Orloff. Durham and London: Duke University Press, 2005.

Berger, Joseph, David Willer, and Morris Zelditch: "Theory Programs and Theoretical Problems." *Sociological Theory* , 2005, 23 (2).

Berger, Joseph, and Morris Zelditch: "Orienting Strategies and Theory Growth." In *Theoretical Research Programs: Studies in the Growth of Theory*, edited by Joseph

Berger and Morris Zelditch, Stanford, California: Stanford University Press, 1993.

Burke, Peter: "Review of Historical Sociology by Philip Abrams ." *American Journal of Sociology* , 1985, 90 (4).

——: *History and Social Theory*. Ithaca, N.Y: Cornell University Press, 1993.

——: "Comparative History and Comparative Sociology." Serendipities: *Journal for the Sociology and History of the Social Sciences* , 2016, 1 (1).

Calhoun, Craig: "History and Sociology in Britain. A Review Article." *Comparative Studies in Society and History* , 1987, 29(3).

——: "The Rise and Domestication of Historical Sociology." In *The Historic Turn in the Human Sciences*, edited by Terrence J. McDonald, Ann Arbor: University of Michigan Press , 1996.

Clemens, Elisabeth S: "Afterword: Logics of History? Agency, Multiplicity, and Incoherence in the Explanation of Change." In *Remaking Modernity: Politics, History, and Sociology*, edited by Julia Adams, Elisabeth S. Clemens, and Ann Shola Orloff, Durham and London: Duke University Press, 2005.

——: "Sociology as a Historical Science." *The American Sociologist* , 2006, 37 (2).

——: "Toward a Historicized Sociology: Theorizing Events, Processes, and Emergence." *Annual Review of Sociology*, 2007 , 33 (1).

Collins, Randall: *Three Sociological Traditions*. Oxford: Oxford University Press, 1985.

Demetriou, Chares, and Victor Roudometof: "The History of Historical-Comparative Methods in Sociology." In *The Oxford Handbook of Qualitative Research*, Oxford: Oxford University Press, 2014.

de la Roche, Senechal . "Why is Collective Violence Collective?" *Sociological Theory* 19, no. 2 (2001).

Diamond, Sigmund: "Review of Historical Sociology by Philip Abrams. "*History and Theory* , 1984, 23 (3).

Emirbayer, Mustafa: "Manifesto for a Relational Sociology. "*American Journal of Sociology* , 1997, 103(2).

Go, Julian: *American Empire and the Politics of Meaning: Elite Political Cultures in the Philippines and Puerto Rico during U.S. Colonialism*. Durham: Duke University Press Books, 2008.

Goldthorpe, John H: "The Uses of History in Sociology:

Reflections on Some Recent Tendencies." *British Journal of Sociology*, 1991.

Graff, Harvey: "The 'Problem' of Interdisciplinarity in Theory, Practice, and History." *Social Science History* , 2016, 40 (4).

Hirschman, Daniel and Isaac Ariail Reed: "Formation Stories and Causality in Sociology." *Sociological Theory* , 2014, 32(4).

Kiser, Edgar, and Michael Hechter: "The Role of General Theory in Comparative-Historical Sociology." *American Journal of Sociology*, 1991.

Kumar, Krishan: "Historical Sociology." In *The New Blackwell Companion to Social Theory*, edited by Bryan S. Turner, Malden, MA: Blackwell Publishing Ltd, 2009.

——: *Visions of Empire: How Five Imperial Regimes Shaped the World. Princeton,* N.J.: Princeton University Press, 2017.

Hamilton, Gary G: "The 'new History' in Sociology." *International Journal of Politics, Culture, and Society*, 1987 , 1 (1).

Lachmann, Richard: "Introduction to the Symposium." *International Journal of Comparative Sociology* , 2006, 47 (4).

Mann, Michael: *The Sources of Social Power, Vol. I: A History of Power from the Beginning to 1760 AD.* Cambridge: Cambridge University Press, 1986.

Mayrl, Damon, and Nicholas Wilson. n.d. : "What Do Historical Sociologists Do All Day? Historical Method in Theory and Practice."

McDonald, Terrence: "What We Talk about When We Talk about History: The Conversations of History and Sociology." In *The Historic Turn in the Human Sciences*, edited by Terrence J. McDonald, Ann Arbor: University of Michigan Press, 1996a.

——: "Introduction." In *The Historic Turn in the Human Sciences,* edited by Terrence J. McDonald, Ann Arbor: University of Michigan Press,1996b.

Mills, Charles. W: *The Sociological Imagination.* Oxford: Oxford University Press, 2000.

Reed, Isaac.: "Epistemology Contextualized: Social-Scientific Knowledge in a Postpositivist Era." *Sociological Theory* , 2010, 28 (1).

Schwartz, Mildred A: "Historical Sociology in the History of American Sociology." *Social Science History* , 1987, 11 (1).

Sewell, William H. Jr:"Three Temporalities: Toward an Eventful Sociology." In *The Historic Turn in the Human Sciences,* edited by Terrence J. McDonald, Ann Arbor: University of Michigan Press, 1996.

——: *Logics of History: Social Theory and Social Transformation.* Chicago: University of Chicago Press, 2005.

——: "AHR Forum: Crooked Lines. "*The American Historical Review* , 2008 ,113(2).

Theda Skocpol: *States and Social Revolutions: A Comparative Analysis of France,* Russia and China. Cambridge: Cambridge University Press, 1979.

——: "Emerging Agendas and Recurrent Strategies in Historical Sociology." In *Vision and Method in Historical Sociology,* edited by Theda Skocpol, Cambridge: Cambridge University Press, 1984a.

——: "Review of Historical Sociology." by Philip Abrams. *The Journal of Modern History*, 1985, 57 (3).

Steinmetz, George: "Critical Realism and Historical Sociology: A Review Article". *Comparative Studies in Society and History* , 1998 , 40(1).

——:"A Disastrous Division: Thoughts from the Border between Historical Sociology and History." *Trajectories:*

Newsletter of the Comparative Historical Section of the American Sociological Association , 2005a, 17 (1).

——: "The Epistemological Unconscious of U.S. Sociology and the Transition to Post-Fordism: The Case of Historical Sociology." In *Remaking Modernity*, edited by Julia Adams, Elisabeth S. Clemens, and Ann Shola Orloff, Durham and London: Duke University Press, 2005b.

——: "The Historical Sociology of Historical Sociology. Germany and the United States in the Twentieth Century." *Sociologica Theory*, 2007a , (3).

——: "Transdisciplinarity as a Nonimperial Encounter: For an Open Sociology." *Thesis Eleven* , 2007b, 91 (1).

——: "The Relations between Sociology and History in the United States: The Current State of Affairs." *Journal of Historical Sociology* , 2007c, 20 (1-2).

Steinmetz, George: *The Devil's Handwriting: Precoloniality and the German Colonial State in Qingdao, Samoa, and Southwest Africa.* Chicago: University of Chicago Press, 2008.

——:"Comparative History and Its Critics." In *A Companion to Global Historical Thought*, edited by Prasenjit Duara, Viren Murthy, and Andrew Sartori, John Wiley & Sons, 2014a.

——: "The Sociology of Empires, Colonies, and Postcolonialism." *Annual Review of Sociology*, 2014b, 40(1).

——: "Field Theory and Interdisciplinarity: History and Sociology in Germany and France during the Twentieth Century." *Comparative Studies in Society and History*, 2017, 59(2).

Stryker, Robin: "Beyond History Versus Theory Strategic Narrative and Sociological Explanation." *Sociological Methods & Research*, 1996, 24 (3).

Tilly, Charles: "On Historical Sociology." In *Current Perspectives in Social Theory*, Volume 1. Emerald Group Publishing Limited, 1980.

——: *Durable Inequality*. Berkeley, California: University of California Press, 1998.

Wagner, David: "Theoretical Research Programs." Edited by George Ritzer Ritzer. The Blackwell Encyclopedia of Sociology. Oxford and New York: Blackwell Publishers, 2007.

Wagner, David G. and Joseph Berger: "Do Sociological Theories Grow?" *American Journal of Sociology*, 1985, 90(4).

——: "Programs, Theory, and Metatheory." *American*

Journal of Sociology , 1986 , 92(1).

Zelditch, Morris: "Levels of Specificity within Theoretical Strategies." *Sociological Perspectives* , 1991, 34(3).

Zhao, Dingxin: *The Confucian-Legalist State: A New Theory of Chinese History*. Oxford University Press, 2015.

第二部分
Part Two

□ 从社会学

到历史学 □

第五章 / Chapter Five

社会学的想象力与主体时间性：从成伯清到史景迁

《布莱克维尔社会学百科全书》（*The Blackwell Ency-clopedia of Sociology*）列了一份对社会学有重大影响的事件、人物等信息的时间表。其中在1959这个年份记录了米尔斯（Charles Wright Mills）两项功绩：

在《社会学的想象力》（*The Sociological Imagination*）中批判了结构功能主义，并引入了（与书名）相同的概念。（Ritzer，2007: lxxxiii）

这样的褒奖也反映在马歇尔·戈登（Marhall Gordon）编撰的《社会学简明词典》（*The Concise Dictionary of sociology*）中。相关词条①定义"社会学的想象力"为：

> 一种看待世界的方式，一种社会学视野。从这种方式或视野来看，明显地将个人的私人问题与重要的社会议题建立了连接。他（孙按：米尔斯）为我们生活中社会的、个人的和历史的诸维度（the social, personal, and historical dimensions）连接起来的人文主义社会学（humanist sociology）辩护。（Gordon，1996:334）

不过，在以"社会学的想象力"为标题的文章中，更常见的只是将其作为一种隐喻式或主张性表达罢了（Bartmanski, 2015）。而成伯清于2015年在《江海学刊》上发表的《时间、叙事与想象——将历史维度带回社会学》（以下简称：《想象》）却延续了《牛津简明社会学词典》的定义风格，将之作为明确的分析概念，也类似地提出社会学的想象力涉及社会结构、历史、传记②三个维度（成伯清，2015）。

基于这三个维度，《想象》一文提出美国社会学的反历史倾向导致社会学想象力的焦点摆在了社会结构维度

---

① 尽管这个词典有"社会学的想象力"（sociological imagination）词条，但却是指向"米尔斯"（Mills, Charles Wright）词条。

② 本章将biography译为"传记"，是因为成伯清的译法（"个人生活历程"）与后文中的"生命历程"（life course）相似性较高，易于混淆。

之上，而这样压抑传记与历史的维度状况是基于现代性时间安排中均质虚空化或瞬间化问题。为了将历史维度带回来，成伯清认为要破解单一线性的社会存在论基础，并通过事件性时间性的叙事来表征多重现实。同时，《想象》一文也指出这样的叙事是基于"叙事人"假设，因而研究者可以通过阐明行动者的潜在叙事促进学术知识的生成。

不过，《想象》一文在将历史维度或时间维度带回来的论述中，仍有以下几个方面值得商榷和完善：1. 成伯清与米尔斯一样，错失了对20世纪50年代美国社会学兴起关于年龄（age）、世代（generation）[①]等时间维度的分析，从而未能够丰富社会学想象力的生命历程以及世代维度。2. 与其说美国社会学面临反时间倾向问题，倒不如说产生了反思物理时间倾向，逐渐走向面向行动历程的主体时间性。3. 当时间维度被进一步二分之后，以叙事而非变量和机制作为表征多重实在的策略，仍需进一步引入为叙事策略所用的士多噶因果性（stoic causality），以证成三种策

① 《社会学简明词典》对"世代"词条的定义是："一个社会中大致出生于同一时间的那些成员所构成的年龄群体（age-group）形式。近些年，检验涌现的年龄群体对社会变迁作用的世代分析与日俱增……世代也用来指向一个世代和下一个世代之间所逝去的时期。尽管世代间冲突是个普遍的主题，但是关于继替的诸世代（successive generations）在社会化方面差异的研究，在某种程度上并没有就价值和行动方面是连线性还是不连线性达到一致……（该领域研究）兴趣所关注的进一步问题是世代认同（generational identities）；举例来说，在抗议运动中的年轻参与者进入中年（阶段）时，将会发现什么呢？因此，关于生命历程（life course）和增寿（ageing）的研究也与对世代的兴趣紧密地联系在一起"（Gordon，1996:199）。

略的深层差别。在这三点商榷的基础上，本章以史景迁的两本著作为例，论述立足于士多噶因果性的叙事策略。

一、从历史、传记到历史、世代与生命历程

《想象》对社会学想象力的三个维度整理，也可以进一步规整为共时性（社会结构）与历时性（历史与传记，可视作《想象》文中所说的"时间维度"）的两个维度。成伯清对后一个维度也是采取了概化处理办法，在没有区分"历史"与"时间"维度层次的基础上，提出了《想象》的第一个论点：

> 在运用社会学想象力上……对于历史和个人生活历程，则出现了系统性的忽视。因为当时的美国社会与历史解释的相关程度，要低于其他社会和时期……社会学的非历史化（ahistorical）倾向愈益明显……处理时间维度的任务，似乎发包给了一个专门的分支学科，即"比较历史社会学"。（成伯清，2015）

但是，如果将历时性维度剖开分别来看，情况非然。第一，历史社会学在《社会学想象力》的写作年代并未如

成伯清所言、处于相对性的最低谷。在运用谷歌图书语料库对社会学八大子学科的词频历史比例分析中显示，"历史社会学"词频比例在二战后的社会学领域里虽略有下降，但仍在1955年左右时超越了二战前的水平（陈云松，2015），而从1956年到1959年，亦即米尔斯开始构想和出版《社会学的想象力》的年份里，[①]该词频比例也是总体上逐年增长。

另据查尔斯·蒂利（Tilly，1981:55–59）分析，"反历史社会学"（ahistorical sociology）的全盛时期不是在成伯清判断的20世纪50年代末，而是在20世纪40年代。但是，即使在那样的年头，蒂利（Tilly，1981:55–59）仍看到索罗金、巴恩斯、霍曼斯等人将历史注入当时社会学的努力，蒂利的论断从数据上也有所印证：根据词频比例分析，20世纪40年代的确是1940—1959年间的低谷期。

第二，从历时性维度的另一侧来看，《想象》一文由于没有充分考察米尔斯原本对"传记"与"历史"一并看重的初衷，[②]以致顾此失彼，没有分析"传记"维度。

---

① 米尔斯对《社会学的想象力》一书较为清晰地构想（如社会结构、传记和历史三方面），可追溯他于1956年与想象中的俄罗斯知识分子"同志"的通信，见Mills（2000:254）。

② 《社会学的想象力》对历史想象力的分析集中在《对历史的运用》一章，但这一章也花了不少篇幅分析传记问题，使得章名与内容有所不合。这个问题可以从该章的写作过程来理解。米尔斯对此章的原命名是《传记与历史》（"Biography and History"），而非《对历史的运用》，见Mills（2000:267）。

如此的进一步后果是，《想象》也连带地忽视了米尔斯于1953年错过的世代维度。[1]

在《社会学的想象力》中，米尔斯对传记维度的分析，是通过指出角色获得、过渡、调整等角色理论涉及的面向，来批判人性常识与弗洛伊德的精神分析。但问题在于，此世代的角色获得、过渡等历程，与彼世代的相应过程一致吗？可以说，由于没有再考虑诸世代差异，米尔斯犯了所谓的"同龄群中心谬误"（fallacy of cohort centrism）。[2]

同样是批判弗洛伊德，年龄社会学的奠基人玛蒂尔达·赖利（Riley，1978）则是从"生命历程的同龄群界定"（cohort definitions of life course）出发，认为由于世

[1] 米尔斯可能两次错过了"世代"研究。第一次是1953年：米尔斯给汉斯·格特（Hans Gerth）的信中提到他已经阅读了1952年曼海姆两卷著作英译文。在两卷之一的《论知识社会学的诸论文》中，收录了一篇影响了后来的年龄社会学（sociology of age）的重要文献的首次英译本——融合了政治分析与世代分析方法的《诸世代的问题》（"The Problem of Generations"）。但是，从信件内容来看，由于米尔斯只关注了曼海姆对保守主义的政治分析，并没有注意到其中的方法意涵，也一并错失了当时新兴的年龄群体（age group）研究。第二次是在米尔斯去世的两年前（1960年）。当时他也有考虑撰写新世代知识分子研究，但难以肯定米尔斯所指的"新世代"是不是曼海姆提出的"世代"概念。米尔斯的两封信件见Mills（2000:177; 307）。

[2] 世代（generation）和同龄群（cohort）概念的区分使用是年龄社会学的难题。本章的用法是：在涉及赖利（Matilda White Riley）的理论中，遵从她的用法，同龄群概念包括世代概念。在涉及阿尔文（D.F. Alwin）的理论中，亦遵从他的用法，世代概念包括同龄群概念。在不涉及二人的理论时，将世代与同龄群作为同义词使用。赖利的用法见Riley（1987），阿尔文的用法见Alwin（2007）。

代继替的作用，弗洛伊德在世时提出的生命历程理论只是与那个时代的诸同龄群相匹配，因而难以说明与今日的诸同龄群也契合。因此，如果不将同龄群之间的差异标定出来，那么就如同"族群中心"（enthocentric）的想法类似，形成生命历程的普遍理论（哪怕是米尔斯援引的角色理论），潜在地认为研究者或某些特定研究对象所处的同龄群是唯一同龄群，其生命历程模式是唯一的生命历程模式（Riley，1978）。

由此出发，赖利进一步分析了按年龄分级的生命历程（age-graded life course）、同龄群继替（cohort succession）以及增寿过程（aging process）的社会成员动力模型：每个社会成员都拥有的出生时间，既起始标定了其个人的生命历程，也标定了其所处的出生组（birth cohort）。同一时间区间出生的社会成员构成了一个同龄群，而同龄群也随着社会成员的生命历程变化而不断向前推进，产生同龄群间的继替。而所有的同龄群合在一起，又构成了具有人口（population）规模的增寿过程。

值得注意的是，这样的社会成员动力模型势必与同样随着物理或生物时间而变迁着的社会结构（changing social structure）相互交叉。由于社会成员动力模型具有一定的规律性（人有生有死、寿命有限、预期寿命相对稳定），而社会结构的变迁却没有这样的规律性或周期性，便容易产生异步性（asynchrony）的问题（例如：无法为各个年龄段的社会成员提供充分的工作机会）（Riley，1987）。因此，变迁着的社会结构与增寿过程便共同构成了赖利的"增寿与社会范式"（aging and society paradigm），如图5.1所示：

图5.1 赖利的"增寿与社会范式"[①]

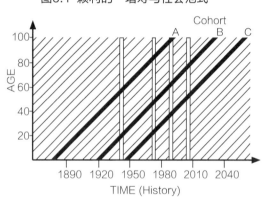

回到成伯清认为社会学想象力中对历史和传记存在"系统性忽视"的问题。20世纪50年代勃兴，60、70年代形成的年龄社会学，以"增寿与社会范式"为代表，不仅能填补《想象》一文本应考虑的传记维度讨论，并且可以进一步将社会学想象力的历时性维度从传记与历史，拓展到生命历程、世代与历史。借助赖利的构想，这三个维度相互支持，可以共同归并到年龄社会学的研究领域，而非"比较历史社会学"。

———————————
① 图片摘自Riley（1994）。

二、从反时间倾向到反思时间倾向

《想象》的第二个论点由第一个论点衍生而来。成伯清在提出社会学存在反历史倾向后，进一步认为这一倾向与现代性时间安排的"虚空化与瞬间化"密切相关：

> 在特定历史阶段或社会类型之中，社会秩序与社会关系是确定的，时间是没有实质性意义的。而这种时间观，非常契合现代社会有关时间的制度性安排……当前时间制度又有新变化……一种实时性（instantaneous）时间观愈益盛行。（成伯清，2015）

从年龄社会学的角度，这样的时间安排与变迁反倒是促进了该研究领域的学术创新，而非强化了反历史或反时间倾向。并且，从历时性三个维度的近期发展来看，与其说社会学想象力面临反时间倾向，倒不如说是面临反思时间倾向，逐渐接近行动历程与主体时间的构想。

首先，《想象》认为现代性时间安排的匀质化、片段化消解了时间的实质意义，导致社会学的反时间倾向。不同于这种消极看法，年龄社会学正是建构于这样的时间观之上。在曼海姆式世代概念进入美国之前，世代与家庭生命周期（family life cycle）、亲属关系密切相关。但是，这样的非匀质化、片段划分难以统一（例如不同家庭成员的出生情况不同），影响了社会学对世代或生命历程研究的推进。赖利（Riley，1987）则开始以同龄群概念收编世代概念，严格地将生物时间或物理时间作为研究节点，从而实现世代研究向更广泛研究领域的拓展。如此一来，"大萧条一代""垮掉的一代"等研究才具有严格的、可供争辩的时间划分基础，促进了学术规范与创新。

其次，《想象》认为，在新兴的消费社会和信息技术下形成的弹性时间制度或休闲时间制度也助了社会学反时间倾向的一臂之力。恰恰与之相反，在年龄社会学领域，从福特主义（Fordist）到后福特主义（post-Fordist）的转变（Kohli，2006：456–478），是对生命历程与世代理论的又一次更新。因为原有的生命历程三大板块——教育（education）、工作（work）、休闲（leisure）关系，由按年龄时序形成的诸同龄群之间年龄分化类型（age differentiated type）迈向了更具弹性的年龄整合类型（age integrated type），破除了青少年接受教育、中年工作和老年退休休闲的旧识，也改变了原有的年龄社会学中将年龄标准（age criteria）作为固定化事体的假设，推动了学术进步（Riley and Riley，2000）。具体如图5.2所示：

图5.2 赖利的年龄分化类型与年龄整合类型的比较[①]

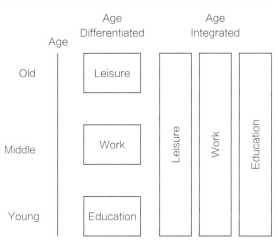

进一步讲，如果从知识-时代关联的立场回到社会学知识发展脉络的本身来看，各历时性倾向的研究在不同程度上尝试摆脱的，不是时间本身，而只是物理时间。

首先，就"世代"来看，杜安·阿尔文（Duane Alwin）和麦卡蒙（Ryan McCammon）反思了这个概念的流变及其当前的困境问题。根据二人考察，世代概念是指作为家庭亲属结构中依照生物时间与角色继替而形成的生命周期（life cycle），也是指依靠如同赖利指出作为出生组与历史时间片段的"同龄群"（cohort），以及作为社会运动与组织活动的历史参与（historical participation）的单位。

---

① 图片摘引自Riley and Riley（2000）。

（Alwin and McCammon，2007）在世代研究史上，该概念的主流应用，依次从第一种定义走向了第三种定义的过渡。但是，第三种定义的研究更困难，因为作为一种群体认同，既与家庭关系中较明确的亲属制度参照不同，也与根据出生日期而明确规定的同龄群不一样。

相较而言，作为历史参与单位的世代更需要研究者（researcher）的识别功夫，需要从历史洪流中、以行动者（actor）自身角度出发加以理解。这样的考虑实际上在引导研究者从直接标定出生日期或直观家庭位置的世代研究转向考虑需要理解、感受、认同的角度的行动者主观立场。换句话说，如果说赖利时代的世代概念是一种历史时间的客观位置，那么阿尔文最近指出的正是历史时间的主观位置。

其次，就"生命历程"来看，阿尔文也尝试对生命历程的五种既有定义加以整合，反映了近年的研究走向。不过，他却仍以赖利的理论作为整合工具，因而结论也只是以同龄群继替为桥梁在传记时间（biographical time）和历史时间（historical time）之间来回打转，理论新意乏善可陈（Alwin，2012a）。但重要的是，这次尝试引起了琼·汉德瑞克斯（Jon Hendricks）的评论。他批评阿尔文的观点，提出传记时间维度还要包括时间的主观感觉（subjective sense of time）：

（时间的）意义是取决于社会时间与个人感知
（individual perceptions）的结合。很少人会只考虑
现在（the present），他们要回想也要前瞻。时间的
前瞻通常被视作未来性的感觉，传记时间的另一个
侧面……（是）将我们自己面对已然发生的、那些
诸回忆的纪念品……（Hendricks，2012）

与阿尔文之前认为世代研究应转向行动者的自身
理解不同，他没有对汉德瑞克斯的这一想法进一步回应
（Alwin，2012b），从而错失拓展社会学想象力历时性维
度的机会。汉德瑞克斯的批评并未无所依据——他虽然未
能将主体时间从传记时间之中区分出来，却透露了奥古斯
丁式（Augustinian）的时间观念。

奥古斯丁（1963：247）认为，时间"存在我们心
中"，分为"过去的现在"（记忆）、"现在的现在"
（注意）和"将来的现在"（期望）三类。相较主体时间
依靠行动者自身所见的三个范畴，物理时间只有两个范
畴：较早（the earlier）-较晚（the later），并且是无须
考虑诸行动者差异的一种"非人类-自然"的事件序列。
（Elias，2007：63–65）下文将会论述，汉德瑞克斯带来的
奥古斯丁式主体时间观，将有助于走出社会学想象力的物
理时间困境。

最后，就"历史"来看，《想象》所赞成的事件性时

间性由于对"事件"采取了后果性定义——"日常发生中能够显著改变结构的罕有一类"(Sewell，2005:100)，导致未能回答"转型性事件从何而来"这个来源性定义问题，[①]因而也没有将行动历程(the course of action)纳入历史想象力之中。

成伯清(2015)认为，为了"带回历史维度"，为了形成多重叙事的"众声喧哗"，可以以"事件性时间性"(eventful temporality)寻找"转型性事件"，探索"多重性时间的异质性"。确实，相较于成伯清所批评的以"阶段的序列"为代表的目的论时间性(teleological temporality)，成伯清直接承继的休厄尔(Williams H. Sewell Jr.)的事件性时间性概念，形成了路径依赖(path dependency)、全域偶连性(global contingency)和时间上异质的因果(temporally heterogeneous)的综合分析(Sewell，2005:102)，有所进步。

但是，在提出这样分析模式的《三类时间性：迈向事件社会学》(*Three Temporalities: Toward an Eventful Sociology*)一文中，休厄尔没有理论性阐述转型性事件

---

① 类似来源性定义与后果性定义的划分方法，也可以参见汤玛斯·福特·布朗(Thomas Ford Brown)对社会资本(social capital)定义的划分。布朗认为科尔曼是从后果或功能的角度定义社会资本，而波茨是将社会资本作为结果，亦即从社会资本来源的角度加以定义，见Brown(2000：80—83)。

之创生或起源问题。[①]纵观该文的理论部分，休厄尔是采纳后果式或功能式"事件"定义方式，并将之与"日常发生"（happening）加以区分。反倒是，在案例阐述部分，休厄尔不得不就案例谈案例地指出英雄人物意志，或者权力网络涌现了"转型性事件"的可能性。（Sewell，2005:ch.3）

不过，休厄尔在研究萨林斯（Marshall Sahlins）的事件理论时，分门别类且十分详尽地声明了自己遵循或反对、继承或改造的，由萨林斯提出或使用的"事件理论"的诸个概念。其中，休厄尔已然注意到了萨林斯使用的"行动历程"概念：

> 事件转变了文化上诸范畴的诸意义和诸关系，不仅是因为世界无法遵从范畴期望（categorical expectations），也是因为在行动历程（the course of action）之中，他们将这些范畴"屈身"于自己的诸种目的……主体们图谋的和创造性的诸行动，是诸事件来自于人类的素材。（Sewell, 2005:204）

具体来说，在萨林斯看来，"世界"相应的是指文

---

① 这并不是说休厄尔完全没有考虑这个问题。我在这里仅就成伯清引用观点的所在部分——《历史的逻辑》（*Logics of History*）的第3章内容予以讨论。休厄尔对这一问题的回答可能仍要回到结构概念，见Sewell（2005:ch.8），这也与下文以萨林斯、韦伯的"行动历程"概念有殊异

化范畴的"客观风险"（objective risk）发生场所，涉及世间的物质积累变化，以及世间的行动，而"行动历程"相应的是文化范畴的"主观风险"（subjective risk）场所，涉及的是主体的行动安排（acting），是行动者的图谋（interest）或个人筹划（personal project）（Sewell，2005:203）。不过，休厄尔随后将焦点摆在了结构的单数还是复数、仅有文化图式还是"文化图式+物质资源"等问题的争论，未能再挖掘萨林斯的"行动–行动历程"的划分，导致事件性、因果性只有后果性定义而缺乏来源性定义。

　　萨林斯的考虑不唯新见，因为"行动历程"概念来自于韦伯（Max Weber）对"社会学"的经典定义：

　　　　社会学……旨在解释地理解社会行动，因果地解释其历程和诸后果……所谓的"行动"，涉及行动中的个人给予自身行为的主观意义——不管行为是外显的还是内敛的、是遗漏的还是默会的。行动之所以成为"社会"行动，是因为其主观意义往往顾及了他人的行为，而这样的主观意义又在其自身行动的历程中得到指引。（Weber，1978:4）

　　韦伯对行动的"历程"和"后果"、"行动"与"行动历程"进行了明确划分。这样的行动历程，与萨林斯指陈的"图谋""个人筹划"密切相关，都离不开从行动者自身的思量之流。韦伯在《经济与社会》中，对这种"顾及到了他人的行为"的主观意义按时间维度予以细分：

> 社会行动（包括无力作为或被动默许）可能会以他人的过去、当前或预期未来的表现为取向。因此，它的动机可能是报复过去遭到的攻击，抵抗当前遭到的攻击或者对未来的攻击采取防御措施。（韦伯，2010：111）

也就是说，行动历程是载着行动者面向过去的回忆、面向当前的注意或展望未来的期望。这样的思考正与奥古斯丁的时间不谋而合。

因此，综合诸历时性社会学想象力的近期讨论，可以回到韦伯式具时间范畴的行动历程想法中。如果接受韦伯构想的话，"反思时间倾向"（尽管阿尔文、休厄尔的反思水平各不相同）便是一方面省察研究者所见的物理时间，另一方面探索行动者所见的主体时间。这样一来，社会学的想象力的历时性维度便可以别开生面，形成新的二分法，突破既有诸想象力的物理时间困境，为探索新的因果性提供了契机。

三、从多重实在性到士多噶因果性

尽管本章与《想象》的观点多有差异——历史、世代与生命历程三分法 vs. 历史和（未讨论的）传记二分法、反思时间倾向 vs. 反时间倾向，但是我同意《想象》的第三个论点：在存在论立场，反对固一型（fixed and singular），赞成时间上异质型。

不过，我认为《想象》的第四个论点值得商榷：对于表征由该存在论带来的多重现实性（multi-realities），成伯清未能充分说清楚（尤其是从因果性的角度）为何叙事方法比机制方法、变量方法更具表征效力。《想象》一文这样列出了不同层次、不同对象的实在，以及三种表征策略的比较结果：

第一，共时性和历时性的差别。变量方法更适合共时性表征，而机制方法与叙事方法更合适历时性表征。第二，中部与巨集微层次的差别。机制适合中观理论，叙事适应宏观与微观理论。第三，假设承袭与潜在生成的差别。变量和机制由于是在直接沿袭理论假设的基础上进行表征（如特定情境），没有自觉地从研究对象角度的阐明潜在性可能生成（成伯清，2015）。

我将依次指出：我同意第一个差别，下文不赘述；不同意第二个差别，因为机制与叙事都可以适用三种层次；对于第三个差别，我同意成伯清对变量与机制的判断，但不认为《想象》一文已将叙事策略的表征效力说清楚。假设承袭与潜在生成的关系更为复杂微妙，下文将会通过补充对变量、机制和叙事的因果性比较来说明这一问题。

就第二个差别来看，成伯清未能看到机制除了应用中观层次，还包括可以应用于微观和宏观层次的两种类型——作为微观基础的机制（mechanism as microfundations）和作为诸要素并接的机制（mechanism as components of conjunctures）（Hirschman and Reed，2014），以致产生分析层次上的误解。

其中，前一种机制是找到社会世界的一些潜在的固定点，从而解释社会世界表面上的诸类差异。目前具有代表性的是理论选择理论（rational-choice theory）或分析社会学（analytical sociology）做法：尝试找到一个或几个固定的事体或属性（如理性、信仰），并将社会世界看作这些事体或属性加以常规化了的过程（regularized process）（Hirschman and Reed，2014）。后一种机制是像蒂利、赵鼎新等历史社会学者擅长分析的做法：将因果机制看作是某种星座形态，用洪流合汇的方式解释大事件（如法国大革命）或宏观社会过程（如儒法国家形态的形成）。

因而，这样两种常见的机制并不只是停留在中观层次，也涉及微观、宏观层次。对于叙事，也是同样的道理。相较成伯清列举的生命历程（微观）、历史层次（宏观），世代研究（中观）的叙事分析却可反证其论，例如萧阿勤（2005）分析的"世代叙事"：20世纪70年代的台湾经历了保钓等一系列"创伤事件"后，"战后世代"正是通过文学艺术等国族历史叙事方式，逐步形成了"回归现实"的世代认同。

对于第三个差别，成伯清（2015）通过两个步骤加以论证：一是赋予研究对象或一般的行动者以"叙事人"（homo narrans）的人之模型。二是通过"事件性时间性"开启行动者叙事迈向社会学知识的潜在生成。我同意第一个论证，并尝试对第二个步骤的内在张力予以弥合。

上文已经陈述了"事件性时间性"具有后果性定义与来源性定义的两种形式。成伯清追随休厄尔，只取了前者、没采取后者，其结果便吊诡地导向了狄伦·莱利（Dylan Riley）所说的"反历史倾向"（Riley, 2008）——研究者越看重转型性事件越减少历史倾向。休厄尔（Sewell, 2005:100）对"事件"的定义明确，属"日常发生中能够显著改变结构的罕有一类"，而在结构与事件的关系中，休厄尔（Sewell, 2005:219）又将事件归为历时性、结构归为共时性，导致了历时性反而成为罕有情况。但是，既然休厄尔将结构看作是多样且交叉的，以明确反对萨林斯将结构视作单数的做法，那又为何仍会出现结构转型问题上"（众多结构）需多（转型）供少"

的现象呢?

对于这个问题,如果只从研究者视角下的供需关系入手解决,难免滑入争论结构转型／再生产、事件／日常发生的区分困境(Wagner-Pacifici, 2010; Adam, 2011;Tang, 2013)。不同于此,如果要像成伯清继续延用"事件性时间性",那么也可以像上文所述,改取事件的来源性定义,赋予行动者更大的权力,正视研究者作为外在观察者难以直接取得关于行动历程数据的问题,从而将供需判断交予行动者。

一方面,定义"事件"要重视理解历史行动者的行动历程(如何注意当下、回忆过去、期望未来)。另一方面,要将定义"结构"复数化的权力也赋予行动者,那么多样性与交叉性结构及其转型便是行动者"观想到"的"对象实在化"(Reed, 2008;吕炳强, 2011;刘忠魏, 2016;孙宇凡, 2016)。如此一来,结构与事件的供需市场便成为诸行动者观想的"自由市场",而研究者作为"局外人",只能"听"这些叙事者说出的各类故事,记录或分辨他们心中认定的结构再生产／转型、日常发生／事件。

为补充解释第三个差别,以及再认识变量、机制和叙事在因果性方面有根本区别,本章遵循何殊曼(Daniel Hirschman)和瑞德(Isaac Ariail Reed)的做法,将前两种因果性都归入"力迫因"(forcing-cause)。因为这二者都基于两个假设：固定了的诸事体（fixed entities）和接近于重复实验的规律性（regularity）（Hirschman and Reed，2014）。具体来看，变量因果性在研究者假定的"变量"这个固定了的事体，并尝试发现"因大果小"的规律化流动过程，其典型代表便是布劳–邓肯地位获得模型（Hirschman and Reed 2014）。机制因果性认为社会过程中存在通过输入（input）某物进而输出（output）相关效应，具有可被概作"机制"的诸种过程性运动（Hirschman and Reed，2014）。

不过，何殊曼和瑞德并没有分析叙事方法的因果性。本章借助吕炳强的理论，认为叙事策略的因果性是以行动者的主体时间为轴的行动历程为因（cause）、研究者观察到物理时间为轴上的事件序列（sequence of event）为果（effect）。这样的因果性并不假定研究事体是已固定的，而是有发挥想象力的空间，同时也不是为了寻求重复性规律，而是为了深入主体的特定经验。为了说明这种因果性的差异性，以地图学家恩普森对中国历史上两种海图的区分为例进行说明：

> 海图在中国沿用已久，而玛律孛罗也留意到中国海员对远方口岸非常熟悉。以两种形式出现：一种采普通的海图式形式，通常以北方定向；另一种则采航线图形式——颇像现代的汽车驾驶路线图——

从右至左横向地把海岸线绘画出来，而非根据实际方向绘画。这类图都依靠文字描述，对图形的准确性却不着重，所以如果不看中文解释，便很难理解。虽然这些海图在西方人眼中颇为怪诞，听说若是把绘画与文字对照来阅读，却出奇地有用……图中显示（孙按：图略）著名宦官郑和（钦差总兵太监）所统率的一支十五世纪中国舰队的航行路线。海岸线是横向地绘出，而非根据实际形状或方位绘画……整体构思显然以描述为主，甚至可说是基于想象，而非讲求平面测量的实在。（转引自吕炳强，2007：277）

引文中提到的"普通的海图"可视作一系列的事件序列，观者皆可见，并且是一种将所见各种事体按一定比例的设计，同时也确保了每个航海者拿到此图都可重复操作。而"郑和航线图"却离不开郑和的主体经验，与重复实验的规律性相去较远。试想郑和绘制海图时，需要做的是回忆来路、注意当下周遭海域、期望未来去途。如此，在流逝的当下一刻中，都有三种不同范畴的主体时间。便难以形成坐标系式的"普通的海图"。

对于研究者来说，行动者说出的故事可能正如"郑和航线图"，而研究者手中常备的却是"普通的海图"（包括理论假设、概念工具、测量指标，等等），但二者对于社会学研究同样重要。而研究中常见的问题是，作为局外人的研究者能够直接获得"郑和航线图"吗？未必，往往只能以果推因。

由此衍生出一个问题：由于社会研究常常不能保证得到行动者对其行动历程的十足解说（尤其是时过境迁、政治高压或未留下历史陈说等情况），凭借"普通的海图"能够确证行动者的行动历程与主体时间吗？毕竟，社会学家作为局外人，甚至无从判定行动者眼中的交代是否充分。

对此，成伯清（2015）可能的回答是"众声喧哗"：毕竟"所有的叙事又都是不完全的……研究对象极有可能就同样的事情，在不同的时间和针对不同的人，讲述不同的故事"。

但这样的考虑在未能考虑到韦伯对"意义的妥当性"要求的同时，还有"因果的妥当性"的要求。为了回答两个妥当性，吕炳强借用德勒兹对士多噶哲学想法的分析，提出了"士多噶因果性"：对研究者来说，以事件序列或物理时间为可直接观察的表面（surface），以行动历程或主体时间为不可直接观察的深处（depth）；以行动历程为假设，以事件序列为数据，通过假设检验的方式来研究。如此一来，研究者可以在假设身上恣意发挥他的想象力，由果及因（吕炳强、李越民等，2015：197）。

这样的构想撇开了休谟式"因早果晚"的因果性，或者"力迫因"假设之说，强调"因深果显"的因果性：

行动历程的不可观察性如郑和经过航线上每一点时的所想（回忆、注意与期望）、事件序列的可观察性如普通航海图上可描绘出来的郑和下西洋线路（较早、较晚）。

从这个角度来看，成伯清（2015）说的"社会学者从事数据收集的行动，实际上就是一种进入回答者生活的行动，而回答者的生活是由尚处在展开过程中的故事构成的"，可理解其意为：社会学者带着关于"回答者生活的行动"（历程）的假设（"非此这般不可"为备选假设和"非此这般"为零假设），然后进行关于在零假设下事件序列的"数据收集的行动"。如果收集的数据或数据没有证实零假设，那么"回答者"的行动历程为"非此这般不可"，反之则得到"非此这般"才是"回答者"的行动历程。

由于"对于绝大多数的行动参与者来说，事件序列顶多是过去了的行动历程，行动历程顶多是正在发生的事件序列"（吕炳强，2007：299）。因此，成伯清（2015）的确看到作为进行时态事件序列的行动历程——"尚处在展开过程的故事"，但并没有看到研究者仍可以将事件序列看作过去时态的行动历程"，通过与"回答者"进行由浅入深的交流，从而在不断的假设与检验中得到满足"因果妥当性"的叙事。而这样的叙事，往往具有行动者的特定性，并因时因势而变，由此与"力迫因"的固定事体假设与规律性假设分道扬镳。

四、两个案例：《康熙》与《王氏之死》

相较本章引入赖利的"增寿与社会"范式和商榷休厄尔"事件性时间性"的两种定义分歧，上述新增的因果性讨论是更深一步的区分与厘清，在此进一步举证两个例子。案例的选择是基于反向的考虑：当研究者要执笔著述时，面对的不再是正在陈说的叙事，而是已经说完的叙事。下文将按遗言甚多和几无所遗两种叙事材料差别，挑出史景迁的《康熙：重构一位中国皇帝的内心世界》（下称《康熙》）和《王氏之死：大历史背后的小人物命运》（下称：《王氏之死》）作为分析文本来说明士多噶因果性及其中的主体时间性。[①]

《康熙》最大特色是以第一人称的口吻和角度叙述了康熙巡游四方、治理国家、思考人生与人伦关系的主体经验。史景迁在《康熙》的自序中提醒读者可以从"不同的时间结构（temporal structure）来解读这本书"，而他的选择正是去"想象"康熙的行动历程与主体时间（史景迁，2011a：13）。

---

① 尽管柯娇燕（Pamela Kyle Crossley）尝试提出，史景迁的叙事手法是"有感情的叙事"（affective narrative），并认为其在一定程度上迈向了新的因果性，但她并没有详述其内涵是什么，见Emmanuel, Arni, Crossley, Hewitson, and Sewell（2015）。

例如：在这一提醒之后，史景迁先说一个物理时间和事件序列——"公元1717年12月23日，康熙草拟了这份谕旨"（孙按：《临终谕旨》，康熙的最后一份谕旨），这时，"接踵而发的事件"集中于这个物理时间点。随后，史景迁再进入了康熙的行动历程，不仅"过往回忆一一浮现"，并面向未来思考"死亡与历史定位"（史景迁，2011a：13-14）。史景迁的深与表的时间结构切换并非随意而为，而是一场被他称作为"实验"的工作（史景迁，2011a：10）。这项"实验"有三个步骤：

第一，康熙作为研究对象的特殊性。因为在中国历史上的君主里，康熙是少见的能够坦陈自己想法，并留下了相应的历史记录的君主。

第二，研究材料的多样性。史景迁也明白，将这本书设计为"游""治""思""寿""阿哥""谕"六章与历史学家的通常范畴并不相同，但是他这种从康熙主观解译设计的范畴得益于丰富的材料：编年史（典型的物理时间作品）实录，来自康熙身边人士的切身观察，以及康熙十七封私下口语风格信件等材料。因此，关于康熙行动历程假设可以从私下材料得出，而检验却也可以使用来自于事件序列的材料。

第三，史景迁采取了一种激进的主张："在风格、架构方面实验良久之后，我决定透过康熙之口，以自传体的形式来剪裁前述各项素材。"（史景迁，2011a：10）

　　这种方法可以称之为"文法位置互换"（exchange of grammar positions）：按历史学惯例，"康熙"在正文之中只能以第三人称（例如："康熙说……"）的文法学身份传达康熙这个人的故事，但史景迁却在正文中以"朕传谕……"的第一人称方式出现。反倒是，在该书的"自序"之中，史景迁作为研究者方才以第一人称出现（而不是"朕传谕"），而正文中的"朕"在此也变回了"康熙"。[①]

　　不同于康熙遗留下了众多的个人话说，史景迁的《王氏之死》却是研究"几无所遗"的妇人王氏。于是，史景迁转而求助了《郯城县志》、黄六鸿这位地方官所著的《福惠全书》甚至蒲松龄的《聊斋志异》。史景迁这样陈说此书要义：

　　　　这本书的背景是17世纪中国东北部的一个小角落……焦点集中于当时当地非知识精英阶层的人身上：……我从四次小的危机中去观察这些人：……以及第四项，一位王姓妇人的决定，她不愿意面对一

[①] 当然，这种激进的做法并非广受认可，汪荣祖的批评较有代表性。汪荣祖一方面清楚这本书不同于小说之处在于它使用了大量的史料，另一方面对这本书提出了关于失真问题的尖锐批评，并列举了两例史景迁撰写时存在"想当然"的代言问题，违反了当时的政治文化。汪荣祖既尖锐又暧昧的态度，正反映史景迁的取舍：如果研究者对行动者"想当然"的假设带入史料中，进行检验，那么得证后为什么不能以第一人称叙述呢？即使史料方面存在问题，那么也可以剔除史料有误或不足之处，使得该书余下部分一样可以使用第一人称。该评论见汪荣祖（2007：100—102）。

种无法接受的现状，而选择逃离郯城的家和丈夫。我说这些危机是"小的"，是就整个历史记录的脉络而言。对实际牵扯在内的人来说，这些危机是绝对、攸关生死的重要性。（史景迁，2011b：16）

史景迁对"危机"的大小划分，正是基于对"历史记录"这样的事件序列（如精于记载准确时间的《福惠全书》），以及对涉及主体经验的、处于危机中诸人的深—显划分标准。史景迁在应用这样的分类范畴时，便要进入"王姓妇人的决定"，了解小危机的重要性。经过前四章的时代与地区景况铺陈，史景迁叙述到这位妇人与男子私奔时的去向打算：

> 我们（孙按：史景迁）从地图上可以看出，他们（孙按：王姓妇人和与她一起私奔的男子）最初有三个选择：他们可以向西南走……可以向东北……或是北到沂州……如果他们想躲避追赶，邳州（孙按：在西南方向）会是个不错的选择……郯城（孙按：在东北方向）在某些方面来讲，是个明显的目标，但是不利之处也很明显……对一对要找地方躲起来的情侣来说，马头镇（孙按：在北至方向，在沂州）看起来显然是个很有吸引力的选择。（史景迁，2011b：134—135）

研究者如何能够帮行动者设计、选择、分辨和决定逃逸路线？这样的问题正可呼应了本章上述的"普通的地图"与"郑和航线图"。史景迁所看的是"普通的地图"，标注了四至方向，以及邳州、马头镇等地名。史景迁已经从地方志等材料出发，可了解四至方向在1668年前后基层控制制度和社会生存环境的情况。但是，史景迁却要想象两位行动者主观的"郑和路线图"：引文中三个方向的选择可拓展到三乘二的备选假设和零假设。史景迁以"普通的地图"上各相关地区的控制手段、灾害情况等表面材料来推论与检验两位行动历程中关于"要不要走这条路线"的思量。紧接着这样的论述，史景迁又进一步分析和指出逃与不逃、被抛弃于路途中的王氏要／不要回乡等直至死亡的一系列"选择"——亦即假设和检验主观的行动历程。

五、结论

马蒂厄·德弗勒姆（Deflem，2013）在回顾近五十年时间社会学这门学科的危机与反危机过程时，将《社会学的想象力》摆在了首次危机之位。不过，他却说此书并没有说清楚："社会学的想象力"除了所谓的连接个人烦恼与公共议题、传记和历史（维度）之外，究竟指的是什么。德弗兰的判断在一定程度上是对的。"社会学的想象力"多少已经成为一种学科承诺或修辞，以致《社会学简明词典》也只是陈述此概念的诸维度（而非具体内涵），便转去谈米尔斯对帕森斯的批评问题（Gordon，1996：334）。

成伯清对"社会学的想象力"历史维度的带回动作，重新打开了这个概念的内部结构，并对诸维度逐个检视。对比来看，本章则是通过拓展"社会学的想象力"维度的办法，引入年龄社会学、事件社会学等理论资源，进一步回到了韦伯对社会学的经典定义和吕炳强的诠释论构想，从而将这个概念在时间、实在性和因果性三个层次上充实起来，具体以下：

1. 不同于直接接受米尔斯的传记、历史和社会结构三分法，本章进一步发展为生命历程、世代、历史、行动历程和社会结构五个维度。前四个维度是历时性维度，最后一个是共时性维度。

2. 相较于社会学的反时间倾向的判断，从前三个维度的新近研究可以看出反思时间倾向，逐渐迈向了主体时间和物理时间的区分，引入了行动历程维度，建立起前三个维度和第四个维度在时间性上的进一步区分。

3. 在物理时间中，前三个维度可以年龄社会学加以丰富，从而弥补未能讨论生命历程的遗缺。

4. 对于由多重时间带来的多重实在表征问题，需要以士多噶因果性为核心的叙事策略，通过以主体时间上的行动历程为假设、物理时间上的事件序列为数据进行假设检验，以此证成叙事与变量、机制的不同之处。

参考文献

奥古斯丁著：《忏悔录》，周士良译，北京：商务印书馆，1963年。

巴特曼斯基著：《重塑社会学的想象力：语言／视觉二元论以及文化社会学的符像转向》，韩倩译，《社会》2015年第3期。

布朗著：《社会资本理论综述》，木子西译，收录于李惠斌、杨雪冬编，《社会资本与社会发展》，北京：社会科学文献出版社，2000年。

陈云松：《大资料中的百年社会学——基于百万书籍的文化影响力研究》，《社会学研究》2015年第1期。

成伯清：《时间、叙事与想象——将历史维度带回社会学》，《江海学刊》2015年第5期。

刘忠魏：《时间、行动与他性："社会科学困境"的另一个构想》，《社会学评论》2016年第1期。

吕炳强：《凝视、行动与社会世界》，台北：漫游者文化，2007年。

——：《行动历程中的叙事与筹划》，《社会》2011年第4期。

吕炳强、李越民、孙宇凡、刘拥华：《听与说：社会学电邮集（2012—2013）》，北京：中国社会科学出版社，2015年。

孙宇凡：《君主与化身的奥秘：从孔飞力的〈叫魂：1768年中国妖术大恐慌〉出发》，《社会学评论》2016年第6期。

汪荣祖：《书窗梦笔》，北京：中国人民大学出版社，2007年。

史景迁著：《康熙：重构一位中国皇帝的内心世界》，温洽溢译，桂林：广西师范大学出版社，2011年。

——：《王氏之死》，李孝恺译，桂林：广西师范大学出版社，2011年版。

韦伯（Max Weber）著：《经济与社会》（第1卷），阎克文译，上海：上海人民出版社，2010年。

萧阿勤：《世代认同与历史叙事：台湾一九七零年代"回归现实"世代的形成》，《台湾社会学》2005年第9期。

Adam, Moore: " The Eventfulness of Social Reproduction." *Sociological Theory*, 2011, 29(4).

Alwin, Duane: "Integrating Varieties of Life Course Concepts." *The Journals of Gerontology Series B:*

Psychological Sciences and Social Sciences, 2012a, 67B(2).

——: "Words Have Consequences." *The Journals of Gerontology Series B: Psychological Sciences and Social Sciences*, 2012b, 67B(2).

Alwin, Duane and Ryan McCammon: "Rethinking Generations." *Research in Human Development*, 2007, 4(3-4).

Deflem, Mathieu: "The Structural Transformation of Sociology." *Society,* 2013, 50(2).

Elias, Norbert: *An Essay on Time.* Dublin: University College Dublin Press, 2007.

Emmanuel, Akyeampong, Caroline Arni, Pamela Crossley, Mark Hewitson, and William H. Sewell Jr.:"AHR Conversation: Explaining Historical Change; Or, The Lost History of Causes." *The American Historical Review*, 2015, 120(4).

Gordon, Marshall, ed: *The Concise Oxford Dictionary of Sociology.* Oxford: Oxford University Press, 1996.

Hendricks, Jon: "Considering Life Course Concepts." *The Journals of Gerontology Series B: Psychological Sciences and Social Sciences*, 2012, 67B(2).

Hirschman, Daniel, and Isaac Ariail Reed:"Formation Stories and Causality in Sociology." *Sociological Theory*, 2014, 32(4).

Kohli, Martin: "Aging and Justice." *Handbook of Aging and Social Sciences*. Robert Binstock and Linda George, eds. San Diego: Elsevier, 2006.

Mills, C. Wright: C. Wright Mills: *Letters and Autobiographical Writings.* Kathryn Mills and Pamela Mills ed., Berkeley: University of California Press, 2000.

Reed, Isaac: "Justifying Sociological Knowledge: From Realism to Interpretation." *Sociological Theory*, 2008, 26(2).

Riley, Dylan: "The Historical Logic of Logics of History: Language and Labor in William H. Sewell Jr.." *Social Science History*, 2008, 32(4).

Riley, Matilda White: "Aging, Social Change, and the Power of Ideas." *Daedalus*, 1978, 107(4).

——: "On the Significance of Age in Sociology." *American Sociological Review*, 1987, 52(1).

——: "Aging and Society: Past, Present, and Future." *The Gerontologist*, 1994, 34(4).

Riley, Matilda White, and Riley John W., Jr.:"Age Integration Conceptual and Historical Background." The *Gerontologist*, 2000, 40(3).

Ritzer, George ed.:*The Blackwell Encyclopedia of Sociology.* Malden, MA: Blackwell Publication, 2007.

Sewell, William H. Jr.:*Logics of History: Social Theory*

and Social Transformation. Chicago: University of Chicago Press, 2005.

Tang, Chih-Chieh:"Toward a Really Temporalized Theory of Event: A Luhmannian Critique and Reconstruction of Sewell's Logics of History. " *Social Science Information*, 2013, 52(1).

Tilly, Charles: "On Historical Sociology." *Current Perspectives in Social Theory*, Volume 1. Emerald Group Publishing Limited, 1980.

Wagner-Pacifici, Robin: "Theorizing the Restlessness of Events." *American Journal of Sociology*, 2010, 115(5).

Weber, Max: *Economy and Society.* New York: University of California Press, 1978.

第六章 / Chapter Six

第三波历史社会学与突现时间性：存在论与方法论

一、导言：第三波历史社会学的集体宣言

2005年，朱丽叶·亚当斯（Julia Adams）、伊丽莎白·克莱门斯（Elisabeth Clemens）和安·欧洛芙（Ann Orloff）编辑出版了《重塑现代性：政治、历史与社会学》（*Remaking Modernity: Politics, History, and Sociology*）论文集，发布了第三波历史社会学（the third wave of historical sociology）的宣言（Adams, Clemens and Orloff, 2005）。威廉·罗伊（William G. Roy, 2006）在评论这本论文集时，不吝赞词，将之与斯考切波（Theda Skocpol, 1984）主编的《历史社会学的视野与方法》

（*Vision and Method in Historical Sociology*）的学科地位相媲美。

　　亚当斯等人对历史社会学重新定向的学术志趣，甚至可以从论文集的篇章分布上看出端倪。虽然主体部分是众人分章撰写各自擅长的专题，但是作为编辑导言的第一章和作为总结的最后一章共占到全书的五分之一，旨在以集体的声音回顾与展望历史社会学。

　　这种首尾章与专题章的篇幅分布不均衡而表现的集体性企图，也被一些社会学同行所留意到（Bryant，2006；Tilly，2007）。例如《国际比较社会学期刊》（*International Journal of Comparative Sociology*）在2006年为这本书组织了专刊，多位评论者都聚焦在首尾两章。这不仅是因为全书共17章，规模庞大、专题分支较多，也如同狄伦·莱利（Dylan Riley，2006）所说，其首尾章不仅展现了近半个世纪以来历史社会学的思想变迁，而且其中也不乏核心的论证观点。

　　然而，就首章与尾章比较而言，更受关注的是首章里关于历史社会学三波的划分：第一波是在20世纪70年代之前，以马克思（Karl Marx）、韦伯（Max Weber）等古典社会学家和摩尔（Barrington Moore Jr.）、李普塞特（Seymour Martin Lipset）等二战后初期的历史社会学家为代表，关注从传统到现代的社会类型转换；第二波是在20世纪70—80年代，以斯考切波等人为代表，主要关注政治经济学问题，例如革命、阶级形成、民族国家建设，尤为擅长从结构决定论的角度理解历史作为物质过程，关注区域主要是欧洲（Adams, Clemens and Orloff, 2005:3–6; Clemens, 2005: 511–514）。第三波是在20世纪90年代至今，以该书的诸位撰稿人（如克莱门斯等人），主要关注性别、种族、殖民等问题，擅长从文化图式的角度切入，也将美国及其他区纳入区域分析对象（Adams, Clemens and Orloff, 2005:29–31; Clemens, 2005: 511–514）。

由此，对于第三波历史社会学的集体挑战，学界也往往会把重心放在划分方法是否合适、涵括人物是否周全、议题分析是否合理等经验面向（Charrad, 2006）。例如，詹姆斯·马洪尼（James Mahoney，2006）努力说明第二波历史社会学的异质性，也包括文化取向的研究。威廉·休厄尔（William H. Sewell Jr.，2006）也认为以"风格"（style）而非"波"描述历史社会学中对于历史形式的不同探究而非世代继替。帕特里克·卡罗尔（Patrick Carroll，2009）同时为了说明历史社会学各世代的异质性与集中性兼顾的状态，而选用了"重心"（centers of gravity）隐喻。

但是，尾章作为结论，却受到较少的直接分析。尽管安德鲁·阿博特（Andrew Abbott，2006）严厉批评了第三波历史社会学的理论完整性：不仅没有提供关于时间性等方面的广义模式，甚至连历史哲学的文献引用都十分欠缺。但是，一些学者也注意到，在上述的经验议题评估中，亦有理论潜力，例如休厄尔（Sewell，2006）认为第三波是将社会视为"组合"（assemblage）而非融贯的整体，莱利（Riley，2006）认为第三波是将行动者看作是历史与文化构成的、结构上决定不足的。

但是，由于《重塑现代性》一书的结论章在理论发展上不够清楚，尤其是无法像首章那样提出了世代划分与经验议题变迁的提法，导致这些学者在简短的评论中也无法提出理解其中重要内容的理论框架。

值得关注的是，亚当斯等人（Adams, Clemens and Orloff，2006）在回应《国际比较社会学期刊》组织的评论时，更为清楚地提出了自己的分析框架。[1]

他们以突现的存在论（ontology of emergence）为立场，认为"概念不再是固定的，事体（entities）也应当被突现的（emergent）而非给定的"（Adams, Clemens and Orloff, 2006）。

就方法论层面来讲，第三波历史社会学家的观点兼用了深度类比和机制解（Adams, Clemens and Orloff, 2006）。他们认为历史社会学家之所以不同于历史学家，

---

[1] 查尔斯·蒂利（Charles Tilly，2007）在一份书评中，提出了存在论—认识论—方法论的三分框架，认为第三波历史社会学在认识论和方法论都是主张诠释取向，存在论则是认为"个体人类意识是社会过程的关键性发源及其所在之处"。蒂利所说的认识论和方法论相似，可合并为方法论层次。同时，尽管蒂利限于书评文体，没有展开论述。

在于发现跨案例的相似性（Adams, Clemens and Orloff,
2006），也就是亚瑟·斯廷奇科姆（Arthur Stinchcombe）
（1978）提出的"深度类比"（deep analogies）方法论。

进一步讲，第三波历史社会学家也认为深度类比是与
社会科学中的"机制语言"（the language of mechanisms）
一致的（Adams, Clemens and Orloff, 2006）。因此，第
三波历史社会学家在方法论上，也想通过机制去发现诸
要素之间的因果关系之模式，并以此通过诸机制间的连
锁（concatenations of mechanisms）去解释复杂的现象
（Adams, Clemens and Orloff, 2006）。

但是，亚当斯等人的回应稿，却也显得突兀，因为他
们在《重塑现代性》一书中并不使用这样的分析框架，尤
其是首尾章都不使用"存在论"这样的字眼。因此，面对
这样的事后总结，本章尝试提出以下五个问题：

第一，究竟他们的事后总结，能否合乎该书的理论主
旨呢？

第二，突现存在论，在该书中如何体现？

第三，兼用深度类比和机制解释的方法论，在该书中
如何体现？

第四，由于深度类比方法论来自于斯廷奇科姆，他自
己的存在论承诺是什么样的？

第五，斯廷奇科姆的存在论承诺能够与第三波历史社
会学衔接起来吗？

为了回答这五个问题，本章将通过文本对比分析，指出在突现存在论中包括个体和社会两个层次，而所谓的突现就是连接个体层次的行动者、行动和能动性与社会层次的图式和团体之间的"现实化"（realization）；同时，本章将厘清亚当斯等人于2006年新增的机制解释方法论在《重塑现代性》文本中找不到依据，应剔除；进一步，斯廷奇科姆的深度类比方法论是对诸历史实例的谓词加以等价比较并建立因果序列的过程，其存在论承诺虽然与第三波历史社会学在论证逻辑上一致，都是从情境–情境定义（situations and the definition of situations）这对概念入手，理解对社会结构或社会秩序的拆解与建构、解剖学和生理学（dams, Clemens and Orloff, 2005:514; Stinchcombe, 1978: 121）。

但是，我将进一步指出，第三波历史社会学在讨论存在论时，对时间性的阐释不够充分。本章用米德（George Mead）的突现时间性（temporality of emergence）观点深化双方的理解，并进一步将情境定义理论衔接点得以时间化，指出突现的存在论和深度类比方法论都依赖于以现在（present）为基础，将限定的过去作为假设，展望可能性的未来，使得行动者在现在的思维过程中给出情境定义。

二、突现存在论

第三波历史社会学家提出突现存在论颇为突兀，因为亚当斯、克莱门斯等人在《重塑现代性》一书中没有使用过这一名称，甚至没有使用"存在论"来概括自己的存在论主张。

第一，我将说明克莱门斯虽然没有在结论一章中明确使用"存在论"一词来表明自己寻找"历史的诸逻辑"（logics of history），其提问方式却是存在论式的，因而可以作为此处的分析文本。克莱门斯（Clements，2005：494）这样说：

> 任何理论竞争（contest）都预设了两个或更多的理论对于同样问题的界定，而这样的问题是值得我们去提问和尝试解答的。尽管社会学家用形容词为专长领域贴上标签，如"经济的"或"政治的"，但是从某种程度上讲，这些领域之所以有活力，是因为其工作是围绕一组被认可的实质性问题（a recognized set of substantive questions）所组织起来的，而不只是围绕一个主题（topic）的累积性努力。但是，这些组织起来的问题本身也是由理论承

诺（theoretical commitments）所启发和激发，而不论这些理论承诺是否被清楚地认可。然而，围绕历史社会学的大量后设讨论（meta-discussion）已经考虑到了认识论和方法（epistemology and method）的议题，而这些后设讨论也值得考虑看似更为简单的问题，例如："被问出来的，是什么样的问题？"……正如［第三波］历史社会学家学着去以不同的方式观看，也看到了不同的事物。新的主题和问题产生于关于社会变迁的新的理论图景。

我认为，克莱门斯以"问-答"（ask-answer）的辩证方式渐渐挖掘到历史社会学中更深于认识论和方法的部分：存在论。

她认为，历史社会学作为如同经济社会学、政治社会学这样被定于某一特定学科领域来说，其中包括对同一问题的多种答案，亦即同一事物的多种理论。但是，不仅理论是复数的，问题也并非总是同一的，因此这是多重"一对多"的关系。不过，克莱门斯又进一步认为，能够把历史社会学中的"多重的一"和"多重的多"协调和集聚到特定领域（如历史社会学），是问题的可组织性。而问题之所以能够被组织起来并得到认可，如同已然给定的答案一样，又是由于历史社会学的理论承诺，亦即"关于社会变迁的新的理论图景"的存在论主张。见图6.1：

图6.1 克莱门斯的问答逻辑

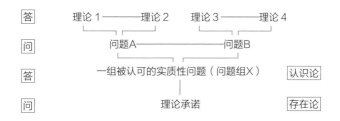

诚如克莱门斯（Clemens，2005: 514）总结的第二波历史社会学那样，尽管有阶级形成、革命、民族国家建构等是基于不同的问题，形成了不同理论，但这些问题都可以被组织为关于政治经济方面的问题组。也就是说，当时的历史社会学家提问千万分殊，但都是潜在地认可从这一更后设的角度提出的问题才是具有实质性的，因而得以把这些分殊的问题连接起来。之所以在认识论上能够有所认可，又是因为他们关于社会变迁的存在论主张是基于如下理论承诺：历史作为马克思主义结构、韦伯式正式组织及其所暗含的功利主义行动者之间的协调发展（Clemens，2005: 494）。

第二，为整理克莱门斯从存在论式理论承诺考虑《重塑现代性》的结论章，下面从个体层次和社会层次方面展开。在个体层次上，可以得出行动者—行动—能动性的观点。

首先，克莱门斯（Clemens，2005: 509）并不讳言，

自己有回到虽老旧但基础的行动者隐喻："人类占据着多重社会角色，人类的生活是跨越了多重社会领域。"这种隐喻可以称之为"行动者作为多重社会角色（actors as multiple social roles）"。由此，行动者不仅嵌入在脉络之中而非孤立或超验的，也并非被某一角色所决定的，而是蕴含了跨界理解与实操角色的多重可能性。

其次，行动是问题–解决模式。尽管克莱门斯（Clemens, 2005: 504）对于"行动是什么"着墨较少，但是她援引了问题–解决模式（problem-solving model）和目的取向模式两种对立类型。这一对立来自于《重塑现代性》一书中理查德·比尔纳齐（Richard Biernacki, 2005: 75–91）撰写的一章《行动转向？超越行为的经典模式的比较–历史探究》（"The Action Turn? Comparative-Historical Inquiry beyond the Classical Models of Conduct"）。在这个文本中，比尔纳齐认为在讨论行动的目的与手段关系时，应采取问题–解决模式，反对理性选择取向模式。从前者的角度来看后者，有三点不同：

1. 行动的情境特征。行动的目的并不是先于所处情境的普遍固定对象，而是因情境而设定（situationally specific）（Biernacki, 2005: 77）。由此，行动的图式便成为随情境成为行动的构成性要素，而非普遍程序（Biernacki, 2005: 77–78）。

2. 行动的理性特征。行动的理性来自于对情境的类型

化（typification），而非来自于以目的或手段的层级化计算
（Biernacki, 2005: 78–79）。对于功利主义行动模式来说，
预设了目的处在一个透明且层级化的系统之中，使得行动
遇到某一地方性情境时可以按此层级划分组织与计算自己
的手段（Biernacki, 2005: 78）。与之不同，问题–解决模式
认为地方情境往往具有含糊性和自主性，而非被系统性整
合的，以致行动者不得不根据情境的具体情况建构为某种
类型，使之能够理解（Biernacki, 2005: 78–79）。

3. 行动的时间性特征，是历时化的问答过程或问题–
解决过程，而非逻辑命题的"三段论"（Biernacki, 2005:
79–80）。如果说功利主义行动模式是以先于情境的目标
为大前提，以内在情境的目标为手段，再进行共时性的静
态逻辑推论，由此使得行动作为逻辑命题的结论。对于
其中的静态特征，比尔纳奇（2005：80）甚至将之称为
"分析性的冻结一瞬"（analytically frozen instant）。那
么，问题–解决模式则是将行动历程或内在推理，看作是
历时的多重变化，因为行动者可以在前一时刻构想出情境
的某一种类型化又在下一时刻重新评估或再定义这种类型
化（Biernacki, 2005: 79–81）。因此，比尔纳奇通过将行
动时间化、拉开了行动的内在历程，将情境与图式纳入其
中，以"循环的再描述"（circular redescription）的方式
驱动行动历程的历时变化，从而将行动的目的–手段替换
为问题–解决模式（Biernacki, 2005: 89）。

最后，能动性意味着重组（recomposition）（Clemens，2005: 500）。由于在行动的定义中否定了整合统一的、层级式的系统逻辑（Clemens, 499–502），所以行动的"问题–解决模式"会释放行动者在多重社会脉络中的开放性特性，将图式的元素在行动中随着行动者重组图式（Clemens, 499–502, 506）。社会世界对行动者及其行动的限制，不再是"硬的"、概率分布式的，而只是"软的"、非决定式的（Clemens, 2005: 507）。

以上三个部分，见表6.1：

表6.1 行动者、行动、能动性的定义

个体层次	存在论定义
行动者	多重社会角色
行动	问题–解决
能动性	重组

第三，综合这三个个体层次的概念来说，克莱门斯的说法暗陈了另一套相互指涉的关系，当行动者以问题–解决模式行动时，如同企业家（entrepreneur）一样生产成果（Clemens, 2005: 505–506）。由此一来，"团体建构作为筹划"（group making as project）（Brubaker, 2005:477）。进一步，面对问题、解决问题的过程中所灵活重组文化图式所形成的成果，对行动来说，都是特定

的、"结晶化的"成就（accomplishment）而非整体系统的特定功能要求下的回应（Clemens, 2005: 505–506）。这些成就会因行动者的多重社会角色身份而被交织在一起，使得"单一行动可能会在不同的社会领域成为多样的序列"，构成一定的锁链形态（enchainment）（Clemens, 2005: 502）。见表6.2：

表6.2 个体层次的相互关联关系

个体层次	行动者	行动	能动性
行动者		企业家	成就
行动	企业家		锁链形态
能动性	成就	锁链形态	

第四，对于社会层次的分析[1]，克莱门斯遵循个体层次的论述，认为文化图式是相对融贯的意义，具有多重性，会自下而上的重新组构，而团体也是突现的范畴，并非团体主义式事体（groupism entity）。

首先，克莱门斯很明确地提出自己要从下而上地分析社会层次。用她所说的系统–元素（system-component）的划分来说，她反对古典社会学里从系统出发，将社会看作是"相对融贯的社会类型"，将历史看作是"社会类型

---

[1] 克莱门斯（Clemens, 2005: 500）也使用"制度"概念，但是更为含糊和随意，无法展开分析。本章将其视为图式的同义词，在此略过。

的序列"，而是认为当代的第三波历史社会学要切换分析层次，从元素出发看待社会与历史（Clemens, 2005: 495–496, 502）。

其次，一旦采用自下而上的分析逻辑，那么"团体主义"就站不住脚了。正如亚当斯等人在2006年以突现主义做总结时，援引了罗杰斯·布鲁贝克（Rogers Brubaker）对"团体性的突现"（emergence of groupness）的分析（Adams, Clemens and Orloff, 2006）。进一步回到布鲁贝克（Brubaker, 2005）为《重塑现代性》贡献的一章《无团体的族群性》（"Ethnicity without Groups"）来看，虽然这部分着重于族群研究，但是该书中最为充分说明突现主义理论的部分，值得详细分析。

如上所述，布鲁贝克（Brubaker, 2005: 471, 473）反对团体主义的观点。所谓的团体主义，是从实体化（reification）的视角，认为团体作为社会生活的基本构成，是有外在化的边界，内在化的同质的，清晰地分化和分离的。布鲁贝克（Brubaker, 2005: 471）很清楚地认识到，社会学界已将这种实体化的视角让位于建构主义，但在日常生活的常识中，族群成员仍然习惯将族群冲突看作族群团体之间的冲突。

与之相对，布鲁贝克（Brubaker, 2005: 474）则认为团体性（groupness）是脉络化变动着的概念变量（contextually fluctuating conceptual variable）。这种观

点意味着布鲁贝克（Brubaker，2005：475）把"团体性作为事件"（groupness as event），亦即视为行动者在相互指向与有效沟通等情况下能够强烈感受到集体团结（collective solidarity）的时刻。

为了识别这样的时刻，亦即了解团体性，需要了解行动者如何以团体性范畴做事情（doing things with groupness-based categories）（Brubaker，2005：477）。如此一来，在存在论上，团体就变成了"团体建构作为筹划"（group making as project）（Brubaker, 2005：477）。换句话说，团体性不是"处在世界之中的（in the world）物体，而是看待世界的视角"（原文为斜体；Brubaker，2005：481）。

进一步讲，从筹划到事件的突现是"现实化"（realization），亦即行动者"成就"的锁链状态。但是克莱门斯（Clemens，2005：508–509）隐含地表达了以现实化理解突现的意涵：

> 是什么形塑了要素的感知并把替代的感知收储起来？在什么情境下、通过什么样的机制形成的拼装（bricolage）是有效且持久的？通过研究施为者的意向，并且认为意向在何时被／不被实现，相关研究应更具关于结构与行动之间互动的细致感。

在克莱门斯看来，从"施为者的感知"到"有效且持久的拼装"，可类比于布鲁贝克所说的，团体性的"从筹划到事件"。克莱门斯（Clemens，2005: 509）进一步隐含地认为，这种"现实化"对象并非事先假定的"社会秩序的形式"，而是"成就"的锁链形态。但是，克莱门斯（Clemens，2005: 510）反对只从过程"线"的角度，以断续或连续的方式理解这种"突现"，而是也要从"面"的角度，理解元素如何在系统中解组与重组。

克莱门斯（Clemens，2005: 510）以托克维尔、新经济社会学的研究为例，说明新系统（如资本主义、大革命后的法国）的重组，是来自于旧系统（如前资本主义、旧制度）的解组。值得再指明的是，这样的"解组-重组"过程，并非系统的直接转变，而是经由来自元素／行动者以问题-解决式行动所得到的一系列成就。

最后，克莱门斯对社会层次的另一个关注点是图式或文化图式。她强调图式的两个特征：多重性（multiplicity）和相对融贯性（relative coherence）。

一方面，图式的多重性呼应了行动者的多重社会角色。另一方面，图式的相对融贯性呼应了行动的问题解决模式和能动性的重组特征（Clemens, 2005: 502, 534）。不管是相对融贯性还是多重性，都旨在关注社会变迁的"不足的决定性"（under-determination）的特征（Clemens, 2005: 502）：虽然相对融贯性为行动的问题解决提供了剧目，但是它也不会拒绝迁变或被重组的可能性；虽然多重

性为行动者提供了嵌入的脉络，但是并不妨碍行动者作为
"历史的个体"（historical individual），通过将符号混合
于创造性的活动中，使历史成为再汇聚的时刻（moment of
reconfiguration）（Clemens, 2005: 503, 505）。

　　与论证团体的非实体化、现实化类似，克莱门斯并不
讳言，这种自下而上的论述会对主愿主义（voluntarism）
有潜在地过度颂扬，但是她仍希望由此能使读者关注到施
为者的筹划是如何在特定的脉络开放化的。

表6.3 克莱门斯对存在论的社会层次的存在论特征说明

社会层次	存在论特征
团体	非实体化
图式	多重性、相对融贯性

　　总结克莱门斯对第三波历史社会学的存在论宣言见图
6.2：

图6.2 第三波历史社会学的存在论

至此，克莱门斯（Clemens, 2005:514）对突现的存在

论的总结，值得引用[1]：

> 作为一种特别的历史成就，相对整合的社会秩序之建构，有能力去限制在一定范围内或跨越诸多人口的变异性。但是，我们当前对于社会变迁的理论化，并非假定以这种秩序为基础，而是要不仅理解到这种秩序的建构，也要理解到这种秩序的拆解（unraveling）。

三、深度类比方法论

将亚当斯、克莱门斯等人（Adams, Clemens and Orloff, 2006）于2006年的方法论总结——深度类比之下的

---

[1] 这里值得补充论证的是：第三波历史社会学所说的突现，并不是批判实在论脉络下的术语。尽管从第三波历史社会学的成员分布来看，乔治·斯坦梅茨（George Steinmetz）和伊莎贝茨·克莱门斯（Elisabeth S. Clemens）对批判实在论（critical realism）的支持易于误导。其中斯坦梅茨正是批判实在论在美国的重要代表，而他在为《重塑现代性》撰写的美国历史社会学史的回顾一章——《美国社会学的认识论式无意识以及后福特主义的转变：以历史社会学为例》（"The Epistemological Unconscious of U.S. Sociology and the Transition to Post–Fordism: The Case of Historical Sociology"）也是批判实在论的"科普文章"，详细陈述了批判实在论与美国主流的实证主义之不同（Steinmetz, 2005:109–157）。同时，该书结论一章的作者及全书编辑的克莱门斯（Clemens, 2007），在2007年发表的历史社会学回顾总结作品中，更是支援斯坦梅茨（Steinmetz, 1998）及其理论来源巴斯卡（Roy Bhaskar），认为历史社会学要探讨"由汇聚的诸种因果机制所共同决定的复杂事件"。

机制解释，带回到《重塑现代性》一书中，亦有矛盾和张力，包括三点：

第一，《重塑现代性》一书没有单独指出第三波历史社会学的方法论特点。该书直至最末尾才提到要以斯廷奇科姆的"深度类比"发现"常规和差异的模式"（patterns of regularity and difference），但也没有展开分析他们对于深度类比的具体理解（Clemens, 2005: 514）。

第二，《重塑现代性》一书中对"机制语言"的理解十分含糊。在该书的导论中，虽然把机制与后现代主义同样视为反对第二波历史社会学的比较方法的新思潮，但含糊地同时引用了不同派别的机制研究文献（HedstrÖm and Swedberg, 1998; Stinchcombe, 1991; McAdam, Tarrow, and Tilly, 2001:24），并批判这个概念已经和"现代性"一样变得"混乱不堪和宽泛无边"（messy and capacious）（Adams, Clemens and Orloff, 2005: 8）。因此，第三波历史社会学对机制的理解不足以展开分析，我也在此略过。

第三，第三波历史社会学家也没有说明，为什么深度类比方法论是以突现为存在论承诺。

为了回答这三个问题，本部分将首先指出，深度类比是指在关于历史的理论建构时，要对诸个实例（instances）进行具有因果意义的类比（具体见下）；然后，本部分再分析这种方法的存在论承诺，并指出二者在论证逻辑上基本一致。

第一，深度类比的"类比"在于比较性（comparability）或累积性（accumulation）。也就是说，"类比"是为了将历史中事实性案例或殊异发生的计算和累积起来，从而得到关于历史的主导过程（master process）[①]或普遍理论（Stinchcombe, 1978:6,8-9）。由于历史的发生是殊异的具体个案（例如崇祯皇帝拒绝南迁，洪秀全落榜），而关于历史的理论论述总是以抽象或普遍的方式表达出来，关注的往往也是主导过程（例如明清鼎革和太平天国运动导致清朝的地方分权化）。

为衔接这二者，需要能够将"理论作为数字"（theory as number）。这种说法颠倒了实证主义的"数字作为理论"或者"将数字视为事实（fact）"的做法，因为计数（make a count）只是最后一步，需要先理解"什么让实例能够可比较？"（What makes instances comparable?），由此计数本身就变成了一种理论创作（Stinchcombe, 1978:5-6）。如此一来，深度类比也意味着将结果或更宏大的计数层次或历史主导过程，回到更为碎片的层次（segmented level）上的实例间的比较（Stinchcombe, 1978:17）。

[①] 斯廷奇科姆（Stinchcombe，1978: 8）使用的词汇是"主导机制"（master mechanism），其意思是休厄尔（Sewell，1996:251-254）在分析蒂利作品时使用的"主导过程"。尽管斯廷奇科姆（Stinchcombe，1991）对于机制的探讨与他的深度类比方法论之间有衔接的可能性，但是本章仍使用了"主导过程"一词。

第二，深度类比的"深度"，在于因果性。也就是说，类比的"深度"在于通过关注事件序列的某些面向，通过分类与比较，找出相同的原因导致相同的结果的序列，从而概括出普遍的序列（overall sequence）（Stinchcombe, 1978:7, 16）。

深度类比的实际运用，在于通过谓词的等价比较，理解叙事的词类能够作为具有因果关系的概念。普遍理论是因果性的语句或概念构成，而历史叙事是由诸种词类或一般语句构成。从逻辑学角度来讲，在类比中发现因果性要比较诸个词类或语句中的谓词（predicate），斯廷奇科姆（Stinchcombe, 1978：21）这样说：

> 从逻辑上讲……，一个（大型的）系列的普遍陈述是由词类所产生的：元素A类比于元素B，B类比于C，A类比于C，A类比于D，等等。也就是说，从词类的诸个元素来看，从应用于该词类的谓语来看，一个词类就是一组成比的类比关系。用日常的语言来说，我们将A类比于D视为"深度"类比，是在这样的情况下：大量关于A的真值的陈述，对于D也是真值的。词类A是个重要概念，是因为其中的等价（equivalences）是深度类比。在科学中，如果这些陈述具有重要的因果特征，则这个概念是重要的。

斯廷奇科姆（Stinchcombe，1978：29）在举例比较通用汽车公司和苏联时，继续说：

> 显而易见的是，这些所说的任何事物的深度类比等同于深度谓词。事实上，我们在描绘通用汽车公司和苏联之间的类比之时，已经说到了"法人式组织起来"（corporately organized）这个谓词，从而在直觉上表达这二者之间的类比究竟是哪些。

从斯廷奇科姆角度来看，一旦谓词（predicate）的等价性得到了证明，意味着主词也被分类了起来，并被观察到其因果序列上的一致性，个别用于概括这种等价性的谓语词类（如"法人式组织起来"）便可晋升为理论上的概念，并进一步将一般的陈述句变成了因果陈述句。由此，"干瘪的"、较高层级的普遍理论（如：关于苏联和通用汽车的比较理论），便得到了较低层级的因果丰富性（causal fruitfulness）语句（如：法人组织性质）（Stinchcombe, 1978: 28）。

斯廷奇科姆的方法总结，见图6.3：

图6.3 斯廷奇科姆的深度类比方法论

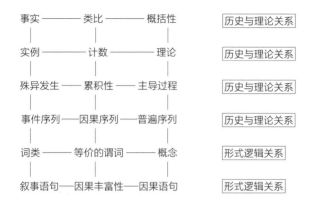

事实 ——— 类比 ——— 概括性　　历史与理论关系

实例 ——— 计数 ——— 理论　　历史与理论关系

殊异发生 —— 累积性 —— 主导过程　　历史与理论关系

事件序列——因果序列——普遍序列　　历史与理论关系

词类 ——— 等价的谓词 —— 概念　　形式逻辑关系

叙事语句——因果丰富性——因果语句　　形式逻辑关系

如何理解深度类比方法论的存在论承诺？

切入点是斯廷奇科姆（Stinchcombe，1978:121）在《社会史的理论方法》（*Theoretical Methods of Social History*）一书结论章里给出的一句总结："社会结构的解剖学和生理学。"（the anatomy and psychology of social structures）这两个面向，与第三波历史社会学所提出的"社会秩序的拆解与建构"一致。这种一致性的背后，是关于"情境-情境定义"的共同理解。

下面从三个方面回答：

1. 斯廷奇科姆（Stinchcombe，1978：120）将"社会结构降解为人们在给定的社会局位（social location）中面对的问题"。所谓的"社会局位"就是情境（situation），所谓的"问题"就是人们理解他们自己所处情境时所

具有的认知内容或情境定义（definition of situation）（Stinchcombe, 1978: 117,119）。举例来说，军队作为一个结构、一个团体，并非上述的团体主义式团体，而是士兵的脑海里关于面对群众上街游行等情境下如何服从、要不要开枪的定义（Stinchcombe, 1978: 119）。

2. 斯廷奇科姆（Stinchcombe，1978: 121）将个体行动理解为"功利的"（utilitarian）。这一点看似与第三波历史社会学存在论中行动模式冲突，但实则一致。斯廷奇科姆使用"功利的"一词时，缺乏足够阐释，但足以看出他是希望以此来反对"半神秘式"解释（如涂尔干［Emile Durhkeim］说的"集体欢腾"）、终极价值的角度解释行动（Stinchcombe, 1978: 121）。

如果回到斯廷奇科姆（Stinchcombe，1978: 48）在案例分析中指出的，这种功利的行动实则是基于"人之抽象模式"（the abstract model of man）。

在总结托洛茨基（Leon Trotsky）的《俄国革命史》（*History of the Russian Revolution*）和托克维尔（Alexis de Tocqueville）的《旧制度与大革命》（*The Old Regime and the French Revolution*）中的历史分析时，斯廷奇科姆（Stinchcombe，1978: 40-41）指出，俄国和法国的政体转型，都是处在该政体中的行动者具有一种信念（conviction）或心理过程：旧政体不再具有不可避免性（inevitability），而随着新的信念的传播和嵌入革命性的制度之中，使得人们对新的替代选项进行"概率估算"，例如哪种制度最能够达到自己的目标。由此，关于未来的新政体是行动者"想象的建构"（Stinchcombe，1978: 41）。由此，革命过程所关涉的社会结构变迁，被降解到"分子过程"（molecular processes）（Stinchcombe, 1978: 62）。

这样迈向"不可避免性"的分子过程，或者"功利"的行动者之隐喻，确实符合"情境定义"这一概念提出者托玛斯（William I. Thomas）的最初构想。他在发表于1923年的文本《未适应的少女：行为分析的视角及其案例》（*The Unadjusted Girl: With Cases and Standpoint for Behavior Analysis*）中，重思了第三波历史社会学家克莱门斯和斯廷奇科姆的构思之汇合。托玛斯以少女的犯罪议题入手，描述社会机构与个人之间的关系，并得出这样的理论总结：

> 我们所说的"情境定义"，就是在任何的自决行为的行动之前都有的检验和审思阶段。事实上，不仅具体的行动依赖于情境定义，而且个人本身的整个人生筹措和人格也来自于一系列的情境定义。但是，孩子们总是出于众人组成的团体之中。对于众人来说，关于情境的所有一般类型，已经事先界定了、相应的举止规则也发展出来了。在这种情况下，人们能够做出自己的定义的机会、毫无阻挡地

追求自己的希望更是微乎其微。人们总是生活在团体之中……因此，在由组织化社会的成员对情境所做出的自发定义和社会对他所提供的定义之间，总是存在对抗。个人倾向于活动的享乐选择、以愉悦为第一，而社会则是倾向于功利的选择、以安全为第一。社会希望它的成功能够勤劳、可靠、便于管控、认真、有序、牺牲自我，而个人则希望上述这些要求少一些并践以更多的新经验。因此，组织化的社会也去管控在它的成员追求各自希望之间的冲突与竞争。（Thomas, 1923: 42-43）

托玛斯对情境定义给出了三个限定：1）时间阶段："行动之前"；2）外在关系：面向社会既予的普遍定义，行动者可施展空间不多；3）内在内容：行动者以"检验和审思"的方式处理外在关系，因而个人的情境定义可能用处不多，但却可能在衡量之间有所施展。

在斯廷奇科姆所用的案例中，所谓的"人之抽象模式"，是指在"行动之前"阶段；所谓的"功利"所强调的，正是这种"检验和审思"的衡量过程；所谓的"不可避免性"也是指社会的普遍定义发生了动摇，行动者可以"践以更多的新经验"。

因此，在斯廷奇科姆看来，人之"抽象模型"也是"问题-解决"模式的，因为它关注的是人面对情境作为问题时，理解当下情境的类型，并从个人角度、从复数的社会可能性中挑出某一情境定义作为回答。

结合斯廷奇科姆对于行动和结构的分析，可以看出他的"社会结构的解剖学和生理学"与第三波历史社会学的"社会秩序的拆解与建构"有同样的关注：情境与情境定义。

将斯廷奇科姆自身的方法论转译为存在论来看：理解"深度"作为因果力量，就在于理解人们的情境定义改变及其对于形塑社会结构的作用；理解"类比"作为寻找的比较性，就在于理解"人的抽象模型"，即人们给出的情境定义而非情境之间的相似与差异（Stinchcombe，1978: 120）。正如斯廷奇科姆（Stinchcombe，1978: 119）这样总结自己的学说：

> 产生系统性的社会变迁的因果力量，是人们构作出（figure out）他们要做的事情。本能没变，功能性预设也没变，但人们心灵的认知内容改变了。尤其是说，它的改变将新的情境纳入进来了，以致认识的改变能够有累积性的、自我维持的性质。我们去研究历史，就是去理解结构性力量如何引起人们去改变他们对自己所处的情境类别的观念（their notions of what kind of situation they are in），去充分和长久地维持这些新观念，以致将这些新观念深

243

植于制度之中，并反过来去维持这些新观念。

从斯廷奇科姆与第三波历史社会学的存在论对比来看，情境–情境定义，不仅涉及将社会结构降解到"分子过程"，也涉及行动以问题–解决模式进行"想象的建构"。在此过程中，情境定义所需进行的检验和审思，使得行动者在既有的普遍定义和个人的新颖定义之间做出权衡，由此行动者发现新的可能性或将情境中面对的图式、团体归入某一"情境类别"。而做出建构的结果则意味着，行动者的能动性通过重组的方式，带着新的经验或定义，使得社会结构或图式、团体被相对融贯化。

3. 一个问题是：虽然两种存在论对于团体、图式、行动的理解一致，但对于行动者的理解似乎又有差别：斯廷奇科姆给读者呈现的行动者，社会角色往往固定单一（贵族、工人、革命者、旧政权官僚等），而非第三波历史社会学家对行动者的存在论承诺：承担多重社会角色的复合体。

我认为，斯廷奇科姆虽然没有直接说明行动者的多重社会角色定义，但是在具体分析时，由于关注了图式的多样性，因而也使得多重社会角色成为可能。举例来说：斯廷奇科姆在解读莱因哈特·本迪克特（Reinhard Bendix）关于英国、俄国工业革命后工人如何成为公民历程的比较分析时，从政治与经济交叉的角色，理解公民与工人这两种社会角色如何共同存在于贫民这些群体中。

借助本迪克特的分析，斯廷奇科姆（Stinchcombe，1978: 118）分析指出，英国和俄国都要面对资本主义权威和贵族地主式权威的意识形态之间的竞争。但不同的是：英国的农村劳动者已经进入了雇佣关系之中，而俄国打破农奴制太晚，以致面对社会贫困问题时，虽然两个国家的企业主都推脱其责任，但是英国已经可以将谁为贫困负责、谁代表穷人的问题，推给个人和地方层次；俄国却只能在旧体制的传统下，仍由中央政府承担这部分的福利供应。结果便是：俄国还无法发展出具有雇佣关系意义的工人政治角色，无法使这部分穷人变成公民，而英国却可以做到。

在这个案例中，面对社会贫困的两国处境，企业主、工人的情境定义有相同，也有相异。其中，工人的情境定义（如何理解自己成为政治代表、政治角色）虽然来自于自己所做的经济关系中的角色，但也根据了政治处境而纳入关于政治关系中角色的考量。因此，在斯廷奇科姆的分析中，行动者也仍是多重的社会角色。

四、突现时间性

这一部分对第三波历史社会学家和斯廷奇科姆的上述看法提出了批评与完善方案。批评在于：两方面都缺乏将其理论中各自蕴含的时间性充分地表达出来；完善在于：用米德的《现在的哲学》（*The Philosophy of the Present*）的时间性理论进一步将情境定义–情境理论这个衔接点充实起来，更加巩固地衔接第三波历史社会学理论与方法。

第一，对于第三波历史学家来说，尽管比尔纳齐（Biernacki, 2005：79–81、89）用"分析性的冻结一瞬"和"循环的再描述"来对比地说明行动的"问题–解决模式"如何在后一种情况下具有时间性，但是却没有充分实现他的"人类行动的自主性"（the autonomy of human agency）承诺。

理由在于：这种"循环的再描述"，区分了时间上的先与后：行动者不断地对自己先前关于情境的理解进行再判断从而产生开放的后果，但是却没有说明——从行动者角度来说，站在之后的一瞬理解自己之前的一瞬关于情境的理解，不再仅是时间上的先后之别，而是涉及人类能动性中的回忆和展望的能力。

正如我在本书第五章所说，以时间的先–后之别，合乎以埃利亚斯（Norbert Elias）为代表的时间理解。在他的论述中，较早–较晚的时间区分被权力垄断的历史所形塑（如教会、王权），直至当今形成了以时钟时间（clock-time）为代表的时间象征形式。反过来，在比尔纳齐所希望彰显的"循环的再描述"中，如何要落实到人类的能动性，则要将人的回忆能力连同人在情境中对他的时间轴中

"较早"的情境所做出的注意或期望一并加以理解，进而给出自己的情境定义。由此，我不打算像第五章那样回到奥古斯丁，而是进一步细致到米德对人类能动性的时间性阐释，稍后将述。

第二，对斯廷奇科姆来说，尴尬之处在于：如何让谓词的比较不会陷入"冻结的一瞬"？正如休厄尔（Sewell，1996）对斯考切波的批评，比较历史分析中的比较法会陷入"试炼"取向的实验性时间性，强化研究者取向对于变量测量与描述的演绎（deduction）。寻找"等价的谓词"是否会是另一种实证式比较法呢？

正如本章的图6.3中所呈现的比较，斯廷奇科姆反对直接从演绎的角度入手，所以才会从殊异的发生发展至累积性，再过渡至主导过程。其中的累积性蕴含着对历史进程的累积性时间性的理解。遗憾的是，尽管斯廷奇科姆类比地将因果序列视为累积性，将累积时间性和因果性衔接起来，但问题在于这里缺失来自于殊异发生的时间性。也就是说，累积时间性从何种时间性演变而来？正如我在解释斯廷奇科姆方法的理论预设时，指出深度类比方法在于通过"解剖学和生理学"，将结构拆解至人的抽象模式中的情境定义，但是在解剖之后通过比较方法得到累积时间性，再比较之前的解剖环节，究竟是怎样的时间性呢？

因此，我认为在斯廷奇科姆的论述中，仍缺乏从行动的角度出发的时间性理论。缺乏这样的时间性理论后果便是易于导向实证变量分析取向的演绎，导向累积时间性变成了研究者眼中的操作化，试炼和累加诸种变量之间的等价效果。

第三，不管是斯廷奇斯姆还是第三波历史社会学家，都需要补充基于行动或行动者的时间性，并将之与情境定义理论衔接起来。那么是哪种时间性呢？在此，我的回应是：米德的突现时间性。

对于衔接米德和第三波历史社会学家的突现存在论，有三点可以说明：

首先，"循环的再描述"何以可能？如果只接受比尔纳齐关于"较早-较晚"的时间性论述，那么需要进一步解释这种时间性与"循环的再描述"之间的矛盾：较早时间的发生如何能够被带入较晚的时间里？而这种带入又如何进一步影响对较晚时间的期望性理解呢？正如先贤孔子感叹——"往者不可谏，来者犹可追。已而，已而"（杨伯峻，1980：193）！

为了克服这个问题，可以跟从米德去商榷关于过去的不可唤回性（inrevocability）。在他看来，这种观点的背后，是将世界看作由实体而非事件构成，因为凡是在过去发生，均具有彼处性（in-there）并产生一个终结。凡思考现在，不得不将过去看作对现在有决定作用（Mead，1932：3）。

与此不同，在米德看来，历史学家通常站在现在去重构过去，也就是认为过去具有可唤回性，因为过去与现在之间不是割断的，而是具有关系的，并且其关系的运作是在人的思维过程（ideation）之中（Mead, 1932:3-4）。米德并不否认过去的实际发生，因而并没有滑入绝对的主观取向而是认为人的思维过程或意识，总是"关于……的意识"（awareness of）而非是意识本身（Mead, 1932：5）。也就是说，变迁着的社会世界作为背景（setting），作为意识的关系物，是将给定的过去带入了直接现在（specious present）的意识之中，成为延展了直接现在的记忆（Mead, 1932：5，18）。米德（Mead, 1932: 9，18）这样说：

> 现在始终不停地交替着，从一个现在逐渐过渡到另一个现在，每一个现在都有一个参照现在的过去，每一个过去又都有处于其前的过去，并且从某种程度上又从它自身的立足点对其过去加以重构。……过去……在现在中，我们可以称之为意识经验（conscious experience），过去在现在中的呈现，是作为记忆以及作为延展的记忆的历史材料之方式。

其次，"循环的再描述"何以开放？在比尔纳齐的理论中，社会结构对于行动者的约束是"软的"，而行动者依赖于情境将所面对的问题加以类型化定义，具有重组图式、形构团体的能动性。但是，在他的时间性论述中，如何能够保证行动者可以在回溯过去的时候，不是重复单调的"循环"，而是开放的"循环"和再循环？米德的"突现"观点也能够提供启发。

在第三波历史社会学家那里，突现与实现化同义，坐落于自下而上的行动-结构关系之中。与此不同，米德对突现的用法具有时间性意义，是现在相较于过去，或者当未来作为现在时相较于原先的现在具有"组织化区分"（organization-based division）。

比较来看，比尔纳齐在"循环的再描述"中预设了行动者描述的早与晚，需要进一步预设其早与晚是可区分的。正如先贤所说"逝者如斯夫，不舍昼夜"（杨伯峻，1980：92），其字面意已撇去了"逝者如斯"对于昼与夜的区分。反过来，作为观者的孔子，心中却有昼夜之分。由此类比，究竟可区分性从何而来？

在米德看来，时间之所以不同于流逝（passage），要做到对时间可以安置和比较，而安置与比较的可能性在于流逝中产生关系或结构形式（Mead, 1932: 19-20）。流逝中的结构（structure-in-passage）的诞生，需要行动者处于每个现在当下的意识所具有的表征性质（representational nature），从而能够根据具体情境进行时间组织运作——回忆过去加以调适、展望未来进行选择（Mead, 1932:

24）。由此，每一个现在都在组织的过程中，产生了突现的新颖性，不同于较早的发生也不同于较晚的发生。

最后，行动者的多重社会角色与图式重组、团体形构之间的关系加以时间化。第三波历史社会学家所理解的"行动者作为多重社会角色"是平面。《论语·子路》的一段话有利于说明第三波历史社会学和米德观点的差别：

> 叶公语孔子曰："吾党有直躬者，其父攘羊而子证之。"孔子曰："吾党之直者异于是。父为子隐，子为父隐，直在其中矣。"（杨伯峻，1980：139）

第三波历史社会学的多重社会角色，是"子为父隐"中的"子"，既在亲属结构的"父–子"之中，又在法律结构的"隐"之中。

在米德看来，行动者在观念中的组织表征，产生了新颖的突现性，从而在当下产生了新系统与旧系统的同时性（Mead，1932：32）。但是，这种新或旧，都不是孤立的，因为每个过去都在一个系统之中，因而行动者对过去的组织协调意味着改变了旧系统的关系结构，而同时产生的新系统也同样在关系的包围之中（Mead, 1932：53）。

同样以"子为父隐"为例，当叶公说到"其父攘羊"，这给"子"带来处于现在的情境，并产生这样的意识：子通过回忆在过去的流逝中，与这位攘羊之人的父子关系（旧系统），并展望攘羊之举在即将面对法律系统上的"证之"的必要性（新系统），于当下突现于"直"的同时性。

进而，米德认为这样的同时性也带有系统性特征，因为行动者不是孤立地提取过去与展望未来，而是意味着改变了过去的结构，也影响将来的结构。因此，才会有孔子反对这样的"直"，提倡"子为隐"，是因为将"证之"带入父子关系中，有违儒家伦理系统。

对比来看，只有把米德所说的"突现的现在"理解为同时性的突现，才能进一步理解角色系统上的重叠。

之所以米德和斯廷奇科姆能够衔接深度类比方法论，是因为米德对于"人之抽象模式"的解释，从突现时间性角度给出了详细地论证。正如上述斯廷奇科姆在分析《俄国革命史》时所做出分析，革命者在面对旧制度时会进行估计：到底心中的新制度能否取而代之？遗憾的是，斯廷奇科姆更倾向于用"另一种"（another）、"替代性"可能性或制度来标识这种抽象选择词汇，而甚少用"未来的可能性"这样的时间性词汇（Stinchcombe，1978：41）。

在米德看来，突现的现在所进行的操作是时间化假设检验。尽管他原先是用于描述科学工作，但同样适合俄国革命中的"分子过程"：

进一步讲，关于流逝的研究涉及对事件的发现。这些事件并非仅是流逝过程的组成部分，而总是具有独特性。通过这些事件，我们能够对流逝进行秩序安排……这些事件和它之所以产生的条件之间的关系，就是我们所谓的因果关系。同时，事件和它的先行条件之间的关系产生了一种历史，而且事件的独特性使这个历史是相对于事件而言的历史，是与这个事件相关联的历史。因此，限定性的流逝和独特事件的出现产生了过去与未来，而过去与未来又出现在现在之中。所有的过去都作为流逝的限定性出现在现在中，所有的未来也作为独特事件出现。科学的任务是揭示既存过去在现在之中，并以此为基础预示未来；科学的方法是思维过程。（Mead，1932：33）

米德在另一处继续说：

在思维过程中，我们也许会回顾以前的过程，但这里的过去，不是重新引入已经发生过的事情。这种回顾是从现在的新生事件出发的，所以这个过去完全是假设性的……我们通过将这一过去和现在的情境的匹配情况进行检验……过去的功能就是不断将自身重构为一种按时间安排的系列，为现在的

阐释而服务。（Mead, 1932：49）

米德对于斯廷奇科姆所说的"抽象"，是指"思维过程"，是指人能够回顾过去和展望未来，从而将不可唤回的过去和作为"有距经验"（distant experience）的未来都作为现在的意识。这个意识是根据当下的情境，将过去作为限定性假设，将未来作为可预见的新生性。因此，在《俄国革命史》和《旧制度与大革命》中的革命，是参与者在现在当下的情境下，将旧制度的实际发生转换为思维过程中的限定性过去，从而进一步展望作为有距经验的新颖性是否不可避免，从而重构一种时间安排的情境定义，确定流逝的发生是否需要重新规定为米德所说的"时间"，亦即流逝过程带来一种区分。当然，这种这种区分便是革命的后果与意义。

五、结论

相较于历史社会学从第二波到第三波转变中经验议题和解释性理论框架的变化。本章从另一个角度切入：第三波历史社会学的存在论和方法论。这个理论图景是以工作策略为取向，而非各解释性的单元理论为取向（Wagner, 2007:4984–4985），包括以下三点：

1. 突现的存在论。第三波历史社会学家没有厘清自己的存在论主张，本章予以说明，包括以下三个方面：在个体层次上，行动者具有多重社会角色，行动是问题-解决模式而非手段-目的取向，能动性是重组特征。行动者如同企业家一样，通过问题解决过程有所成就，并通过自己的角色脉络形成行动的锁链形态。另一方面，在社会层次上包括去实体化的团体和图式。前者是非团体主义的集体团结时刻的事件，后者具有呼应个体层次的多重性和相对融贯性。连接个体层次和社会层次，意味着从筹划到事件的现实化。这种现实化，也意味着对图式和团体的重组。

2. 深度类比的方法论。这一方法论来自于斯廷奇科姆。为了建构关于历史的理论，要通过对各个历史实例间以谓词为中心进行类比，找出因果序列，建立可比较性和累积性，形成对历史的主导过程或普遍序列的理解，使得普遍理论与历史实例之间建立起因果的丰富性。

3. 就深度类比方法论的存在论承诺和第三波历史社会学的存在论的一致性来看，体现在斯廷奇科姆的"社会的解剖学和生理学"和第三波历史社会学家对"社会秩序的建构和拆解"的论证逻辑，以及二者都基于托玛斯的"情境-情境定义"这对概念所蕴含的结构与行动互动逻辑。其中，深度类比预设的结构被解剖至情境，被生理学化为情境定义。行动被理解为将情境理解为理念，并给定义的虚拟选择的问题-解决模式。由于结构或图式的多重性，

所以行动者也具有多重的社会角色，在虚拟选择中会桥接或拼装以成就和实现其情境定义。

4. 通过引入米德的突现时间性，丰富了第三波历史社会学关于行动的时间性论证——"循环的再描述"，指出过去与未来在现在之中突现的观点，也丰富了斯廷奇科姆的深度类比方法论关于殊异发生中"人之抽象模式"如何进行时间运作的论证——将过去作为限定假设、未来作为有距的新颖性纳入到现在的情境之中估算替代性制度的不可避免性程度。这两方面的丰富都是情境与情境定义关系的时间化描述，是将情境与现在联系起来，将情境定义视为行动者在现在当下的思维过程。

参考文献

杨伯峻译注：《论语译注》，北京：中华书局，1980年。

Abbott, Andrew: "A Brief Note on Pasturization." *International Journal of Comparative Sociology*, 2006, 47(5).

Adams, Julia, Elisabeth S. Clemens, and Ann Shola Orloff, eds: *Remaking Modernity: Politics, History, and Sociology*. Durham and London: Duke University Press, 2005.

Adams, Julia, Elisabeth S. Clemens, and Ann Shola Orloff: "Introduction: Social Theory, Modernity, and the Three

Waves of Historical Sociology." In *Remaking Modernity: Politics, History, and Sociology*, edited by J. Adams, E. S. Clemens, and A. S. Orloff. Durham and London: Duke University Press, 2005.

Adams, Julia, Elisabeth S. Clemens, and Ann Shola Orloff :"'Time and Tide...': Rejoinder to Abbott, Charrad, Goldstone, Mahoney, Riley, Roy, Sewell, Wingrove and Zerilli." *International Journal of Comparative Sociology* , 2006, 47(5).

Biernacki, Richard:"The Action Turn? Comparative-Historical Inquiry beyond the Classical Models of Conduct." In *Remaking Modernity: Politics, History, and Sociology*, edited by J. Adams, E. S. Clemens, and A. S. Orloff. Durham and London: Duke University Press, 2005.

Brubaker, Rogers:"Ethnicity without Groups." In *Remaking Modernity: Politics, History, and Sociology*, edited by J. Adams, E. S. Clemens, and A. S. Orloff. Durham and London: Duke University Press, 2005.

Carroll, Patrick:"Articulating Theories of States and State Formation." *Journal of Historical Sociology*, 2009, 22(4).

Charrad, Mounira M:"Waves of Comparative and Historical Sociology." *International Journal of Comparative*

Sociology, 2006, 47(5).

Clemens, Elisabeth S:"Afterword: Logics of History? Agency, Multiplicity, and Incoherence in the Explanation of Change." In *Remaking Modernity: Politics, History, and Sociology*, edited by J. Adams, E. S. Clemens, and A. S. Orloff. Durham and London: Duke University Press, 2005.

Clemens, Elisabeth S:"Toward a Historicized Sociology: Theorizing Events, Processes, and Emergence." *Annual Review of Sociology*, 2007, 33(1).

Gorski, Philip S:"The Matter of Emergence: Material Artifacts and Social Structure." *Qualitative Sociology*, 2016, 39(2).

Gross, Neil:"Pragmatism and the Study of Large-Scale Social Phenomena." *Theory and Society*, 2018, 47(1).

Hedström, Peter and Richard Swedberg, eds:*Social Mechanisms: An Analytical Approach to Social Theory.* Cambridge: Cambridge University Press, 1998.

Joas, Hans and Jens Beckert:"A Theory of Action: Pragmatism and the Creativity of Action." *Transactional Viewpoints*, 2002, 1(4).

Mahoney, James:"On the Second Wave of Historical Sociology, 1970s—Present." *International Journal of Comparative Sociology*, 2006, 47(5).

McAdam, Doug, Sidney Tarrow, and Charles Tilly: *Dynamics of Contention. Cambridge?* New York: Cambridge University Press, 2001.

Mead, George Herbert: *The Philosophy of the Present.* edited by A. E. Murphy. LaSalle, Ill.: Open Court, 1932.

Reed, Isaac Ariail:"Power: Relational, Discursive, and Performative Dimensions." *Sociological Theory* , 2013, 31(3).

Riley, Dylan:"Waves of Historical Sociology." *International Journal of Comparative Sociology* , 2006, 47(5).

Roy, William G:"Review of Remaking Modernity: Politics, History, and Sociology." *American Journal of Sociology* , 2006, 112(1).

Sewell, William H. Jr :"Three Temporalities: Toward an Eventful Sociology." In *The Historic Turn in the Human Sciences*, edited by T. J. McDonald. Ann Arbor: University of Michigan Press, 1996.

Sewell, William H., Jr:"On Waves of Historical Sociology." *International Journal of Comparative Sociology*, 2006, 47(5).

Skocpol, Theda, ed: *Vision and Method in Historical Sociology.* Cambridge; New York: Cambridge University Press, 1984.

Steinmetz, George:"Critical Realism and Historical Sociology: A Review Article." *Comparative Studies in*

Society and History , 1998, 40(1).

Steinmetz, George :"The Epistemological Unconscious of U.S. Sociology and the Transition to Post-Fordism: The Case of Historical Sociology." In *Remaking Modernity: Politics, History, and Sociology*, edited by J. Adams, E. S. Clemens, and A. S. Orloff. Durham and London: Duke University Press, 2005.

Stinchcombe, Arthur L : *Theoretical Methods in Social History.* New York: Academic Press Inc, 1978.

Stinchcombe, Arthur L:"The Conditions of Fruitfulness of Theorizing About Mechanisms in Social Science." *Philosophy of the Social Sciences* , 1991, 21(3).

Thomas, William I :"The Unadjusted Girl: With Cases and Standpoint for Behavior Analysis." *Criminal Science Monographs* , 1923, (4).

Tilly, Charles :"Three Visions of History and Theory." *History and Theory* , 2007, 46(2).

Wagner, David :"Theoretical Research Programs" edited by G. R. Ritzer. *The Blackwell Encyclopedia of Sociology* , 2007.

Wan, Poe Yu-ze : *Reframing the Social: Emergentist Systemism and Social Theory.* Aldershot: Ashgate Publishing, 2011.

第七章 / Chapter Seven

结构与事件时间性：《历史的诸逻辑》的内在批判

一、导言

休厄尔（William H. Sewell Jr.）（2014a: 1-2）在就任社会科学史学协会（Social Science History Assocication）主席演讲时，说明了自己三个方面的研究身份及其成果：

1. 法国革命史家：因为他的大部分生涯都在研究革命史，尤其是1789、1830和1848年革命，并将这些革命看作是高度偶连和影响深远的事件（highly contingent and fateful events），而非决定论式或结构式解释的对象。

2. 社会理论家：这是他最广为人所知的学者身份，因为他将历史学家眼中具有偶连性、深远影响性、复杂性、事件性和异质性的社会时间性（social temoprality）带入了社会理论。

3. 资本主义研究者：他只是在大约21世纪以后才步入这项研究，因为资本主义的方向性（directionality）和长期动力（long-term dynamics）似乎违反自己之前的时间性理论。

由此可见，时间性是休厄尔关心的核心问题：他自己提出了一套"社会时间性"的理论，并以法国革命史为确定性案例，资本主义为不确定性案例。

但是，休厄尔（Sewell, 2005a：6-12）过于着急地指出自己的社会时间性理论，因为他直到2005年出版《历史的诸逻辑》（*Logics of History: Social Theory and Social Transformation*）一书时，才用不多的篇幅，以宣称而非论证的方式提出该构想。相较来看，更能直接表明他的贡献是与其第一、二个身份密切相关的事件时间性（eventful temporality）。

毕竟，在20世纪80年代末到90年代，当历史社会学家努力向以实证主义（positivism）为取向的主流社会学家证明自己的方法论和学科正当性时，却腹背受敌（Sewell, 1996a:245-246；Clemens, 2007; Kumar, 2009）。休厄尔（Sewell, 1996a:245-246）在争论正酣之时就敏锐地观察到了这一点：历史社会学一方面因为向主流社会学靠近而丧失了自身潜在的激进构想，另一方面却仍然被主流社会学认为不够科学，结果沦为了只提供新的数据点，只关于"过去"的研究社会学。他提出如下反思："难道社会学与历史相联系不是将异质的时间性概念引进了寻常的社会学思维吗？……历史社会学需要更有破坏力的事件时间性的概念，即认为是一系列的偶然事件决定了历史的进程。"（Sewell，1996a:246）

休厄尔的这篇《三种时间性：迈向事件性社会学》（"Three Temporalities: Toward an Eventful Sociology"）（以下简称：《三种时间性》）及其在20世纪90年代中期出版的一系列作品事件社会学作品，将事件看作是结构转型，可称为是历史社会学的转折点。

翻开当下历史社会学的主流导论文本，从事件时间性或者从事件角度定位历史社会学，已经被学术社群所接受。①

第三波历史社会学家在其宣言作品《重塑现代性：政治、历史与社会学》（*Remaking Modernity: Politics, History, and Sociology*）中解释历史社会学任务时，便将"事件"与"转型"并列起来（Adams, Clemens and Orloff, 2005: 10）。在一份最近出版的历史社会学教科书中，也

---

① 但是，第三波历史社会学家的观点也是矛盾的。其代表人物克莱门斯（Elisabeth S. Clemens, 2007）又认为休厄尔所说的时间性只是历史学家的想法，不应为历史社会学家所接受。不过，她并非提供另一种对彰的时间性理论。因此，我既认为第三波历史社会学家没有完全拒绝事件时间性，也认为这种暧昧态度的背后是由于第三波历史社会学家在时间性的构想方式不够成熟（Abbott, 2006; Goldstone, 2006）。

将休厄尔所说的事件列为历史社会学的焦点（Lachmann，2013：10）。

从谷歌学术（Google Scholar）引用数据来看，休厄尔（Sewell，1996a：245-80；1996b）的这篇论文和同年发表的《历史事件作为结构转型：在巴士底狱发明"革命"》（"Historical Events as Transformations of Structures: Inventing Revolution at the Bastille"）（以下简称：《结构转型》），在近10年来的引用篇数占该文发表以来所有年份引用篇数的75%以上。后来收录这两篇文章专著《历史的诸逻辑》，引用次数也是呈逐年增长的趋势，达1672次。由此说明，休厄尔的事件时间性构想在近年来更为学界所认可。

就此，本章提出第一个疑问：事件时间性只有一个版本吗？

由于休厄尔将其多年来的作品收录到专著时，做出了一定的修订，恰恰可以看出内在的异质性、矛盾与张力。但是，学界引用休厄尔作品时却对此一点也不加注意，要么一带而过（例如：Wagner-Pacifici，2010），要么只关注他在最终收录出版的专著版本（例如：Malczewski，2014；Moore，2011；Tang，2013）。

相较于接受与认可休厄尔来自于第一、二身份所带来的贡献，他对自己第三个身份的陈述，却反映了一定的理论危机。这涉及本章提出的第二个疑问：如何理解作为确定案例的资本主义对于休厄尔的事件时间性的挑战？

正如休厄尔所说，以资本主义为例，如果历史有方向、有长期动力，那么它的时间性还是事件性的吗？确实，休厄尔（Sewell, 2008a; 2010; 2012; 2014a; 2014b）在出版了《历史的诸逻辑》之后，撰写了一系列关于资本主义时间性的新文章，但是，休厄尔（Sewell, 1988; 2008b）却是在20世纪90年代以前便通过劳工史研究开始关注资本主义和马克思主义了，即使如此也需要留意在《历史的诸逻辑》一书对这部分的讨论。

从这两个疑问的发表历程来看，与其说《历史的诸逻辑》是一本密闭严格的专著，不如说是一组相对松散的文章群。蒂利（Tilly, 2007）指出，其中的十章是"十篇不同的论文，有不止一个要解决的问题"。针对这样的文本特征，相较于外部批判①，本章采取的是内在批判（immanent

---

① 这种外部批判在研究论文中有所体现，如批评休厄尔没有在哲学上有所讨论（Takács, 2014; Tucker, 2007），或者从巴迪欧（Alan Badiou）、卢曼（Niklas Luhmann）等其他大家的角度解读与评价（Bassett, 2008; Tang, 2013）。因此，类似的外部批判，往往以"休厄尔忽略了……"或"从……角度看休厄尔，他没有解释……"等句式开展分析（Meyer and Kimeldor, 2015; Clemens, 2015; Znepolski, 2015）。甚至在关于《历史的诸逻辑》的书评中，这种外部批判也非常突出，见Lloyd（2008），Pedersen（2008），Steinmetz（2008）。

critique）的取径[①]，以期望实现两个方面的效益。

1. 厘清的变异。相较于一笔带过地论及休厄尔的理论，内在批判将使得"想当然地"以为同质一体的文本产生"裂缝"，松动与拆解文本的内部空间，使得其中的术语及其关系在该空间的不同脉络中呈现分殊，指出矛盾，并得以厘清。

2. 整合的潜力。尽管面对矛盾与分殊可采取指定与选用的方式重新界定休厄尔的术语，但是也同时为更新理论纲领，提供了整合的潜在方向（Wagner and Berger, 1985）。

具体来看，围绕事件时间性理论，从"事件是结构转型"（Sewell, 1992；1996a：262–263；1996b）这一论述出发，涉及"什么是结构""何谓转型""结构转型是怎样的时间性"三个问题。因此，本章将从以下三个方面开展论证。

1. 由于休厄尔对结构的定义因版本学的问题而产生了两个版本，因此需要取舍。本章参考其理论的整体图景，

[①] 目前仅见一份较为系统的内在批判式作品（Riley, 2008）。但是，他的做法十分矛盾：一方面，他以发表时间点为基准，划分《历史的诸逻辑》各章及其思想阶段；另一方面，他的分析文本却是书中各章而非相应发表于期刊或图书章节的原始作品。其它作品也有零碎的内在批判，比如Callinicos（2006）和Patterson（2007）。相较马克思主义或批判理论脉络下的"内在批判"，本章将之视为由知识相对性（epistemic relativity）导向下的论证方法（methods of argumentation），见Antonio（1981），Isaksen（2018）和Bhaskar（1998:63–64）。

做出选择并将结构界定为以权力模式驱动文化图式与物质
资源衔接的不均衡网络。

2. 休厄尔对结构转型的认定，在方法上存在"先事件
后结构"和"先结构后事件"两个版本，因此本章加以合
并，称之为"结构与事件之间实用性双重匹配过程"。为
了具体理解结构转型是怎样的过程，本章进一步引入瑞德
的权力三维理论（关系、诠释、展演）以强化结构定义中
的权力模式，指出结构转型是从失位到再衔接的"倒三角
式"过程。

3. 鉴于休厄尔对事件时间性的理论界定落后于其经验
分析，因此本章进一步发展事件时间性的类型学：参考图
式的深度维度及其因果性差异，划分出作为结构的深层转
型（depth transformation）的"垂直的事件时间性"，和作
为结构的扁平转型（flat transformation）的"水平的事件
时间性"。

本章的论述逻辑见图7.1：

图7.1 本章的论述逻辑

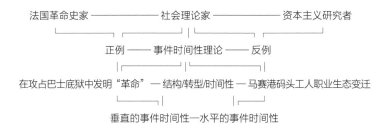

法国革命史家 ——————— 社会理论家 ——————— 资本主义研究者

正例 —— 事件时间性理论 —— 反例

在攻占巴士底狱中发明"革命" — 结构/转型/时间性 — 马赛港码头工人职业生态变迁

垂直的事件时间性—水平的事件时间性

二、结构：从吉登斯式到关系网络式

为什么事件时间性要从结构谈起？这和休厄尔对事件的定义有关。他在《三种时间性》一文中这样说：

> 社会生活是由无数的日常发生或际遇所组成的。在这些日常发生（happening）或际遇中，人、诸人的团体开展他们的社会行动。这些行动受到他们所处社会的构成性结构的制约与促动。大多数的日常发生再生产了社会结构和文化结构，并没有带来重要的变迁。事件则被定义为日常生活中相对较少的子类，能够使得结构发生重要的转型。时间性的事件性定义就是要考虑到由事件导致的结构转型（the transformation of structures）。（Sewell, 1996a：263）

根据这一段话，凡是使用事件时间性，必先清楚地指定被事件所转型的结构是什么。因此，有必要先分析结构的定义。在这里，休厄尔提出了2乘2矩阵。[①]其中，休厄尔对社会生活从"量"上做出了区分。虽然他没有给出结构的定义，却对结构的分类从"质"上做出了区分。此外，大多数日常发生（happening）是结构再生产（我简用"日常发生"表示）。之所以要用结构与社会生活区分，是因为日常发生或际遇是由具有能动性的行动所组成，只能由人或由人组成的团体所构成。相较来看，休厄尔隐含地指出，结构是匿名的、非人的，以及能动与限制行动或行动者。

表7.1 《三种时间性》中的社会生活与结构的关系

		结构=尚未明确界定	
		没有重要变迁	重要变迁
社会生活=无数的日常发生	大多数的子类	日常发生作为结构再生产	无
	相对较少的子类	无	事件作为结构转型

这样的结构与行动关系是来自吉登斯（Anthony Giddens）的结构二重性（duality of structures），来自于休厄尔在1992年发表的《关于结构的一种理论：二重性、能动性

---

① 其中，休厄尔没有对"没有重要变迁"的"相对较少子类"的社会生活、"有重要变迁"但为"社会生活中大多数"这两种情况予以概念化。由于这一议题不是本章关注的焦点，不作专门讨论，可参考Moore（2010）。

与转型》（ "A Theory of Structure: Duality, Agency, and Transformation"）（以下简称：《结构理论》）。在这篇文章中，他同样使用内在批判的方法，认为吉登斯（Giddens, 1984：377）对结构的定义有一个矛盾：如果结构包括资源与规则，那么为什么它只是虚拟的记忆轨迹？为此，他采取两个方面的补救策略：

1. 在立场选择上，拒绝抛弃"资源"概念，而是认为结构也要由切实的资源（actual resources）构成，由此在结构与行动之间的二重性之外，增加了结构内部的切实资源与虚拟规则（virtual rules）之间的二重性（Sewell, 1992）。

2. 为了证明这立场，休厄尔进一步对比式界定了资源与规则。休厄尔看重资源作为不均衡分布（uneven distribution）的行动媒介，受限于一定的时空，可由社会成员所掌握（Sewell, 1992）。[①] "规则"也被重新概念化为图式（schema），因其概化程序（generalizable procedures）和虚拟特征是跨时空的，使得它在行动者的手中具有了脉络性迁变性（contextual transposability）

---

① 尽管休厄尔在这篇文章中也谈到了资源的权力维度，但是不应与下面的权力模式混淆，因为休厄尔当时还是遵循吉登斯对权力与行动关系的理解：如果说图式是为行动的思考（thinking）提供了支持或限定，那么资源是为行动的实作（doing）提供支持或限定。由此，体现权力的资源，说明了行动具有真正的转变能力（really transformative capacity）而非只是空思玄论，见Giddens（1984: 14–15）。

（Sewell，1992:7–8；17–18）。[1]同时，图式作为意义或符码，是具有纵深的，而资源作为物只有表面的、无深度的（Sewell，1992: 22）。由此，结构在限制与促成行动的时候，才会有"霸权"等具有深度的意义图式，而资源作为表面的物则只是被固态式的分布与掌握。当然，这里的深度并不是说意义只在深处，而是说图式是可以分层次的而非单层次的。

表7.2 休厄尔（1992）对结构的定义

图式	资源
虚拟	切实
跨时空	时空所限
有深度	无深度
脉络的迁变性	不均衡的分布

由1992年的《结构理论》一文到1996年的《三种时间性》一文，便可知限制与促动行动的力量来自于作为结构的图式与资源。但是，也恰恰在1996年，休厄尔发表了另一篇事件社会学的重要作品：《结构转型》。

如果读者只看2005年收录《结构转型》为第8章的《历史的诸逻辑》一书，会同样地接受这样的结构定义，

---

① 休厄尔对迁变性的布迪厄式理解是从吉登斯采用的维特根斯坦式的概化程序过渡而来，见Lizardo（2010）的分析。本章略过不述。

并用之分析具体的历史事件的效应。然而这篇文章的期刊论文版和专著收录版之间，却有一些重要但未声明的修订，具体见下①：

第一，定义的方式。相较于从构成元素的角度定义结构，此文从构成元素之间关系的角度给出定义："社会形构的结构的更佳想象是不均衡的衔接的网络（unevenly articulated network）而非紧密地组织起来的层级（hierarchy）。"（Sewell, 1996b: 842）这使得在结构理论的脉络中，原先被吉登斯忽视的"关系"面向，被休厄尔找了回来（Porpora, 1988）。第二，构成的要素：增加了权力模式（modes of power）。休厄尔更简洁和限定地给出了这三个要素的定义，值得引用：

> 我将结构看作是由文化图式、资源的分布以及权力模式同时构成的。文化图式为行动者的社会行动提供了意义、动机和处方。资源为行动者的行动提供了差异化的手段与筹码（stakes）。权力模式则调控（regulate）行动。这些（权力）模式是通过指定什么样的图式是正当性的（legitimate），决定了哪些人和团体能够获得（access to）哪些资源，以及裁决行动历程中出现的冲突。（Sewell, 1996b: 842）

---

① Callinicos（2006）是唯一指出这个删改问题及其重要性的学者。但是，由于他撰写的只是简短的书评，因此没有展开论述。

　　然而，休厄尔在1996年超出1992年的理论阐释，却在2005年收录时删去。这些出现在导言部分的理论阐释虽然删去，但正文中的案例分析仍然保留了"权力模式"的表述。如此，读者也许会考虑到：既然休厄尔已选用了1992年的"图式–资源"定义，那么在正文中继续出现的"权力模式"，只不过是一般词汇。

　　这种说法讲不通。我认为，应以1996年的定义为准，才能更加融贯地理解休厄尔的结构理论。以下，从四个方面论证：

　　1. 休厄尔在1996年修改时，慎重地说明了此举的必要性。

　　在谈到上述引文时，他还加了一个脚注，指出"然而，自从发表了那篇文章后（作者注：1992年的《结构》一文），我在一个重要的维度（作者注：权力模式）上改变了我的概念"（Sewell, 1996b: 879）。

　　2. 休厄尔（Sewell, 1996b）增加的关系网络取向意涵是无法被1992年的构想所消解的，而这种关系网络取向又与"权力模式"这个维度共存。

　　休厄尔（Sewell, 1996b: 842）明确指出，1992年的定义只是将结构看作文化图式资源分布的"相互维持的方式"，但是在1996年的《结构转型》文章中，用"相互连锁"（interlocking）这个新隐喻形容权力模式加入后的情况。

在主体部分的案例分析中，休厄尔延续这种关系网络／相互连锁的论述。例如，他指出由攻占巴士底狱所带来的文化转型不仅有启动的过程，也有"被锁到某个位置"（was locked into place）（Sewell，2005c：246）。这样的隐喻不仅是基于资源掌握的转移，如枪支，还有建立巴黎城市自卫队以形成了抵抗国王和巴黎市政当局的新手段，以及巴黎人民的新关系（Sewell，2005c：246）。

3. 休厄尔在整理出版专著时，在其他章节中仍体现了对关系网络式定义的青睐。

在《三种时间性》一文被收录入书时，增加了一个《后记》，以迈克尔·曼（Michael Mann）的《社会权力的来源（第1卷）》（*The Sources of Social Power: Volume 1, A History of Power from the Beginning to AD 1760*）为例，专门讨论事件性时间性能否被应用到长时段历史（Sewell，2005d: 113–124）。

在此，他明确表达了对曼关于"社会"（societies）定义的肯定，因为曼将社会定义为"权力的多重重叠与交叉的社会空间网络"，意味着此乃网络而非"紧密整合起来的社会系统"，能够解释历史转型的可能性（Sewell, 2005d：118）。因此，即使读者接受休厄尔在2005年"回心转意"到1992年，那么他又在同一年在另一处"旧情复发"到了1996年。这种矛盾，只有承认1996年的定义是对1992年的进步与超越，才能与全书的发展节奏更为协调。

4. 权力模式的概念有不可忽略的重要性。在1999年发表的《文化的（诸种）概念》（"The Concept(s) of Culture"）（收录为《历史的诸逻辑》的第5章）中，休厄尔首先认为人类实践有多个维度——包括文化（图式）与非文化的（如资源），再指出人类实践中通过语义衔接到非文化维度，意味着实践是开放的而非封闭的，也意味着文化是"弱融贯"（thin coherence）而非所谓的"紧密整合起来的社会系统"或"紧密地组织起来的层级"（Sewell, 1999: 49, 52–54）。

但是，他也意识到，不仅要解释"弱"这一面，还要解释"融贯"这一面。换句话说，虽是"弱"融贯，但终究还是"融贯"。为此，他又引入了"权力"概念。尽管这部分十分零散，但是却说出了文化融贯既是权力的后果，也是其竞争对象的重要意涵（Sewell，1999: 55–58）。①

因此，回到《结构转型》中对结构的定义：权力模式之所以不能被贬低或忽视，正是因为它的指定性锁定（specified locking）作用，能够将一系列的文化图式与资源中抽取出一部分，清洗掉多余的部分，使得杂多的社会实践维持为"社会实践流"的状态（Sewell, 1996b: 842）。下文将会看到，在涉及事件性时间性中"转型

---

① 《历史的逻辑》第7章（原发表于2001年）也只使用了元素式定义，但从休厄尔对结构的复数性争论中可以看出，仍是离不开关系网络式定义（Sewell, 2005e: ch.7）。

是什么"的时候，这样的指定性锁定作用或"衔接"
（articulation）作用，被进一步放大了。

表7.3 休厄尔对"结构"的两种定义

比较范畴	《结构理论》和《结构转型》的专著收录版	《结构转型》的期刊发表版
定义的取向	构成元素	构成元素间关系
定义的内容	相互维持的文化图式和资源	不均衡衔接的网络
元素的类别	文化图式和物质资源	文化图式、物质资源和权力模式
理论选择	休厄尔	本章

三、转型：认定与过程

一旦采用内在批判的方式，"何谓结构"这个基础问题的分歧回答便被呈现与理清。同样，休厄尔关于"何谓转型"的回答也有分歧，也可以采用类似的办法予以说明。

本章先从转型认定的方法论入手，指出休厄尔采取了"先划定作为事件的日常发生，再指认转型了的结构"（structures transformed）和"先指认转型了的结构，再划界作为事件的日常发生"的两种取径。只有将这两种路径合并为"结构–事件"的实用性双重匹配过程（pragmatically dual-matching process），才能理解休厄尔在解释"攻占巴士底狱"（作为事件的日常发生）与"革命"的现代范畴之发明（转型了的结构）之间从断裂（rupture）或失位（dislocation）到再衔接（rearticulation）的过程及其蕴含的权力模式理论。

第一，休厄尔对转型认定的方法论，体现在他的两份经验研究：《关于事件的一种理论：马歇尔萨林斯的"历史可能理论"》（*A theory of the event: Marshall Sahlins's "possible theory of history"*）（以下简称：《事件理论》）[①]，以及上文提到的《结构转型》。

> 结构这个概念作为复数的而非单数的，也有利于解决……另一个议题：在一个将一个日常发生看作是一个事件而非只是再生产一个结构的事端（incident），是有决断上的困难：在一定程度上，对于任何拥护结构二重性概念的人来说，这个问题确实是挥之不去的……再生产的行止和事件的区分（difference）总是一种程度（degree）区分而非是种类（kind）区分。区分转型性事件与结构的通常执行，必须是一项实践的判断。（practical judgement）（Sewell，2005e:211）

---

① 该文最初以德文发表于2001年，所以我没办法对比该版本和专著收录版之间的区别。

……确切地讲，局部的结构转型可能是一个更高层次的结构再生产的效应。一桩离婚或再婚之事深远地转型了这个给定家庭的文化，但是将只是再生产了美国婚姻系统的文化……如果结构被认为是复数的，那么这个日常发生同时既是局部的家庭文化这个视角下的事件，也是更广视角下的结构的一种执行。

决定如何去划定一个事件的边界必须是一件判断上的事情。人们可能会说，根据经验法则，分析者如何限定一个事件是要依赖于被解释的结构转型。举例来说，我界定攻占巴士底狱这个事件，是起于7月12日内克尔离职引起的大众抵抗，终于7月23日国会辩论，因为它以权威的方式将攻占巴士底狱诠释为一个正当性革命。我这么做，是因为我关注的是一个特定的结构转型：将人民主权与群众暴力衔接起来以形成革命的范畴。但是，因为这不只是攻占巴士底狱带来的唯一的重要转型。对于关注城市自卫队兴起作为一种新的权力模式（攻占巴士底狱的另一个要紧后果）的研究来说，这也不是该事件的唯一适当的边界，可能也要去确定不同的起止日期。这些决定必须是事后（post hoc）做出的。

（Sewell，2005c:261）（作者注：来自《结构理论》的引文）

第一部分引文中的方法是"先划定作为事件的日常发生，再指认转型了的结构"。从实用的角度看，这种取向可以理解。因为该文所使用的案例（库克船长抵达夏威夷并被害身亡）的事件边界是相对容易确定的。休厄尔的新意在于，认为结构是复数的，因而即使研究者无法确定自己已先行确定的事件带来的此一种转型，也总是能找到另一种转型。

第二部分引文中的方法是"先指认转型了的结构，再划界作为事件的日常发生"。类似的，在《结构转型》一文中，休厄尔首先确定了要分析的结构是革命范畴的转型（从衔接到非理性的群众暴力，到衔接到人民主权正当性的群众暴力），既明确了转型前，也明确了转型后的结构是怎样的。因此，更棘手的是确定事件的日期起止，因为这涉及要从日常发生中找到相对较少的子类。休厄尔（Sewell, 2005c：261）也承认，当确定的是其他的结构转型时，事件起止也会被调整。

如果将这两种取径或案例对象调换过来会怎么样？休厄尔如果仅以攻占巴士底狱当天所为来确定它转型了哪个结构，将可能失去研究的重要性，反之亦然。如果接受休厄尔所说的，转型与再生产之间是程度不同而非类别不同，那么则应该将两种分殊的方法合并之，看作是双重匹配过程：事件的边界、被转型的结构，要在研究者目光地来回往返中不断调整，要从众多结构中挑出"实用的"被转型的结构，再带回到事件中确定其尝试确定边界，以便再带回到结构中再检验，直到双方达到解释上的充分与叙事上的融贯为止。

如果接受这样的合并策略的话，具体要怎么做呢？我认为，休厄尔在《结构转型》一文中已给出了比他说明得更多的答案。我将结合瑞德（Reed，2013）对休厄尔此文的阅读及其提出的权力理论[①]，进一步展开分析。

休厄尔（Sewell，1996b）认为，结构转型是要经历从断裂到新衔接过程，这意味着要分析：怎么样才算断裂或新衔接？哪些事件导致了结构的断裂或新衔接？如果多个事件都导致了断裂或新衔接，要划定哪个？要根据什么来划定？因此，这里不仅是界定问题也涉及筛选问题。

按上文所述，结构作为不均衡的衔接网络的角度，是文化图式、资源和权力模式的交互性构成，那么，便需要看权

---

① 瑞德（Reed，2013）指出，权力理论强于内容界定（如：诸种面向［faces］）、疏于解释的维度（dimensions），因此，他从因果解释的角度，提出了权力的三维度理论："关系–实在论""话语–诠释论""展演–实用主义"。休厄尔对结构的关系网络定义取向看似只抓住了第一个取向，但实则不然。毕竟，休厄尔的结构定义还包括可进行话语诠释的、可因情境而迁变性展演的图式，以及具有时空关系特定的资源。瑞德（Reed，2013：204–206）也分析了《结构转型》一文中的权力的诸维度，但是他没有分析结构的三个要素之间和权力的三个维度之间的相互作用关系。

力模式在指定文化图式与资源的时候，如何失效与再生效。

休厄尔（Sewell, 2005c:261）选择的起点是：在国王驱逐了与其共存的自由派财政大臣内克尔之后，群众产生了反抗行动（7月12日）。在他的论证中，这个权力位置关系的调整或失位意味着意识形态、宇宙观、社会政治秩序的根本原则上的冲突，使得群众在7月中旬处在不确定的意义诠释之中，不知道要服从哪套图式的状态（Sewell, 1996b: 845–848）。

混乱或对立的虚拟文化图式终究要分布到具体切实的资源上。巴黎人民在听到内克尔被解职的消息后动员起来，冲上街头，从圣拉扎尔修道院（Saint-Lazare monastery）到荣军院（L'hôtel des Invalides），一路随着街头的情境展演他们的行动与策略（如挑杀官员并将之尸体展示出来），最后攻占巴士底狱，抢走枪支，建立国民自卫队（Sewell, 1996b:848–851）。

在这些事件的过程中，权力模式的重点维度（dimension）从位置关系（positioned relation）到话语诠释（discursive interpretation），再转到了情境展演（situational performance）（Reed, 2013），导致了切实的、依赖时空的资源与虚拟的、跨时空的图式之间产生了交互作用。接下来是反其道而行。

当情境展演出现之后，如果不被诠释，则无法走出时空所在地，无法产生更广泛的影响，遑论结构的转型。

因此，当重要情境展演已依时空产生了改变，势必又面临如何被诠释的问题。巴黎群众攻占巴士底狱显然是一场集体暴力。虽然巴黎群众将之视为人民主权的表达，但国民议会议员起初并不会这么想。在这场辩论中，"人民"的模糊语义——既有全部人口又有普通人得到了应用：攻占巴士底狱体现了人民主权的原则，而不是非理性的叛乱（Sewell, 1996b: 862–863）。

但话语诠释只能带来"临时的图式""新概念"（Sewell, 1996b: 870–871）。要真正的带来结构转型，还必须经由权力模式的权威性裁决，使之与资源的关系从临时的衔接变成正式的衔接。因此，当国民议会于7月23日裁决攻占巴士底狱是正当的革命、是集体暴力与人民主权的衔接的时候，人民与国王、国民议会与人民在攻占巴士底狱过程中依情境而定的展演也变成了权力上的位置关系（Sewell, 2005c: 268）。如上所述，这些事件的过程是反向而行，使得权力模式又从情境展演到话语诠释，再到位置关系，产生了结构的转型。

表7.4 攻占巴士底狱前后的事件–结构双重匹配过程

日期	事件	结构	权力模式维度
7月11日	国王路易十六驱逐自由派财政大臣内克尔	断裂	位置关系
14日攻占前	群众对国家正当性的不确定想象	断裂	话语诠释

续表

日期	事件	结构	权力模式维度
7月14日	巴黎群众攻占巴士底狱	不确定	情境展演
14日攻占后	巴黎群众、议会代表对攻占巴士底狱不同的且变化着的诠释，包括作为非理性的集体暴力与作为人民主权的集体暴力	再衔接	话语诠释
7月23日	国民议会将攻占巴士底狱认定为正性的革命，是作为人民主权的集体暴力	再衔接	位置关系

由此可得，从事件与结构之间的实用性双重匹配过程的角度确定结构转型，包括以下四个方面的内容：

1. 结构转型是从失位到再衔接的过程。这一过程是以结构作为不均衡的衔接网络，由权力模式驱动着物质资源与文化图式间的关系变动。其中，权力模式具有情境展演、话语诠释和位置关系三个维度。"不均衡"和"衔接"分别体现了文化图式和物质资源在这三个维度方面的差异分布和融贯状态。

2. 结构转型是个"倒三角形"的过程，是以情境展演作为触底反弹，迫使相较宏观的位置关系与意义诠释落实在相对微观、具体的情境之中，又从具体的情境拓展出去。

3. 不能只有情境展演。因为尽管在案例中，攻占荣军院情境展演也很重要，但是只要被后续纳为意义诠释之

283

中就无法产生宏观影响；没有纳入位置关系中固定下来，也将只有昙花一现。但是，也不能没有情境展演。如上所述，转型前的结构和转型后的结构的分界线就在于寻找具有临时创意性的情境展演。

4.同样的，只有话语诠释上的再衔接不算结构转型。例如，仅仅为民意的不满而无实际行动和新型建制。再者，只有位置关系上的调整而无意义诠释上的再衔接，则如没有渗透力的政策文档，只有空洞的变化。

四、事件时间性：水平与垂直

尽管上面两个部分都是谈事件的定义而非事件时间性，但二者仍然密不可分。回答"事件作为结构转型"，还要在回答"何谓结构""何谓转型"之后再回答最后一个问题——"结构转型／事件是什么样的过程／时间性"。回答这个问题，就是要将前两种答案汇聚起来，进一步发展为事件时间性理论。

了解历史社会学的读者，一定对事件时间性不陌生，因为休厄尔（Sewell, 1996a:100–103）相当清楚的描述了它的三个构成部分[①]：

[①] 此处再次表明了休厄尔界定概念的风格：1.先给出相对独立的界定：A=B；2.再从构成要素的角度界定：A（=B）=x+y+z。

1. 路径依赖（path dependency）：从具体历史角度看，不仅包括事件序列中较后发生对较前发生的因果依赖作用，也包括较后发生所处的文化图式都对较前发生的因果有依赖作用。从因果性的角度看，虽然这意味着不存在普遍统一性（universally uniformity），但也不意味着其必然随着时间改变而改变。

2. 全局偶连（global contingency）：从具体历史角度来看，所谓的"全局"，是不管结构中的深层（depth）还是浅层（surface），社会生活中没有什么能够"免疫"于变迁。所谓的"偶连性"指的是历史具有不可预计的、打破期望的特征，但也并不意味着历史总是在波动不稳的状况。

3. 历时的因果异质性（temporally heterogeneous causalities）：一方面，因果性在时间上是异质的而非一致的；另一方面这也意味着不存在超越时空的因果性而必须将因果性限定在历史的情境与脉络中。

从这三个要素来看，休厄尔努力实现一种看似激进的平衡，避免同时滑入混沌无序和过于同质化。为此，他考虑了两个维度：具体历史和因果性。但是，这三个要素对这两个维度的分配却是不均衡的。路径依赖既包括因果性又包括具体历史，而全局偶连和历时的因果异质性却分别执掌一个维度。

能不能将路径依赖中的因果依赖性指认出来呢？可以。理由是，他已经区分了因果的统一性（universal

uniformity）和历时的因果依赖性（temporally causal dependence）。前者属于目的论，后者不是。也就是说，在休厄尔看来，历时的因果依赖性是无因果的混乱性和历时的目的论因果性之间的状态。我整理休厄尔的构想，见表7.5：

表7.5 《三种时间性》中的事件时间性

具体历史	因果关系
路径依赖	历时的因果依赖性
全局偶连	历时的因果异质性

从这个表格来看，两种具体历史历程、两种因果关系之间存在一个没有被解决的问题：在路径依赖中，文化图式也对日常发生具有依赖作用，而日常发生由具有肉体的行动者所驱动，总处在表面，而文化图式却具有深度。同样的，全局偶连可能导致具有纵深的图式也被颠覆。这种纵深的维度，如何在因果关系中呈现出来呢？显然，休厄尔所说的"历时的"（the temporal）指的是在时钟时间（clock time）表盘上的依赖或异质。再多的异质、依赖，也只能体现为"较早－较晚"（Elias, 1992:63–65）的水平变化，而无法说清楚所谓的垂直变化。

在休厄尔的《历史的诸逻辑》第9章的理论导言部分，这种内在矛盾被进一步加强了，具体见下：

在1988年发表的《不均衡发展，政治的自主性和

19世纪马赛的码头工人》（"Uneven development, the autonomy of politics, and the dockworkers of nineteenth-century Marseille"）（以下简称：《不均衡发展》）被收录入书时，休厄尔增加了一段理论阐释的内容。这段内容十分突兀，因为他不仅看似与该文其他部分不易直接衔接，而且与该文收录的、上述的几篇文章也不易协调。休厄尔（Sewell，2005f：273）区分了趋势（trend）、常规（route）和事件三种时间性类型：

> 任何真实的历史序列的时间性，势必是复合的（complex）。所谓的"复合"，指的是诸多不同的具有不同时间性的社会过程的某种特定的结合。下面，以一种临时的方式将诸多时间性划为三种类型是有用的：趋势、常规、事件。趋势是社会关系中的方向性变迁（directional change）。历史学家通常将这种时间性命名为"上升""下降""跌落""滞涨"等词汇。在任何给定的情境中，都可能有许多不同的趋势，以不同的节奏加以临时地联系起来（正如19世纪以来马赛的经济增长、城市扩张、海洋贸易以及移民的迁入），或者可能相互之间是十分独立的（正如保皇党情绪的涨落、旧港日渐拥护以及识字能力的提升）。常规则或多或少是在其他事情不变的情况下自然而然、以不变的方式

加以重复的活动。办公室工作、对话、码头劳动、宗教实践、休闲、餐饮或政治都在此列。用本书第4章的语言来说，常规就是再生产结构的实践图式（practical schema）。一般的制度可能被界定为生产和维持常规的装置（machines）。事件，正如我在前两章（作者按：第7、8章）清楚表明的那样，是历时上集中的、转型了结构的行动序列。这意味着事件可建立新的常规、改变旧的常规以及加速、反转或重新定向趋势。

这个新的类型学包括三个方面的理论更新：

1. 增加了空间隐喻。如果说在《三种时间性》的定义里倾向于"一个时间点，一件日常发生"，那么这里更具有空间隐喻地强调了在"同一时间点、多个日常发生"，例如趋势中"在任何给定的情境中，都可能有许多不同的趋势，以不同的节奏加以临时地联系起来"，常规中对"在其他事情不变的情况下"的假定，事件是"在时间上集中的"，却又是"行动序列"，而非单个行动。

2. 增加了宏观、中观、微观的区分。因为所谓的"复合性"（complexity），在微观的转型事件中，汇聚了中观的常规制度，以及长期且覆盖域更广的趋势。事件的后果能够中观和宏观的影响，但事件本身却只是行动的序列，在微观之中。

3.将历时的因果依赖性的路径依赖也分享到趋势和常规两个概念中，而历时的因果异质性的全局偶连则被归为事件。

对于常规来看，其重复性（repetitiveness）意味着前一时间点发生的事情对于后一时间点所处的文化图式具有再生产的作用，因而处在该文化图式中所发生的后续事情也维持了因果依赖性。这一点能够被联结到路径依赖，是因为路径依赖不仅是连环相遇，也在于它影响上述的文化图式。对于趋势来说，其方向性意味着时间上前后相依的事情之间存在正向或负向反馈。趋势作为一种特殊的路径依赖，是因为它能够将这种反馈过程以一种"累加计算"进行表述（如"涨跌""旧港日益拥挤"）。对于事件来说，在整个类型学中并没有被分配到因果依赖性的任务，反而只具有除旧推新的偶连任务。

表7.6 《不均衡发展》专著收录版中的时间性

具体历史	范围	时间性特征	因果性
趋势	宏观	方向性	历时依赖性
常规	中观	重复性	历时依赖性
事件	微观	偶连性	历时异质性

宏观、中观、微观之间并不是隔断的，那么要如何理解这三者之间的关系？休厄尔（2005f：278-280）引入了

托洛茨基的"不均衡和混合发展"（uneven and combined development）来标示这种关系。就是说，由于时间性被预设在具有空间感／范围之内，因而具有了不均衡的分布（如不同"涨跌"趋势），而这种不均衡又受到更高层次的时间性（如事件受到常规、常规受到趋势）的影响，或者受到相邻的其他同次的事件、常规、趋势的影响，得以汇合在一起共同作用。这样的时间性构想，也是合乎休厄尔对结构作为"不均衡的衔接网络"的想法，因为资源和图式的不均衡性，导致了事件、常规和趋势在时空中的不同衔接。

可惜的是，休厄尔关于时间性的重新诠释，对具体历史的理解有所拓展，对路径依赖分成更细致的方向性趋势和重复性常规，但却仍然没有发展被遗漏的"纵深"维度，使得纵深图式与行动序列被进一步"趋中合并"（central conflation）（Archer, 1995:ch.5）。

但是，理论上虽有遗漏，经验上却显是更为丰富。不妨再看看休厄尔如何将他的理论"不恰当地"应用到19世纪马赛港码头工人生涯及其地方生态的变迁。

首先，什么是方向性趋势？他将宏观的方向性趋势看为马赛码头所处的资本主义海洋经济。休厄尔（Sewell, 2005f：289）还使用进入马赛港装卸货物的船只的载物量为指标，描绘出一条从1825年开始先是缓慢上升，再是到19世纪40年代快速上升随后又骤然下降、再骤然波动的快速上升的过程。

其次，什么是常规？不同于宏观的马赛海洋经济，常规只关乎马赛码头工人的生态。自波旁王朝复辟后（1817年），当地长官虽然对马赛码头工人仍以旧行会的方式建立起保护主义生态运作有所疑虑，但终究还是肯定了他们的做法（Sewell, 2005f：285-286）。同时，此时的海洋经济已经兴起，但其增长的吞吐量并没有压垮码头的承载量与旧行会的工作能力（Sewell, 2005f：292）。旧行会甚至和当地商会建立起双向互惠关系，使得当地商会愿意承受较高的费用但由旧行会确保其工人的工作诚信（Sewell, 2005f：293-298）。因此，马赛码头工人的经济生活得到了保障。

但是，正如休厄尔（Sewell, 2005f：305-306）以"小生境"（niche）称呼这段"黄金时代"下马赛码头工人的生态状况一样，常规作为制度与生态，是能够应对来自行动序列的具体事件（波旁王朝复辟后的行政变化）、趋势（海洋经济的兴起）的重复性再生产。这种重复性虽然是依循旧规，但并非一成不变。

再者，什么是事件？在《不均衡的发展》的期刊文章版被收录入书时，休厄尔还重新划分了各部分并添加了小标题。其中便有一个小标题叫"码头转型"。并且，专著收录版中也引入大卫·哈维（David Harvey）所说的"空间修复"（spatial fix）理解新建港口对于地方生态与海洋经济的意义：这个新的码头本身并没有摧毁码头工人的"小生境"，而是同时引入码头仓库公司带来的蒸汽设备和雇佣关系体制，以及新码头仓库空间的独立管理特征，使得码头工作无须再依赖旧行会导向、工人阶级社区为基础的码头工人了（Sewell，2005f：302）。

尽管仍然可以从失位到再衔接的角度理解这场结构转型，从情境展演、意义诠释和位置关系的角度[①]理解新港口建设后的变化，但更值得探讨的是为什么"转型"和"修复"联系起来了？"转型"难道不是"全局偶连"，是更为彻底的、不会有什么是可以被"免疫"的吗？

哈维（Harvey，2001）在解释"修复"一词时指出，它虽然有将某物固定于空间的含义，但他更倾向于将之视为"短暂性解决问题"的意思。换句话说，事件并不是"全局偶连"，而只是短暂、局部、偶连的修复（contingent fix）。这显然与《三种时间性》的论述产生了矛盾。无怪乎，休厄尔（Sewell，2014a）会提出，资本主义挑战了他的"全局偶连"的事件时间性理论。

回到全局偶连的定义，究竟是哪个部分具有免疫 / 偶连性转型或者阻止了全局转型的发生呢？

如上所述，休厄尔（Sewell，1992:25）有专门谈到结

---

① 例如，不同的码头工人对新建港口后旧行会的命运有不同的诠释，旧行会因此情境驱逐了与公司合作的工人，最终截点在法院站在被驱逐工人的立场而非旧行会立场的权威的裁决。

构的图式维度具有纵深（depth）：他也认为，在资本主义体系中，由于量化数字本身作为符号系统，使得看似是货币数值的增减，而实则是图式的运作，因此资本主义表面上物质财富（material wealth）是不均衡的（如分配不公、经济周期），都是基于同样的抽象动力：把因人而异的使用价值转化为因社会必要劳动时间而定的交换价值（Sewell, 1992: 25；Postone，1993:26）。

也就是说，在资本主义体系的深层中，不是以具名的行动者（如资本家追求利润）为导向的具体历史，而是以结构的自我生成为导向（如资本的自我增值运动）的抽象历史。行动者在表面上对深层图式的情境性迁变（如空间修复、技术修复）（Silver, 2014: 46–69），没有带来深层的转型，而只是以不同的方式强化了商品拜物教的诸种对象与方式，使得深层结构得到了巩固（Sewell, 2005g：347–348）。

由此看来，尽管休厄尔在《不均衡发展》的专著收录版（第9章）中，理论阐释部分没有进一步发展抽象历史理论，但在案例分析部分却又与该书第10章和1992年的《结构理论》关于资本主义体系的深层图式不谋而合。

所以，到了2005年后，休厄尔（Sewell, 2008a: 533）再专门研究资本主义时间性的时候，才会在理论上补遗，用普殊同（Moishe Postone, 1993）所说"真实的抽象"（real abstraction）[1]形容"资本的逻辑"（logic of capital）与"事件的逻辑"（logics of event）辩证构成的 "抽象性的具体历史"（the concrete history of abstractedness）。

不过，就历史过程和因果关系两方面来看，尽管休厄尔在前一方面有所补遗，但后一方面却没有突破，因为他仍停留在自己旧有的"水平式"论述——与因果的异质性做出区分的"因果同一性"（uniformity）[2]（Sewell, 2008a: 527）。进一步讲，休厄尔没有看出，在普殊同眼中，资本和物质财富之间，价值与使用价值之间，是纵向的生成关系。这种生成关系更适宜被称为"层化的因果性"（layered causality）[3]。也就是说，在解释历史过程时，不仅要从"较早期-较晚期"的角度考虑历时因果依赖与异质性，也要从"深层-表层"的角度分析层化间的生成关系。因此，原有的"全局偶连"应予以修正，改为"水平偶连"（horizontal contingency）。

---

[1] 这一术语来自马克思，除了具有政治经济学的理论意义，也有方法论意义，见Sayer（1981）。

[2] 确实，深层逻辑的内部是相对稳定或同质的（Rutzou, 2017），但此次是针对纵向关系而非内部构成。

[3] 这一分类是来自于巴斯卡（Roy Bhaskar）对垂直解释（vertical explanation）与水平解释（horizontal explanation）的区分，见Collier（1994: 67）。

表7.7 事件时间性：历史过程与因果关系

具体历史	抽象和具体的历史	因果关系
无	真实的抽象	层化的因果性
路径依赖	常规、趋势	历时的因果依赖性
水平偶连	修复／事件	历时的因果异质性

由此，休厄尔在处理攻占巴士底狱和马赛港工人职业生态变迁这两个案例的时候，体现了不同的理论取向，可分别称之为：水平的事件时间性（horizontally eventful temporality）和垂直的事件时间性（vertical eventful temporality）。

在研究"攻占巴士底狱"这一事件的时候，被转型的结构涉及深层的图式。因为通过发明现代意义上的"革命"这一概念，就是要回答如何将集体暴力（表层的具体历史）与人民主权（深层的抽象历史）之间垂直地衔接起来。

在研究马赛港工人职业生态变迁的时候，被转型的结构没有涉及深层的图式。虽然休厄尔在比较《不均衡发展》与《结构转型》两章时所说，《不均衡发展》是为了研究历史的再生产与连续性而非转型，但在正文中却还是分析了马赛港在19世纪如何经历几个朝代／时期并最终在资本主义经济的深层资本逻辑下，一步步在海洋经济的长期增长趋势下，以空间修复、公司制引入、机器化生产方式，将土地、劳动力加以商品化，打破了原有的旧行会重复性常规。毋宁说，转型的生态只停留在表层，只有水平方向的旧行会式慈善互助文化与资源之变迁。

当然，这并不是说在以垂直的事件时间性分析攻占巴士底狱时无须考虑水平方向的具体历史变化，而只考虑抽象历史，而是说，在纳入抽象历史之后，历史作为抽象与具体的辩证过程，垂直维度是该解释中更为重要的面向。因此，关注焦点才将二者予以不同的概念化。

五、总结与展望

综合来看，休厄尔的《历史的诸逻辑》一书是凹凸不平的。其中，结构、转型、时间性概念都不是单一的，而是多元的。为达至一个融贯的休厄尔式事件时间性理论图景，有必要以内在批判而非外在批判的方式，考证与阐释各种分歧背后的整体脉络，并做出重新界定、选择取舍或发展整合。也就是说，与其说《历史的诸逻辑》是一本事件社会学的专著作品，不如说其各章共同构成了一个生态圈，其间有竞争或合作、有孤立的小生境或越界的整合等关系。

通过本章的内在批判工作，得出以下几点结论：

1. 结构是以权力模式驱动文化图式与物质资源衔接的

不均衡网络。文化图式是虚拟的、跨时空的，具有深度性和迁变性，物质资源是切实的、时空所限的，具有表面性和不均衡的分布特征。权力模式是将二者衔接起来，指定并锁定为社会实践流。这样的做法恢复了休厄尔在1996年的《结构转型》一文时而非2005年专著出版时的构想。

2. 结构转型在认定方法上需要考虑在结构与事件之间实用性的双重匹配。为了具体理解结构转型是怎样的过程，本章进一步引入瑞德的权力三维理论以强化结构定义中的权力模式。进一步讲，结构转型是从物质资源和文化图式之间关系失位到再衔接的过程，是在权力模式运作中，从位置关系断裂、话语阐释的混乱到情境展演的创新，再反向过渡到话语阐释的更新、位置关系的裁决的过程。这一过程如同"倒三角"形态，从宏观到微观，再从微观到宏观。

3. 事件时间性分为垂直的事件时间性和水平的事件时间性。由于文化图式具有深层性，事件作为结构转型，其时间性也可以细分。一方面，垂直的事件时间性是把结构从深层上加以转型，其解释也需要考虑到层化因果性的生成作用；另一方面，水平的事件时间性则接近学界接受的事件时间性的传统说法，重点分析的是具体历史中趋势、常规与事件，并运用历时的因果依赖性与异质性加以分析。简单地讲，垂直的事件时间性是结构的深层转型（depth transformation），水平的事件时间性是结构的扁平转型（flat transformation）。

基于以上的梳理、分析与发展，本章对结构、结构转型与事件时间性的定义将有助于促进学界的以下讨论：

1. 更全面地了解休厄尔的社会理论与历史研究。历史社会学界对于休厄尔的接受还主要停留在其第一、二个身份，没有纳入第三个身份，其原因除了时间上的远与近之分，也涉及如何在理论上整合二者的贡献。本章通过修正结构及其转型的定义，将事件时间性分类化处理，使得休厄尔基于第三身份的大量理论与经验研究（2008b; 2010；2012；2014a；2014b）都将能够用更加省力的（underlabor）方式（Bhaskar, 2010: 1–2）进入社会学视界。

2. 就历史社会学来说，新的事件时间性、结构、结构转型定义提供了新的对话契机。确定了休厄尔式结构的关系网络取向，有利于进一步澄清他与曼的历史社会理论之间的亲密性，发展了权力模式从失位到再衔接的运作，也有利于激发该理论与曼的IEMP（意识形态、经济、军事和政治权力来源）模式之间的对话（Mann, 1986: 29）。厘清休厄尔关于层化因果性的理论，有利于以批判实在论（critical realism）为媒介，促进与第三波社会学家的进一步对话（Steinmetz，1998；Clemens，2007）。此外，通过将事件时间性概念更为精致化、将结构转型认定更为全面且实用化，将有利于促进历史社会学的经验研究者在确定事件边界与运作等方面的工作（Abbott, 1988; 1992; 1995）。

3. 就社会学的基础概念来说，有利于让休厄尔的结构理论摆脱吉登斯的阴影（Archer, 1995；Stones, 2005；Lizardo, 2010），更为独立地与理论学界开展对话，也有利于在事件理论方面，重新开展与外部批判学者之间的关于新一轮的对话（如Moore, 2011）。

参考文献：

Abbott, Andrew: "Transcending General Linear Reality." *Sociological Theory* , 1988, 6 (2).

——: "From Causes to Events: Notes on Narrative Positivism". *Sociological Methods and Research* , 1992, 20 (4).

——: "Things Of Boundaries." *Social Research* , 1995, 62 (4).

——: "A Brief Note on Pasturization." *International Journal of Comparative Sociology* , 2006, 47 (5).

Adams, Julia, Elisabeth S. Clemens, and Ann Shola Orloff: *Remaking Modernity: Politics, History, and Sociology*. Durham and London: Duke University Press, 2005.

Antonio, Robert J: "Immanent Critique as the Core of Critical Theory: Its Origins and Developments in Hegel, Marx and Contemporary Thought." *The British Journal of*

Sociology , 1981, 32 (3).

Archer, Margaret Scotford: *Realist Social Theory: The Morphogenetic Approach.* Cambridge & New York: Cambridge University Press, 1995.

Bassett, Keith:"Thinking the Event: Badiou's Philosophy of the Event and the Example of the Paris Commune." *Environment and Planning D: Society and Space* , 2008, 26 (5).

Bhaskar, Roy:*The Possibility of Naturalism: A Philosophical Critique of the Contemporary Human Sciences. London?* New York: Routledge, 1998.

——: *Reclaiming Reality: A Critical Introduction to Contemporary Philosophy.* London & New York: Routledge. 2010 .

Callinicos, Alex: "Review of Logics of History: Social Theory and Social Transformation, by William H. Sewell, Jr." *International Review of Social History*, 2006, 51 (2).

Clemens, Elisabeth S:"Toward a Historicized Sociology: Theorizing Events, Processes, and Emergence." *Annual Review of Sociology* , 2007, 33(1).

——: "Organizing Powers in Eventful Times." *Social Science History* , 2015, 39 (1).

Collier, Andrew: *Critical Realism: An Introduction to Roy Bhaskar's Philosophy.* London & New York: Verso, 1994.

Elias, Norbert: *An Essay on Time.* Dublin: University College Dublin Press, 2007.

Giddens, Anthony: *The Constitution of Society : Outline of the Theory of Structuration.* Cambridge: Polity Press Cambridge, 1984.

Goldstone, Jack A:"A History and Sociology of Historical Sociology." *International Journal of Comparative Sociology*, 2006, 47 (5).

Lachmann, Richard: *What Is Historical Sociology.* Cambridge, MA: Polity, 2013.

Postone, Moishe: *Time, Labor, and Social Domination. Cambridge,* MA: Cambridge University Press, 1993.

Reed, Isaac Ariail:"Power: Relational, Discursive, and Performative Dimensions." *Sociological Theory* , 2013, 31(3).

Harvey, David:"Globalization and the Spatial Fix." *Geographische Revue* 2 (January): 2001.

Isaksen, K. Robert:"Without Foundation or Neutral Standpoint: Using Immanent Critique to Guide a Literature Review. "*Journal of Critical Realism* , 2018, 17(2).

Kumar, Krishan:"Historical Sociology." In *The New Blackwell Companion to Social Theory*, edited by Bryan S. Turner, Malden, MA: Blackwell Publishing Ltd, 2009.

Lizardo, Omar:"Beyond the Antinomies of Structure:

Levi-Strauss, Giddens, Bourdieu, and Sewell. ”*Theory and Society* , 2010, 39 (6).

Lloyd, Christopher:"Toward Unification: Beyond the Antinomies of Knowledge in Historical Social Science." *History and Theory* , 2008, 47 (3).

Malczewski, Eric:"On the Centrality of Action: Social Science, Historical Logics, and Max Weber's Legacy. ”*Journal of Historical Sociology* , 2014, 28(4).

Meyer, Rachel, and Howard Kimeldorf: "Eventful Subjectivity: The Experiential Sources of Solidarity." *Journal of Historical Sociology* , 2015, 28 (4).

Moore, Adam:"The Eventfulness of Social Reproduction." Sociological Theory , 2011, 29 (4).

Patterson, Orlando:"Review of Logics of History: Social Theory and Social Transformation, by William H. Sewell, Jr." *American Journal of Sociology* , 2007, 112 (4).

Pedersen, David:"Keeping It Real:Semiotic Practice and Fateful Temporality in William Sewell's Logics of History." *Social Science History* , 2008, 32 (04).

Porpora, Douglas V:"Four Concepts of Social Structure." *Journal for the Theory of Social Behaviour* , 1989, 19 (2).

Riley, Dylan:"The Historical Logic of Logics of History: Language and Labor in William H. Sewell Jr." *Social Science*

History , 2008, 32 (4).

Rutzou, Timothy:"Finding Bhaskar in All the Wrong Places? Causation, Process, and Structure in Bhaskar and Deleuze."*Journal for the Theory of Social Behaviour* , 2017, 47 (4).

Sewell, William H. Jr:"Uneven Development, the Autonomy of Politics, and the Dockworkers of Nineteenth-Century Marseille." *The American Historical Review* , 1988, 93 (3).

——: "A Theory of Structure: Duality, Agency, and Transformation." *American Journal of Sociology* ,1992, 98(1).

——: "Three Temporalities: Toward an Eventful Sociology." In *The Historic Turn in the Human Sciences*, edited by T. J. McDonald. Ann Arbor: University of Michigan Press, 1996a.

——: "Historical Events as Transformations of Structures: Inventing Revolution at the Bastille." *Theory and Society* , 1996b, 25(6).

——: "The Concept(s) of Culture." In Beyond the Cultural Turn: *New Directions in the Study of Society and Culture*, edited by V. E. Bonnell and L. Hunt. Berkeley, California: University of California Press,1999.

——: "Theory, History, and Social Science." In *Logics of History: Social Theory and Social Transformation*, Chicago: University Of Chicago Press, 2005a.

——: *Logics of History: Social Theory and Social Transformation,* Chicago: University Of Chicago Press, 2005b.

——: "Historical Events as Transformations of Structures: Inventing Revolution at the Bastille." In *Logics of History: Social Theory and Social Transformation*, Chicago: University Of Chicago Press, 2005c .

——: "Three Temporalities: Toward an Eventful Sociology." In *Logics of History: Social Theory and Social Transformation*. Chicago: University Of Chicago Press, 2005d .

——: "A Theory of the Event: Marshall Sahlins's "Possible Theory of History.'" In *Logics of History: Social Theory and Social Transformation*. Chicago: University Of Chicago Press, 2005e .

——: "Historical Duration and Temporal Complexity: The Strange Career of Marseille's Dockworkers, 1814-1870". In *Logics of History: Social Theory and Social Transformation*, Chicago: University Of Chicago Press, 2005f .

——: "Refiguring the 'Social' in Social Science: An

Interpretivist Manifesto." In *Logics of History: Social Theory and Social Transformation,* Chicago: University Of Chicago Press, 2005g .

——: "The Temporalities of Capitalism." *Socio-Economic Review* , 2008a, 6(3).

——: "Crooked Lines."*The American Historical Review* , 2008b, 113 (2).

——: "From State——Centrism to Neoliberalism: Macro-Historical Contexts of Population Health since World War II." In *Successful Societies*, edited by P. A. Hall and M. Lamont. Cambridge: Cambridge University Press, 2009.

——: "The Empire of Fashion and the Rise of Capitalism in Eighteenth-Century France." *Past & Present*, no, 2010, 206.

——: "Economic Crises and the Shape of Modern History."*Public Culture* , 2012, 24 (267).

——: "The Capitalist Epoch."*Social Science History*, 2014a, 38 (1-2).

——: "Connecting Capitalism to the French Revolution: The Parisian Promenade and the Origins of Civic Equality in Eighteenth-Century France."*Critical Historical Studies* , 2014b, 1 (1).

Silver, Beverly:"Theorising the Working Class in

Twenty-First-Century Global Capitalism." In *Workers and Labour in a Globalised Capitalism: Contemporary Themes and Theoretical Issues*, edited by Maurizio Atzeni, Basingstoke, Hampshire: Palgrave Macmillan, 2014.

Steinmetz, George:"Critical Realism and Historical Sociology: A Review Article."*Comparative Studies in Society and History* , 1998, 40 (1).

——: "Logics of History as a Framework for an Integrated Social Science."*Social Science History* , 2008, 32 (4).

Stones, Rob: *Structuration Theory. Houndmills, Basingstoke, Hampshire?* New York: Palgrave, 2005.

Takács, Adám:"The 'Return of the Event': Adventures of the Event in Historiographical and Philosophical Discourses since the 1970s'. "*Divinatio*, no. 2015.

Tang, Chih-Chieh:"Toward a Really Temporalized Theory of Event: A Luhmannian Critique and Reconstruction of Sewell's Logics of History."*Social Science Information*, 2013, 52 (1).

Tilly, Charles:"Tilly Reviews Sewell and Stinchcombe." Comparative & Historical Sociology: Newsletter of the ASA Comparative and Historical Sociology Section , 2007, 18 (2).

Tucker, Aviezer: "Review Essay: Historiographic Self-Consciousness."*Philosophy of the Social Sciences* , 2007, 37 (2).

Wagner, David G., and Joseph Berger:"Do Sociological Theories Grow?" *American Journal of Sociology* , 1985, 90 (4).

Wagner-Pacifici, Robin:"Theorizing the Restlessness of Events."*American Journal of Sociology* , 2010, 115 (5).

Znepolski, Ivailo:"From the Great Event to Incidents— a Reconstruction of the Event Identity of Historical Change." *Divinatio*, no, 2015.

第八章 / Chapter Eight

四种时间性：迈向另一种事件社会学

一、社会学与历史学的两对关系

社会学研究"现在"（present），历史学研究"过去"（past）？

即使反对历史学与社会学间"聋子式对话"的彼得·伯克（Peter Burke）也不免对上述说法持有肯定态度。他在《历史与社会理论》（*History and Social Theory*）一书中，赞赏了韦伯（Max Weber）等欧陆古典社会学学者的历史与理论兼备取向，进一步从历史学学科立场提出自己的主张：

如果历史学不与理论相结合，那么我们既不能理解过去，也不能理解现在。（伯克，2010：19）

伯克微妙地从历史学和社会学作为历史与理论的传统对立（见本书第四章），跳到过去与现在的对立。历史学成了过去学（pastology），社会学成为现在学（presentology）。

这种对立的观点在实证主义社会学学者眼中更为明显。英国老一辈社会学家约翰·戈德索普（John Goldthorpe，1991）早有此见。他认为：社会学和历史学的区分在于：前者可以生成证据（如调查法），而后者只能发现证据（如遗迹），因而历史学只能研究过去，而社会学虽然研究过去，但也研究现在（Goldthorpe，1991）。

尤其是在"宏大历史社会学"（grand historical sociology）兴起之际，戈德索普更是提醒同仁不能把两个学科视为同一体，因为二者的证据观不同（Goldthorpe，1991）。宏大历史社会学，如蒂利（Charles Tilly）等人通过比较历史上的诸种社会以探求发展模式，以致停留在二手研究（来自于历史学家或历史人物的遗迹整理），放弃了社会学的独特优势——基于"现在"社会而"生成"一手证据，如调查研究。

从社会学史的角度来看，戈德索普的观点确有道理。伯克（2010：12）认为芝加哥学派的兴起使得美国社会学在20世纪上半叶逐渐转向关注当代社会；埃利亚斯（Norbert Elias，1987）有类似观点，直指社会学家已向"立即的现在"（immediate present）退却。

相较于戈德索普，学术生涯一直跨越历史学、人类学、社会学等学科，并致力于历史社会学理论与实践的休厄尔（William H. Sewell Jr.）又如何看这个问题呢？

在《历史的逻辑：社会理论与社会转型》（*Logics of History: Social Theory and Social Transformation*）的《前言》里，休厄尔（Sewell, 2005a:ix）这样写道：

> 在我们的讨论中，我尤为坚持以下观点：我们要认识到，所有社会形式都具有历史性这个说法，是具有基础意义的。我认为，理解社会时间性（social temporality）对于研究"现在"的人类学家和社会学家，相较于研究"过去"的历史学家，是同样重要的（双引号为原文所加）。

休厄尔也认为，历史学和社会学的主流差异，在于过去与现在之别。对这种主流观点看法的质疑，在1996年出版的名篇《三种时间性：迈向事件性社会学》（"Three Temporalities: Toward an Eventful Sociology"），表露的最直接。他质疑模仿实证主义主流的历史社会学：

这个类型的历史社会学没有产生什么特别的理论或认识论的威胁。它只是过去的社会学，采取了接近于"现在社会学"的可行之法。……如果历史社会学只是关于过去的世界，那也有价值，因为它增多了可用的数据量。很多社会过程需要一些重要时段才能研究出来。如果我们只研究现在的这些社会过程，那么我们不仅面临研究不完备序列的风格，而且严重限制了案例数据。但是，历史只是提供了更多的数据吗？难道让社会学变得历史些，不是意味着引进了被常规的社会学思考中所遗忘的时间性观念吗？（Sewell, 1996a:246）

休厄尔先是肯定了戈德索普的观点，从社会过程变迁角度理解历史社会学的意义——从现在向过去拓展，用类似于实证主义的比较历史分析，把过去如现在一样探究明白，但是他又想走得更远：用时间性打破主流的历史社会学或社会学。

这是一种跨学科实践，因为时间性的洞察是来自于历史学，而非社会学（Sewell, 2014）。因此，休厄尔在《历史的逻辑》的第一章《理论、历史与社会科学》（"Theory, History, and Social Science"）中，进一步提出了问题：社会学知道什么、能向历史学学什么？历史学知道什么、能向社会学学什么？

他的看法是：历史学长于社会时间性的理解，短于结构思考，而社会学长于结构理论但是其结构观缺乏时间性（Sewell, 2005b:14）。所谓的社会时间性，是理解因果异质性（此一时期和另一时期的社会因果性不同是怎样的情况？）、事件性（事件如何能够"历史进程"？在给定的变迁历程中，什么是偶然和必然？）、复杂性（历史进程如何复杂地纠葛在一起？）和决定性（如前一时间的发生便如其所是）（Sewell, 2005b: 11）。所谓的结构思考是关于"社会中相对少数的、持续的、确定的、有因果影响特征的东西"（Sewell, 2005b: 14），如人口分布、意识形态。

一方面是主流的学界看法：社会学作为现在学、历史学作为过去学。休厄尔也不完全否认这一研究取向的重要性。另一方面是休厄尔式的激进想法，历史学带来时间性，社会学带来结构。我将这两对区分视为理解社会学与历史学的关系线索，以及进一步理解历史社会学的要旨。

为了探究这一要旨，本章要选取与第四章不同的取向。回顾第四章来看，我将社会学／历史学区分视为学科区分，进一步理解"为现在／过去""数据／理论"两对区分。由此，按知识社会学视野下的跨学科实践，指出历史学家可以作为社会学家，因为即使研究过去档案而产出的作品，也一样可以产生理论而不只是作为数据。

但是，本章对于社会学与历史学关系，提供了新的疑难，因为我撤去了"数据／理论"（或者伯克所说的"历

史／理论"），加入了另一对区分：结构／时间性（见表
8.1）。在新的区分中，不再涉及学科观这样的知识社会学
问题，而是直指理论旨趣。因此，如果说第四章中的"社会
学／历史学"更适宜称为"社会学学科／历史学学科"，那
么这里则更宜被替代为"社会／历史"这对区分。

表8.1 本书第四章与第八章的主题比较

第四章中的社会学／历史学：学科区分		第八章的社会学／历史学区分：理论区分	
现在	过去	现在	过去
理论	数据	结构	时间性

二、事件作为社会学与历史学的结合

休厄尔在《历史的逻辑》的《前言》中将社会学
与历史学的结合，理解为"社会时间性"。这个说法有
些矛盾，因为他在《理论、历史和社会科学》中说到历
史学所熟悉的时间性称为"社会时间性"。换句话说，
所谓的社会学与历史学的结合，变成了向历史学"一边
倒"，那么又何谈历史学向社会学借鉴结构思考呢？反倒
是，他在《前言》中视为"社会时间性"同义表达的"所
有社会形式都具有历史性"或简称为"社会形式的历史

性"（historicity of social form）、"社会形构"（social formation）更值得玩味①。

休厄尔的贡献在于从事件（event）的角度探讨了社会形构作为社会学与历史学结合这一议题。他在1996年发表的《历史事件作为结构转型：在巴士底狱发明革命》（"Historical Events as Transformations of Structures: Inventing Revolution at the Bastille"）一文中，通过批评叙事史学（narrative history）和当时主流的历史社会学，将事件的理论化往这一方向迈进（Sewell, 1996b）。

休厄尔（Sewell, 1996b：841–843）认为，历史社会学往往更关注普遍的因果模式而忽视事件，而叙事史学则对事件的理解缺乏以社会结构为基础，因为只有理解社会生活大多是在再生产之中，才能理解事件对结构带来的增速变化与巨大变迁，进而掌握"历史时间的正常肌理是粗糙而非平滑的"。从这个角度来看，事件确实结合了历史学的时间性特征和社会学的结构思考。因而，他这样定义事件：

　　　　事件是：1. 诸种发生的交织序列；2. 被时人认识到是重要的；3. 导致了持久的结构转型。

① 休厄尔在出版《历史的逻辑》一书时，对"社会"（society或the social）的指代还常用"社会生活"（Sewell, 2005c），但到了2005年之后更常使用"社会形构"（social formation）一词（Sewell, 2014）。这一词汇也影响了该时期休厄尔思想的马克思主义历史理论家莫伊舍·普殊同（Moishe Postone, 1993）的用词。

A historical event, then, is (1) a ramified sequence of occurrences that (2) is recognized as notable by contemporaries, and that (3) results in a durable transformation of structures。（Sewell, 1996b：844）

在事件定义的三个部分各有各的时间性理论，并相互构成。我在下文会一一阐述。不过，这三个子定义间有不协调之处。就后两个子定义来看，正如奥兰多·帕特森（Orlando Patterson，2007）提出过的质疑，认为有些结构转型并没有被时人所注意到，例如QWERTY键盘发明不被关注，但后来才流行起来。乔治·斯坦梅茨（George Steinmetz，2008）也提出了类似的批评。休厄尔（Sewell，2008）在回应时也同意会有一些事件是事后才被认识到或者没有被时人完全认识到，但他认为事件之所以为事件，是不可能时人完全没有认识到的。如此一来，事件或结构转型与时人的注意建立了必要关系：凡是结构转型，必须被时人认识或注意。

重新拆解休厄尔对事件的定义，带来了两个问题：1. 交织序列、时人注意（attentions of contemporaries）、结构转型，如何共同作为理解社会学与历史学的结合？2. 事件概念如何既作为结构与时间性的结合，又同时作为现在与过去的结合？

对前一个问题，休厄尔还缺乏从理论上的具体阐释。

显然，他是长于阐释结构转型而疏于分析时人注意。对后一个问题，休厄尔尽管对结构与时间性关系有所发挥，但对于现在与过去的结合缺乏解释。因此，从社会学与历史学的两对关系出发，聚焦到事件这个结合点，再拓展出两个问题，留待下文解答。

三、历史作为过去和时间性：共时脉络与历时转型

在回答将社会学与历史学结合起来这个问题时，需要先对历史一端的"过去"和"时间性"重新概念化。为此，我再分析休厄尔的《历史的逻辑》第六章《历史、共时性和文化：回应克利福德·格尔茨的研究》（"History, Synchrony, and Culture: Reflections on the Work of Clifford Geertz"）和第十章《重绘社会科学中的"社会"：阐释主义宣言》（"Refiguring the 'Social' in Social Science: an Interpretivist Manifesto"）。

在第十章，休厄尔（Sewell, 2005c: 318）先提出了一个看似很简单的问题：什么是社会（the social）？他比较了几个学科的语义区分，例如：在政治学／经济学／社会学的区分中社会学所说的"社会"既可以等同于如政治、经济这样特别专一领域，又可以等同一个涵盖经济、政治

等方面的整体范畴。反过来，如果我们说社会是政治、经济的子集，却会觉得明显不妥①（Sewell, 2005c: 324-325）。因此，社会学的学科特殊性正在于它的学科主题广泛性。

与之类似，在历史学／经济学／政治学这些区分中，历史学虽然可以被视为关于过去发现的事情，但这并不构成与经济学、政治学的语义区分。真正的区分在于理解：历史规律／社会规律、历史发展／社会发展这些区分中，历史与社会同样是涵盖域的整体性，与社会学类似（Sewell, 2005c: 325-326）。因此，雷蒙德·威廉斯（Raymond Williams, 1985: 146）才会在名作《关键词》（*Keywords*）一书，借由苏格兰启蒙运动中的"整体史"（universal history）的说法，指出历史一词在18—19世纪以来获得的新意义：不再是特定的诸种历史（histories）而是"人类自身的发展"。

为什么历史既作为过去又作为人类自身的发展这两个意义？除了语义区分，休厄尔也通过分析了格尔茨（Clifford Geertz）影响下历史学界对于"历史"一词的应用，回应了这个问题。

当我们在使用"历史的"（historical）这一形容词时，如历史叙事手法，指的是从流逝或时间流的角度呈现

---

① 例如波兰尼（Karl Polanyi, 1957）对经济与社会关系的研究。汤志杰（2009a；2009b）对此有精彩的评述。

其中的变异与发展，亦即"历史作为转型"来形容这种情况（Sewell, 2005d: 182–183）。这一表达颇得中文词汇"流逝"中所蕴含的两面性：既有"如水流淌"一样的动态，又有"易逝性"而反对一成不变的特征。

当我们在使用"历史"这个名词时，如中国历史，指的是从情境角度描述过去的一段发生。休厄尔巧妙地将这种情况称为"一块时间"或"被悬停的时间""历史作为历时脉络"，因为在这种情况下，并非没有展现不同的历史阶段（如唐宋元明清），而是把不同的历史阶段展现在"统一的时刻"以致无法感受到变迁与转型（Sewell, 2005d: 182）。

形容词与名词、历时转型与共时脉络①、作为与一成不变对立的流逝与作为现在对立的过去，反映了历史一词的历时性与共时性的双重意义。再回过头看社会学与历史学的区分："结构／时间性""现在／过去"，被转化为"结构／历时性历史""现在／共时性历史"的区分。

①　休厄尔（Sewell, 2005d: 183）用"历史作为历时脉络"（history as temporal context）和"历史作为转型"（history as transformation）形容历史的共时性（synchronicity）与历时性（diachronicity）。中文在翻译"temporal"和"diachronicity"时极易混淆，因此我改称为"历史作为共时脉络"和"历史作为历时转型"。

表8.2 休厄尔对历史的辩证定义

社会	历史作为转型和过去
现在	过去作为共时性脉络
结构	时间性作为历时转型

四、阈限时间性和继替时间性：结构的历史或历史的结构

这一部分分析结构与历史的结合，亦即结构与过去／共时脉络、时间性／历时转型的结合。

> 事件是：［……］导致了持久的结构转型。（Sewell, 1996b：844）

首先，历史作为过去或共时脉络，体现在"导致了持久的结构转型"这个部分中。因为它从后果的角度界定了事件定义。也就是说，凡是事件，必有一个结局：结构转型。

正如休厄尔（Sewell, 1996b：878）在该文中判定"在巴士底狱发明革命"，是以1789年7月23日国民议会关于革命范畴作为集体暴力和人民主权衔接的裁决为终点。休厄尔（Sewell, 1996b: 878）也不讳言，指出这些选择都

是事后给出的。也就是说，只有较早的结构成为"过去"的共时脉络，并确立了较新的结构这一后果，才能指定事件的边界。也就是说，事件既封存了一个过去，也同时开启了一个新的共时脉络，具有双重意义。

因此，这种开端–结局，或者较早–较晚的结构变迁构想，导致休厄尔在描述这一过程时使用的"序列"一词。即使他将该过程称为复数的（"诸种发生"）、复合的（"交织"），但仍将之称为具有继替意义的序列。

从这个角度来说，"过去"，并不是和"现在"相对照，而是以较早–较晚的继替方式相互参考。这种继替的序列呼应了我在第五章谈到的埃利亚斯的继替时间性（successive temporality）或继替的秩序（order of succession）。

因为上述的事件边界问题，涉及埃利亚斯所说的时间定位或"何时–问题"（when-question）：如何界定从较早到较晚结构的流逝，是有所不同、可以比较、被视为转型了的（transformed）。埃利亚斯在论述人类社会的普遍发展时，指出了由垄断性权力机构（如教皇、法国国王）对时间的测量方式（如时钟、天文历法），指定了流逝的基准过程（standard process），使得流逝中的不同片段可以联系起来加以比较、不被视为同一对象（爱里亚斯，2014）。

在休厄尔的论述中也有类似的情况。休厄尔（Sewell，

1996b: 874–875）强调结构转型要由权威机构核准、要有判决性行动，因而把国民议会而非普遍的巴黎市民视为1789年发明革命范畴的关键。国民议会通过与国王的斗争（也由于路易十六自己妥协），将权力从神授君权一端转向了人民主权一端，从而主导了对于历史进程的判定。简单地讲，垄断权力的判定为回溯革命的流逝过程中的较早结构、较晚结构的继替秩序提供了基准过程。

　　一方面，在以共时性时间脉络为主轴看待结构与历史时，要纳入继替时间性或埃利亚斯式时间性，重点落在事件的第3个分定义（"导致了持久的结构转型"）。休厄尔之所以要给"结构转型"加上"持久的"这个形容词，是为了强调转型了的结构（structure transformed）具有稳固性，形成了自成一体的因果性，足以称之为共时性脉络，而非仍在流逝变异之中。

　　　　事件是：［……］诸种发生的交织序列。（Sewell,
　　　　1996b：844）

　　另一方面，在以历时性转型为主轴看待结构与历史时，则要纳入事件时间性或休厄尔式时间性（我在后文也称为阈限时间性），重点落在事件的第1个分定义。事件时间性是将继替的较早-较晚秩序衔接起来而非区分出来的过程。

事件定义的第一个分定义所强调的"交织序列"，究竟在结构转型之中是怎样的序列呢？休厄尔在该文的1789年革命研究的开头部分，在谈完具有时间感的序列时，接着又陈述危机的矛盾对立时局。休厄尔认为，当时的法国已经从财政危机、阶层系统危机转变为政体危机、甚至社会与政治秩序的根本原则之危机——新兴的人民主权与旧存的君权至上在人们信仰体系中共存而带来的对立与紧张。其后果是攻占巴士底狱前夕法国人民的"正常生活的失位"。休厄尔使用了"事件的内部时间性"（the internal temporality of events）这一术语，强调这种危机状态的持续性：

> 在此，认识到事件的内部时间性很重要。尽管历史事件这个术语具有点断论的意涵，但是它从来不是瞬间的发生。它总是有所延展（duration），是最初的断裂和之后的结构转型所经历的时期。在此期间，诸种结构之间的常规衔接变得失位了。由此，行动者饱受不安全性困扰。他们不确定要如何过活。（Sewell, 1996b: 845）

从结构的失位到再衔接作为结构转型的定义，其中的不安全性被延展之后，使得阈限性（liminality）被突显出来。在正文中，休厄尔亦谈到了集体欢腾和集体创造之后，借用了维克多·特纳（Victor Turner, 1969）阈限性概念，其主题是关于国王投降后进入巴黎城时，人民群众所即兴创作的一系列仪式，象征着人民主权胜过王权。因此，阈限性是在尘埃未定时多种状态并存或"其间"（in-between）的状态，导致了原有的秩序产生了失位，但新的衔接还在试验之中（如短暂的新仪式），尘埃未定，形成了"阈限的序列"（liminal sequence）。

我用阈限的序列旨在说明这种失位到衔接之间的状态本身也是具有时间概念而非只是空间并置的交织问题（见事件的第1个子定义）。比较上面所述，"为事件划定边界"论中强调的是行动者与已发生事件间的关系，关键是要区分何时为转型了结构、何时结构还没转型，区分较早和较晚结构，体现了事件兼具终结和开启的双重意义。那么，这里所说的阈限的序列则体现了"事件即边界"，因为边界亦即临界，为结构的不同共时脉络间提供了切换可能[1]。但是，旧结构既存已在，那么新结构又从何而来？如何才能够让新旧交织呢？

休厄尔（Sewell，2005e: 362–370）在将《历史事件作为结构转型》收到《历史的逻辑》时，增加了关于方法论的《后记》，指出在攻占巴士底狱中通过将集体暴力和人民主权衔接起来作为革命的范畴，最具创新意义的是集

---

① 这里边界的理解，更接近哲学家阿甘本（Giorgio Agamben, 1998），而非有类似表述的安德鲁·安博特（Andrew Abbott, 1995）。

体暴力这一环节，因为人民主权和革命在之前均已有，但将集体暴力衔入其中却是"发明"（invention）的意义。为了回答这一问题，休厄尔（Sewell, 2005e: 367）从涂尔干（Emile Durkheim）的集体欢腾和韦伯（Max Weber）的卡里斯玛所具有的社会-情感动力（socio-emotional dynamics）作为解释的来源[①]。休厄尔将情感与发明联系起来，是为了说明发明具有即时即兴的"事中"作用，而非事后判定，提供在"事件内部时间性"之中理解结构转型的内生性解释。

这样的内生性解释使得阈限的序列得以形成事件时间性（eventful temporality）的辩证关系。休厄尔的《三种时间性：迈向事件性社会学》提供了基础。我在第七章总结了休厄尔的事件时间性构想，包括历时的因果异质性下的全局偶连性（global contingency under the temporally heterogeneous causality）和历时的因果依赖性下的路径依赖（path dependence under the temporally causal dependence）。

休厄尔所说的从结构失位到结构再衔接的阈限序列，也同时是从全局偶连性到路径依赖的过程。因为全局偶连性的"全局"之所以可能，在于阈限性中基于社会情感所带来的发明可能，从而导致全局都可能被改写；路径依赖

---

① 这种以集体欢腾为自变量，也是为了反对理性选择学派。情感和理性选择学派间争论见Ermakoff（2015, 2017），Collins（2017）。

之所以可能，在于结构转型中新发明被重新衔接起来，消除了情感上的不安全感，使得阈限过程具有了新的序列性，事件边界也被划定出来。

表8.3 埃利亚斯和休厄尔对较早-较晚关系的处理

埃利亚斯	休厄尔
继替时间性	阈限时间性
继替秩序	阈限序列
区分定位	失位衔接
事后权力判定	事中情感发明

　　整体来看，在将结构与历史结合起来的过程中，结构与共时性时间脉络／过去的结合是通过埃利亚斯的继替时间性，因为它通过事后判定的区分定位，建立了继替秩序，建立了较早-较晚的差异性关系；结构与历时性转型／时间性的结合是通过休厄尔的事件或阈限时间性，因为它通过事中发明，把较早-较晚的继替时间性进一步深化为从全局偶连的失位到路径依赖的再衔接的阈限序列。结构的历史或历史的结构具体在休厄尔对事件定义中的第1和第3个子定义部分。

五、现在时间性和突现时间性：历史的现在或现在的历史

从阈限时间性进入事件概念，尽管从社会-情感的角度提出了解释力，但是其自身概念得以成立的几点仍然有待被康德式质疑："事件的内部时间性"何以可能？进一步讲，休厄尔将之视为一段时期、一个延展，意在为交织的较早-较晚铺设基础，但是这种延展何以可能？如何不将事件视为一个瞬点而是一段时期？行动者又如何能够体验到自己的发明是在"事中"或者现在之中？这涉及要将社会学与历史学的关系中的"现在"进一步和历史结合起来，也涉及事件定义中的第二部分：

> 事件是：［……］被时人认识到是重要的。
> （Sewell, 1996b：844）

休厄尔强调"时人"这个概念，隐含地避开了将事件作为结构自身运动，进而纳入行动者视角的可能性。实际上，埃利亚斯认为之所以有较早-较晚的继替秩序，就在于人具有特殊的综合能力（capacity for synthesis），能够将不是在同时发生的事情加以联系并比较：

　　处理时间和时间测定问题的主要关键其实在于人的特殊能力，即一连续事件序列中"较早"和"较晚"、"之前"和"之后"发生的事情一同加以注意，从而予以联系的能力。在此表象行为中，亦即把不是一同发生的事予以合观的行为上，记忆扮演了奠基的角色。……更精确地讲：在此报出此刻是四点，如果人们没有马上意会先前有过两点且稍后会有六点，这个报时就没有意义。像"较早"和"较晚"之概念，就是人的能力，亦即把不是一同发生、甚至被体验成不是一同发生的事一同加以设想的能力之体现。（爱里亚斯，2014：113—114）

　　埃利亚斯在这段论述中颇为激进，甚至认为他提出的"较早""较晚"也是人的能力。确实，如果要把"不是一同发生［……］的事一同加以设想"，这已经不再是社会世界本身的继替发生的问题了，而不得不回到行动者本身。但遗憾的是，埃利亚斯并没有拓展他对这种人的综合能力的设想，反而在稍后对这种构想大加批评。

　　他进一步比较了继替序列取向的"较早-较晚"和"过去、现在、未来"的时间观，认为前者"表现了在某序列本身之内不同位置的联系"，因而不像"过去、现在、未来"那样依参考群体的改变而改变（爱里亚斯，

2014：118—119）。

埃利亚斯自相矛盾的论述，唯有到《论时间》（*An Essay on Time*）的后半部分才被偏袒地化解：转向发展社会学，研究不同历史／地域的继替时间秩序及变迁（如美洲的部落社会），放弃了自人之能力到社会继替的论证路径，而只剩下他所说的，从"众人"（the many）角度论证沟通媒介或象征符号（如仪式、习俗、钟表）所带来的个体化作用（爱里亚斯，2014：40—46）。

埃利亚斯的取径，不仅使得人的能力没有澄清，更使得人如何设想、如何比较这一过程失去了理论空间，无法回答事件定义中的第二部分。如上所述，我选择追随休厄尔，不放弃这个子定义。因此，下文需要继续补强时间性理论，把人的能力和事件的"被时人认识到是重要"这一特征联系起来。

埃利亚斯将人之能力摆在综合式联系的后果，则必须面对奥古斯丁（Aurelius Augustinus）在《忏悔录》（*Confession*）一书提出的问题：较早的发生和较晚的发生被综合联系、一同比较，那么较早和较晚，是真的发生了吗？是否存在？奥古斯丁（1963：245）指出，将来尚未发生，过去已经逝去，因而唯一的存在是现在。奥古斯丁（1963：247）可能认为埃利亚斯是略写了其反对对象，更完整的说法在于：

有一点已经非常明显，即：将来和过去并不存在。说时间分过去、现在和将来三类是不确当的。或许说：时间分过去的现在、现在的现在和将来的现在三类，比较确当。这三类存在在我们心中，别处找不到；过去事物的现在便是记忆，现在事物的现在便是直接感觉，将来事物的现在便是期望。

埃利亚斯曾举过的例子——"在此报出此刻是四点，如果人们没有马上意会先前有过两点且稍后会有六点，这个报时就没有意义"，却不完全符合他自己的说法，反而符合奥古斯丁的上述看法。埃利亚斯想由此例指出人之能力——"把在一连续事件序列中'较早'和'较晚'、'之前'和'之后'发生的事情一同加以注意，从而予以联系的能力"，但该案例意味着：人们意会现在是四点、回忆有过两点、期望后来会有六点。较早与较晚是在现在中被加以注意、予以联系。因此，过去与将来，都成了过去的现在、将来的现在，并且都在现在的现在之中。

将"现在"放回到埃利亚斯的论述中，意味着所谓的综合能力，不是将较早的过去与较晚的将来放在较早与较晚之间的当下现在，也不是将较早的过去放到较晚的现在，更不是将较晚的将来放到较早的现在，而是从唯一存在的现在"延展"到过去与将来。因此，人的综合能力实际上是人的延伸能力（human capacity for extension）。

奥古斯丁（1963：257）说道：

> 但将来尚未存在，怎样会减少消耗呢？过去已经不存在，怎样会增加呢？这是由于人的思想工作有三个阶段，即期望，注意与记忆。所期望的东西，通过注意，进入记忆。谁否定将来尚未存在？但对将来的期望已存在心中。谁否定过去已不存在？但过去的记忆还存在心中。谁否定现在没有长度，只是疾驰而去的点滴？但注意能持续下去，将来通过注意走向过去。

奥古斯丁充分阐释了人的综合能力是一种从现在的现在（注意）出发的延伸能力，从主观或思想上把较早发生理解为作为过去的现在的记忆、较晚发生理解为作为将来的现在的期望，使得"三个现在"成为存在事体，形成了"现在时间性"（temporality of the present）或本书第5章中所说的主观时间性。

奥古斯丁的现在时间性提供了将阈限时间性和继替时间性的衔接关系加固的方案。休厄尔与埃利亚斯的综合方案是将历史事件看作导致持久的结构转型（子定义3）的交织序列（子定义1），但是让埃利亚斯和休厄尔成为可能的人之综合能力、事件的内部时间性，都依赖于事件的子定义2，将结构层次的事件转化为行动者层次的时人注意，理解为人基于"三个现在"的延伸。

> 事件是：1. 诸种发生的交织序列；2. 被时
> 人认识到是重要的；3. 导致了持久的结构转型。
> （Sewell, 1996b：844）

从奥古斯丁的现在时间性角度看待休厄尔的阈限时间
性和埃利亚的继替时间性，整个过程变成了行动者何去何
从的决策过程。阈限时间性提供了并置的选项，让行动者
处在全局偶连与路径依赖交织的不安全感之中，迫使事中
的行动者有所发明或选择，做出决断。继替时间性则在事
后判定行动者的选择，而选择与判定都在行动者当下此刻
的注意、回忆或期望之中。

因此，休厄尔《历史事件作为结构转型》一文，既可
以看作是以结构转型（革命范畴作为衔接集体暴力和人民
主权）为主题，也可以视为行动者的决策过程为主题——
将1789年7月14日攻占巴士底狱这起集体暴力事件的理解从
群众骚乱到人民主权的表达。

休厄尔（Sewell, 1996b: 852-860）描述了7月14日这起
事件对结构失位感受的深化：国民议会成员在次日回顾这
起事件时，认为这是非理性的事件，对时局感到悲观，认
定国王将来会借此加强反击，瓦解议会权力。然而，这种
悲观的期望没有被证实。赴巴黎观察时局的议员对井然有

序的场景印象深刻，而国王声明放弃驻军离开首都，解散内阁等投降举动也使得议员们重新注意时局的可能性。议员们逐渐把7月14日事件重新理解为对专制王权的反抗，具有革命正当性，并注意到这起事件的蔓延性产生了其他的集体暴力骚乱。为了巩固新时局，议员们进一步区分了作为人民主权表达的集体暴力和作为群众骚乱的集体暴力。

尽管休厄尔（Sewell, 2005e：362–370）在该文的后记中，从方法学角度阐释这个决策过程，但是却缺乏理论上的说法。斯廷奇科姆（Arthur Stinchcombe, 1978：40–62）早在休厄尔提出其方法论构想的前30年，便从理论上提出了"人之抽象模式"（the abstract model of man）设想，可解释其故事。

斯廷奇科姆在总结托洛茨基（Leon Trotsky）的《俄国革命史》（*History of the Russian Revolution*）和托克维尔（Alexis de Tocqueville）的《旧制度与大革命》（*The Old Regime and the French Revolution*）所述的政体转型之中，随着新的信念的传播和制度化，行动者在信念上会对旧政体的不可避免性（inevitability）、新的替代政体的可能性进行"概率估算"，从而革命过程所关涉社会结构变迁，降解为"分子过程"（molecular processes）。

斯廷奇科姆理论构想中蕴含了时间性的想法（如"不可避免性"）尚未得到足够的澄清，因而仍然难以提供衔接休厄尔—埃利亚斯—奥古斯丁的完整方案。我认为，可以引入乔治·米德（George Mead）的突现时间性（temporality of emergence），为三种时间性的理论沟通提供中介。

第一，现在时间性之所以具有社会性，是因为现在在突现中。阿博特（Abbott, 2001: 221–223）借用并认同保罗·利科（Paul Ricoeur）的观察，指出社会与相互关系在奥古斯丁的时间理论中几无体现，以致滑入了主观主义（subjectivist）和精神主义（mentalism），过于强化了"现在"对过去的建构作用，忽视了社会关系和"切实时间性"（actual temporality）。不过，在阿博特（Abbott, 2001: 226）看来，米德的《现在的哲学》（*The Philosophy of the Present*）却可以弥补这一缺点，因为米德同时承认过去的二重性：既有不可唤回性（irrevocability）的确实发生，又对行动者来说是开放构想的。

尽管米德和奥古斯丁一样，也只接受实在或存在现在之中，但是却通过"不可唤回性"和"突现"的连接，比奥古斯丁更向社会学迈进一步。比较来看，奥古斯丁（1963：255）通过时间度量问题进入现在与过去的关系，因为凡是度量必已过去，因为度量的只不过是心灵中过去的印象。奥古斯丁（1963：255）希望以此说明"当前的意志把将来带向过去，将来逐渐减少，过去不断增加，直到将来消耗净尽，全部成为过去"，但是在米德看来，这个议题又意味着另一个观点：

我们置身其中的过去既是不可唤回的，又是可以唤回的。至少，出于经验的目的，诉诸一个所谓"真实的"过去，认为我们不断从"真实的"过去有所发现，这是徒劳的。因为过去必定依据某个现在作为背景，从这个现在中又会出现突现的东西，而我们必须从突现的东西的立足点看待过去，这样，原来的过去就会成为一个不同的过去。当突现的东西出现时，我们总是发现它来源于过去，但在它出现之前，根据我们对突现的定义，它又并不是来源于过去。（Mead, 1932: 2）

米德看到了过去在现在中，但也看到现在不在过去之中，这意味有一个"原来的过去"，也有一个在现在之中的"不同的过去"，而后一种过去通过参与到现在之中，产生了相较于"原来的过去"的不同之处，从而使得现在具有突现性。因此，尽管米德也认为实在或真实不在过去中，但借用阿博特的说法，米德已经迈向了"切实时间性"，不再只停留在精神和主观之中。

过去作为回忆而带入注意的现在中，产生了突现的现在，使之不同于不可唤回的过去，反映了过去也是切实的；

那么将来作为"有距经验"（distant experience）[1]，迫使现在以"延迟回应"，相当于把因果作用也赋予了将来，使得将来作为期望不仅在主观主义和精神主义的范围内。

米德（Mead, 1932：74–76）认为有距经验就是预示着某种接触经验的发现，是未来已存在流逝的现在之中的明证，因而行动者对此"有目的的反应"。这种反应未必是个人的随意而为，而可能是与现在所处情境有所脱离的"组织化态度"（organized attitudes）或"习惯性反应"。脱离于情境是他论证的重要一步，因为它不仅意味着要借助观念或符号表达自己的目的性，更意味着这种反应是具有共相、可以沟通的，或者说个人也可以采用其他个人的角色，甚至"概括化他人角色"（the role of the generalized other）（Mead, 1932：83–85）。一旦米德将个体回应的有距经验连接到社会化的内在交谈，意味着"将来"对米德来说，是温和／弱版本建构论（moderate/weak constructionism）而非强烈／激进版本建构论（strong/radical constructionism），并非个人主张、"怎样都行"（anything goes），而是接受集体作用下社会文化脉络的重要性，与实在论可以和解（Smith, 2010: 121–122; Elder-Vass, 2012: 4–8）。

尽管米德和奥古斯丁一样，都只接受实在在现在之

---

[1]　尽管米德也用"有距经验"形容现在对过去的关系，但是主要用于现在与将来的关系。

中、现在作为延伸可以有回忆、注意和将来，但是米德更加社会学化的操作，发展了现在的社会性：在过去之于的不可唤回性、将来作为有距经验的期望与回应，也在一定程度上说明了米德能够接受过去与将来具有实在性。借用实在论者对建构论的区分，如果奥古斯丁是激进的现在时间性，那么米德则是温和的现在时间性。就事件定义中的"时人注意"来说，如果说奥古斯丁重在阐述了"注意"，那么米德则将"时人"的意味带了进来，使其更具限定性，也更为温和。

第二，阈限时间性的去神秘化，有赖于连接米德的突现时间性。休厄尔的阈限时间性依赖于社会情感的事中发明，描述了历时转型中的交织序列。为了避免这种社会情感解释陷入"半神秘"的腔调（Stinchcombe, 1978: 121），休厄尔也和斯廷奇科姆站在同一边上。在评述萨林斯（Marshall Sahlins）关于夏威夷土著在库克船长抵达和离开后产生的种种打破禁忌的行为时，休厄尔（Sewell, 2005f: 212-213）说：

> 以结构的多重性假设为基础，不同的个人的经验、能力和知识也必然是不同的。因为他们的人生史将从不同的视角、产生关于不同文化结构的独一无二的混合体……我认为，结构的多重性概念让主体的文化创造性更易于解释……任何个人都能混合

他／她自己的诸多不同的情境主体性、关于行动的
动机、计划，而不同主体性所关联的思考模式从未
能够严格地限制在特定的情境。

休厄尔（Sewell, 2005f：220）没有对情境或局势给
出确切定义，以致他在评述萨林斯的最后部分出现一个分
歧：情境或局势，与结构的关系是宏观与微观的区分，因
而才会说发生于情境或局势的事件反映了"微观条件的宏
观效应"。如果结合休厄尔在论述阈限时间性或事件时间
性时所说的历时的异质因果性，那么与微观–宏观关系不
同，而是与引文中的"人生史"有关。换句话说，人的一
生会历经不同的结构，有所积累也有所筛选，因而面对迎
面而来的特定情境时，使用的策略往往会是混合的，从而
产生了人的创造性或所谓的"事中发明"(invention-in-
happening）。

从这里可以看出，休厄尔从结构一端出发，在丰富了
结构理论的基础上，只将人的创造性作为了被解释项，可
说之处乏善可陈，而结构与行动者共享的"历时的因果异
质性"并没有在人生史中充分说明。为此，我再引入米德
的突现时间性，强化这一点。借用和拓展第三波历史社会
学的话，人的形象不仅是"多重社会角色"（Clemens，
2005: 509），也是"历时异质的多重社会角色"。正如休
厄尔或斯廷奇科姆的案例所述，在法国或俄国革命中，都

呈现出值得行动者概率估算的"旧制度"与"大革命"可能性，这二者并置并非只是结构的多重性，而是历经了旧制度的行动者在人生又面临大革命时所产生的何去何从的不安感。

米德之所以在此有用武之地，是因为他将结构所具有的多重性放在现在时间下的行动者身上。他区分了两种情况：在"一瞬"（an instant）的情况下，系统成员相互之间具有多重关系；在"流逝"（passage）的情况下，行动者既处在限定性的流逝的过去之中，也处于新颖的现在事件之中，因而新系统与旧系统具有交叠共存关系（Mead, 1932: 76–77）。换句话说，如果把每个一瞬的多重人际关系看作现在的情境，那么行动者形成的情境定义，既无法为过去所决定——这里也带着过去的多重人际关系，也无法只由现在一刻所解释，而是理解行动者在现在中唤回过去的同时，又容纳新生的现在。举例来说，在一场革命集会上，讲者说话缺乏感染力，甚是无聊，以致听众开始在底下调侃地扮演讲者的说话风格。这个扮演他人角色的现在"一瞬"既呈现了听众-讲者关系，也呈现了听讲者说话（过去）和调侃讲者（现在）并存的情况。回到休厄尔的案例，国会议员、巴黎人民、国王这些群体间在每一个一瞬中的相互关系，都在流逝的现在中不断地产生新旧交织的突现情况，以致国会议员要不断地报告巴黎的秩序、国王的决定，并进行新旧关系比较，促成自己的当下决定。

由此，米德的突现时间性，通过"关系的一瞬在流逝的现在中"，促进解释了事中发明的逻辑，避免了集体欢腾解释的半神秘化问题[①]。

第三，突现时间性为继替时间性补充了调适过程（adjustment process）。上述的两点——突现时间性作为承认过去与将来实在的温和版本，现在时间性、突现时间性反映在历时异质的社会角色，都是社会学式转换操作：把奥古斯丁更加社会学化、把半神秘的阈限性更加社会学化。在这个过程中，斯廷奇科姆所说的"人的抽象模式"论证的背景搭建了起来。而他进一步所说的概率估算，则是突现时间性在联系继替时间性时的意涵：人在现在中，面对过去与将来的调适过程。米德甚至激进地将突现的社会性到调适过程视为同一回事：

> 现在的社会性来自于现在的突现性。这里的突现性，涉及的是重新调适的过程……我们可以在生态学上找到突出的案例。在草地或森林的生态群落中，任何新进入的形式只要能够幸存下来，都会引起生态群落的反应。当新形式在生态群落中占有一席之地时，植物学家向我们展示了相互调适的过程。由于新的到来者，这个世界有所不同……我所

---

① 这样的改造使得法国大革命的理解，接近尔马科夫（Ermakoff, 2015）的解释。

> 指的社会性实际上是在旧系统和新系统之间的阶段。如果突现性是实在的一个特征，那么这个调适阶段也同样是实在的一个特征。这个调适阶段出现在突现事件产生前的有序宇宙和随着新来者而产生的新的宇宙之间。（Mead, 1932: 47）

米德没有把这里的调适只是看作系统的自身继替变迁，而是将之视为由于"新来者"导致的生态变迁。这意味着对调适的理解要回到行动者的层次。这一举动将回到继替时间性的生成性基础。用米德的话讲，对于过去与将来的理解，要超越流逝中的接邻关系（contiguous relation in passage），就是要理解过去与将来的表征作用，通过理解回忆与期望，回到心灵的思维过程（Mead, 1932：24）。

对于这样的思维过程，米德进一步提出了假设检验式构想：

> 已经发生的事件，正在进行的过程和方向形成了确定未来的理性方式的基础。不可唤回的过去和正在发生的变化是我们联系在一起推测未来的两个因素。经验中进行的这一进程的特征就是概率性（probability）。不论我们多么急迫地寻求这种只需演绎就可以承认处在这一进程中的事物的关系不能被化解为数量因素……我们在过去中寻找现在正在

发生的事情的先决条件，然后根据这些事情和先决
条件的关系来判断未来。（Mead, 1932：14）

米德继续说：

> 我们检验我们有关过去的猜想（conjectures），
> 是通过限定现在的方向，以及通过考察未来将要发
> 生事情来完成的。（Mead, 1932：16）

对于将来的某种发生的不可避免性（如大革命，国
王向巴黎市民投降），米德的做法是以猜想、推测与检验
的方式，理解其发生的概率性（如革命的不可避免性）。
不过，这里的概率性和斯廷奇科姆的说法一样，都不是数
量关系，而从"人的抽象模式"的角度理解其中的抽象运
作。也就是说，在米德看来，判断未来在于寻找先决条件
（从现在到过去、现在的发生），以及理解这些先决条件
在影响未来时的概率性。由此，人在突现的、社会的现在
之中，所要做出的调适过程，是一种时间化的假设检验
运作。

回到上述的阈限时间性和继替时间性，历史能否从
新旧并置的交织序列产生结构转型，形成新的共时脉络，
也就在于从人的延伸或综合能力出发，理解在现在的现在
（即注意）之中，在关系的脉络之中，结合回忆过去与猜

想将来以做出调适的判断。

由此，通过米德的突现时间性，事件的三个分定义——交织序列、结构转型、时人注意所涉及的三种时间性——阈限时间性（休厄尔）、继替时间性（埃利亚斯）和现在时间性（奥古斯丁）的关系得以说明和巩固。同时，从突现时间性作为一种温和版本的现在时间性出发，历史的辩证两面（作为历时转型和作为共时脉络）也落实到了现在之中，从而说明了社会学与历史学的另一重关系：历史的现在或现在历史。

图8.1 四重时间性与事件的三个子定义

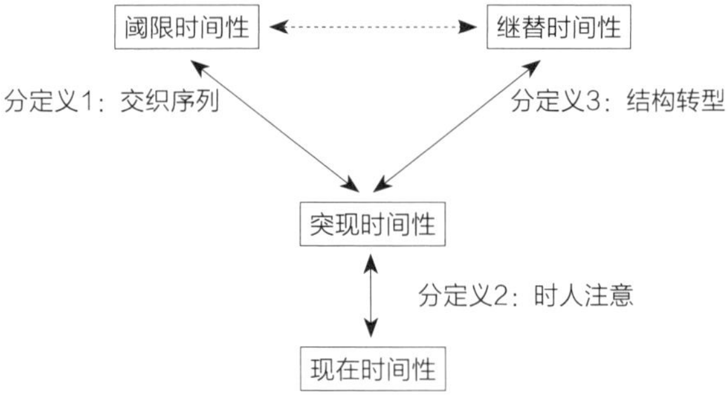

·

参考文献

爱里亚斯：《论时间》，李中文译，台北：群学出版有限公司，2014年。

奥古斯丁：《忏悔录》，周士良译，北京：商务印书馆，1963年。

彼得·伯克：《历史学与社会理论》，姚朋译，上海：上海人民出版社，2010年。

汤志杰：《新经济社会学的历史考察：以镶嵌的问题史为主轴》（上），《政治与社会哲学评论》2009年第29期。

汤志杰：《新经济社会学的历史考察：以镶嵌的问题史为主轴》（下），《政治与社会哲学评论》2009年第30期。

Abbott, Andrew:"Things of Boundaries." *Social Research* , 1995, 62(4).

——: *Time Matters.* Chicago: University Of Chicago Press, 2001.

Agamben, Giorgio: *Homo Sacer: Sovereign Power and Bare Life.* Stanford, California: Stanford University Press, 1998.

Clemens, Elisabeth S: "Afterword: Logics of History? Agency, Multiplicity, and Incoherence in the Explanation

of Change." In *Remaking Modernity: Politics, History, and Sociology*, edited by J. Adams, E. S. Clemens, and A. S. Orloff. Durham and London: Duke University Press, 2005.

Collins, Randall :"Emotional Dynamics and Emotional Domination Drive The Microtrajectory of Moments of Collective Contingency: Comment On Ermakoff." *American Journal of Sociology* , 2017, 123(1).

Elder-Vass, Dave: *The Reality of Social Construction. Cambridge?* New York: Cambridge University Press, 2012.

Ermakoff, Ivan:"The Structure of Contingency." *American Journal of Sociology* , 2015, 121(1).

——: "Emotions, Cognition, and Collective Alignment: A Response to Collins." *American Journal of Sociology*, 2017, 123(1).

Elias, Norbert: "The Retreat of Sociologists into the Present." *Theory, Culture & Society*, 1987, 4(2-3).

Mead, George Herbert : *The Philosophy of the Present.* edited by A. E. Murphy. LaSalle, Ill.: Open Court, 1932.

Patterson, Orlando :"Review of Logics of History: Social Theory and Social Transformation, William H. Sewell, Jr." *American Journal of Sociology*, 2007, 112(4).

Postone, Moishe: *Time, Labor, and Social Domination.* Cambridge: Cambridge University Press, 1993.

Goldthorpe, John H:"The Uses of History in Sociology: Reflections on Some Recent Tendencies." *British Journal of Sociology* , 1991.

Polanyi, Karl: *The Great Transformation.* Boston: Beacon Press, 1957.

Sewell, William H. Jr: "Three Temporalities: Toward an Eventful Sociology." In *The Historic Turn in the Human Sciences*, edited by T. J. McDonald. Ann Arbor: University of Michigan Press, 1996a.

——: "Historical Events as Transformations of Structures: Inventing Revolution at the Bastille." *Theory and Society* , 1996b, 25(6).

——: "Preface." In *Logics of History: Social Theory and Social Transformation*. Chicago: University Of Chicago Press, 2005a.

——: "Theory, History, and Social Science." In *Logics of History: Social Theory and Social Transformation*. Chicago: University Of Chicago Press, 2005b.

——: "Refiguring the 'Social' in Social Science: An Interpretivist Manifesto." In *Logics of History: Social Theory and Social Transformation*. Chicago: University Of Chicago Press, 2005c.

——: "History, Synchrony, and Culture: Reflections on

the Work of Clifford Geertz." In *Logics of History: Social Theory and Social Transformation*. Chicago: University Of Chicago Press, 2005d.

———: "Historical Events as Transformations of Structures: Inventing Revolution at the Bastille." In *Logics of History: Social Theory and Social Transformation*. Chicago: University Of Chicago Press, 2005e .

———: "Three Temporalities: Toward an Eventful Sociology." In *Logics of History: Social Theory and Social Transformation*. Chicago: University Of Chicago Press, 2005f.

———: "Response to Steinmetz, Riley, and Pedersen." *Social Science History* , 2008, 32(4).

———: "The Capitalist Epoch." *Social Science History* , 2014, 38(1-2).

Smith, Christian : *What Is a Person? Rethinking Humanity, Social Life, and the Moral Good from the Person Up.* University of Chicago Press, 2010.

Steinmetz, George:"Logics of History as a Framework for an Integrated Social Science." *Social Science History* , 2008, 32(4).

Stinchcombe, Arthur L : *Theoretical Methods in Social History.* Academic Press, 1978.

Victor, Turner: *The Ritual Process: Structure and Anti-*

Structure. Chicago: Aldine, 1969.

Williams, Raymond: *Keywords: A Vocabulary of Culture and Society. Rev. ed.* New York: Oxford University Press, 1985.

附录 / Appendix

修订与未修订

本书各章的原发表信息：

第一章

孙宇凡：《君主与化身的奥秘：从孔飞力的〈叫魂：1768年中国妖术大恐慌〉出发》，《社会学评论》2016年第6期，第76—93页。

第二章

孙宇凡：《虚构实在、多重身变与假设检验：论史景迁的历史诠释》，杨雅惠编，《垂天之云：欧洲汉学与东/西人文视域的交映》，高雄：台湾中山大学人文研究中心，2018年，第325—352页。

第三章

孙宇凡：《捍卫意识形态正当性：天命-正统与明清易代》，《清华社会学评论》2017年第8辑，第60—86页。

第四章

孙宇凡：《把历史学带进来：历史社会学的跨学科想象与策略》，《社会理论学报》2018年第21卷第2期，第379—401页。

第五章

孙宇凡：《时间、诸因果性与社会学的想象力：与成伯清商榷》，《社会理论学报》2017年第20卷第1期，第155—181页。

第六章

孙宇凡：《第三波历史社会学的理论图景：突现的存在论与深度类比的方法论》，2018年台湾社会学会年会，2018年12月1—2日，新竹：台湾交通大学，2018年。

第七章

孙宇凡：《结构、事件与时间性：关于休厄尔〈历史的诸逻辑〉一书的内在批判》，《清华社会学评论》2019年第12辑，第121—153页。

第八章

孙宇凡，《四种时间性：迈向新的事件社会学》，2019年台湾社会学会年会，12月1—2日，台北："中研院"，2019年。

本书各章收录入书时的修订情况：第四章比期刊论文发表时增加了第七部分"迂回与进入的历史社会学书写：以本书的前三章为例"；第六章比会议论文发表时增加了第四部分"突现时间性"；其他部分无重要修改。

本书各章在正式发表前收到不少师友的批评意见。我已参考的一些意见和直接修改了本书的内容。以下内容中，已删除了这部分的意见内容。当然，仍有一些宝贵意见尚未得到充分地对照修改。相信这些还没来得及发展的学术批评，值得读者和我一起继续思考。

第一章

2015年9月，斯坦福大学社会学系教授周雪光的评论：

读了你的文章，前半部分清楚，但后半部分很费解。我觉得你对孔飞力的文本读得很认真，可以说读了进去，有自己的心得体会，特别是从政治-行政、皇权（专断权）-官僚（常规权）两个相关的维度来思考，有一些新意。但感觉你有些过度解读孔飞力了。作为一个史学家，他能够熟悉应用韦伯和现代的组织理论来分析"叫魂"事件，确实提出了许多单从史学无法看到的新意，但是这些想法在组织学中已经有了许多讨论。其实，韦伯将中国皇权称之为"官僚家长制"（或官僚家产制）及其相关讨论涉及了这些方面。孔飞力的贡献是帮助我们看到了这一理论说法应用的一个栩栩如生的场景。

2016年5月，香港理工大学应用社会科学系荣休首席讲师吕炳强的评论：

这篇文章里涉及机制和事件关系的理论。我先说一个观察：Marshall Sahlins在叙述 Captain Cook 之死当中，这位主角倒是一死了之（第一身被杀，骨头给土人煮熟成了神物，即第四身），机制（因）和事件（果）不混。但是，《叫魂》中的弘历却是在第一身（皇上）和第四身（国家）之间来回往返，机制和事件随意而混。后者比前者对"机制-事件"的构想复杂得多，这是孔飞力的进步。不要光从类型学去想，太静态了。

另一个改善你这篇文章的直接入手办法是回答

这样的一个问题：在"朕即国家"之情况，君主个人（作为行动者）是采用了什么样子的时间结构看他身在的行动历程？你不妨称之为弘历时间。从权力时间看出去的所见虽非社会实在，但其后果却是真实的，即：一旦"朕即国家"，君主私仆和国家公敌便出现了。这其实是W. I. Thomas最著名的社会学洞识。

第三章

2017年8月，清华大学社会学系副教授严飞的评论：

1. Interaction, relation, dynamics这几个维度是赵鼎新的重点，应该展开多说说。

2. 案例分析，大多引用的是魏斐德一人的研究，其他人的研究则完全忽略了，读者会觉得资料太过于单薄。

3. 需要回到历史原档中研究案例。

2017年9月，浙江大学公共管理学院博士生李立的评论：

首先，既然作者使用12000字的篇幅论证绩效合法性无法成为正当性的特殊维度，那么正当性的类型学到底如何？韦伯式？还是更进一步？作者没有给予一个比较完善的答案。

其次，2016年赵鼎新在《学术月刊》上正式提出了他的三个合法性的类型学：绩效合法性、意识形态合法性和法律-程序合法性。赵鼎新主张将卡里斯玛和传统合并成意识形态合法性。作者文中指的"捍卫意识形态正当性"，捍卫的是谁的定义？是韦伯的？涂尔干的？还是赵鼎新的？如果是赵鼎新的，是否可以在未来回归上一个问题，进行解决。

最后，本章在实证部分主要参考的历史文献有丰富的一手文献，但也有为数不少的西方汉学家的二手文献，且有作为理论引用的部分。作为史学家的史景迁等为我们再访历史展现了一幅跃然纸上的图景，但是否能直接使用他们略带社会学笔触的描述和总结作为我们理论分析时采用的主要工具，还略有商榷之处。

第四章

2017年2月，华中师范大学社会学院教授李钧鹏的评论：

我觉得你要回答的最大的一个问题，也是这项研究有可能面临的最根本的质疑：所谓"中国史三杰"都是历史学家，而且是专门研究中国的历史学家，他们本身对理论并无多少兴趣，而且对历史学持比较传统的态度，也就是重在叙事。如果你说他们就是历史社会学家，你很难论证。如果你说他们的研究为历史社会学提供借鉴思路，或者更具野心地，解决了历史学和社会学的学科壁垒问题，那倒是可以，但你要说得更加明确。

不过说回来，如何支撑你的论点，还是很难。其实历史社会学家面临的关键问题是，如果是个案，如何能自信的理论化？如果是比较分析，又如何能从有限的（一般是两三个）个案比较中推出一般性结论，不管是求同还是求异？所以，我还是没有太明白你想做的是什么。

你还需要论证的是，你所说的"间接性本位"（在我看来似乎是说解决方案在于从历史学作品中提炼理论），比其他思路（alternatives）优越在什么地方？如果你仅仅说可以从这三位研究中国的历史学家作品中找到相关思路，那显然是远远不够的。其实，你也可以从你感兴趣的批判实在论这一思路研究历史社会学定位问题，也会更有意思。

还有一些小问题。例如，你前面划分的三种"自我意识"，你说"作为社会学子域的历史社会学"是要向"主流社会学靠拢"。我明白你的意思，但这种表述容易引起歧义，因为有人会把你下面的第二种自我意识看成是向主流社会学靠拢。更关键的是，你说的第二种和第三种自我意识，在我看来其实是一回事，代表人物的观点也并无实质区别。例如米尔斯和蒂利（你这里漏掉了），包括Abrams，说的其实是一个意思。

另外，有一些书你也可以参考，例如Jerry Jacobs的 *In Defense of Disciplines*。还有，其实对于社会学和历史学之间的紧张关系，在20世纪初就有了，你可以查一下Harry Elmer Barnes的书。另外，一定不能漏掉Arthur Stinchcombe的 *Theoretical Methods in Social History*。这本书中文版快出版了。其实，柯志明的文章里有提到他。

第五章

2016年3月，南京大学社会学院教授郑作彧的评论：

我大概的想法是：你对成老师的主要质疑"没有注意到作为微观历史社会学的生命历程研究的发展与重要性"，然后再借此质疑发展出你所谓的两种海图和斯多葛因果性的方法论取径来弥补或质疑成老师的方法论取径，既对也不对。

对的是，成老师这篇文章并没有将"时间"这个概念处理得很清楚，所以让你可以从这个混乱当中找到生命历程研究的缝隙来发展；我认为你这是正确的质疑。

但不对的是，我认为成老师的主旨在于"虚空化／瞬间化"的社会时间结构情境下，突显出社会具有多重现实，而这应该是社会学很重要的研究对象，如此一来，社会学必须要放弃因果想象，因为社会根本没有因果关系可言。

我同意成老师的"去因果性"的看法，并且认为这才是重点。而你提到斯多葛因果性虽然也试图跟传统的休谟式因果性保持距离，但本质上并没有跳脱出因果主义的窠臼，落入成老师正好想抛弃的观点。就这一点来说，你并没有超越成老师跨出去那一步。

所以我同意你的文章突显出的成老师文章里时间概念晦暗不明的问题，但我个人认为如果要解决成老师的问题，应该要：1. 厘清作为社会事实与社会构成要素的时间概念；2. 从当代时间结构的改变突显出来的多重时间着手，指明社会事件生成的复杂性，跟因果主义彻底断裂开来；3. 阐明相应于复杂社会理论视角下的方法论取径。

第六章

2018年11月，台湾中山大学社会所教授万毓泽的评论：

1. 一些文句的语意不清楚，或结构过于复杂。部分推论过程则不够严谨，减损了文章的价值。我们是使用中文写作，不是在翻译。写完要从读者的角度仔细阅读一次。

2. 重要的概念最好能提供定义，推论的过程环环相扣，"步步惊心"。引用他人的论点或概念时要特别谨慎，"六经皆我脚注"式的写作很容易使自己成为箭靶。

3. 我们可以将"情境定义"和"问题－解决"行动模型视为"第三波历史社会学"的共通特征吗？我认为这只是 Richard Biernacki 的概括，还有待检验。Adams 等人列出了"第三波历史社会学"的五大阵营：（1）制度论；（2）理性选择；（3）文化转向；（4）女性主义；（5）（后）殖民与种族研究。这五大阵营都采用"情境定义"和"问题－解决"行动模型吗？

本章可能开展的方向：不是只依赖 Adams 等人的概括，而是对 Adams 等人划分的"第三波"历史社会学研究（如他们列出的五大阵营）进行实质的讨论，具体比较这些研究蕴含的存有论以及在认识论与方法论方面的意涵。按 Clemens 的说法，第三波历史社会学比较倾向"以部分的加总来取代整体"，不再强调"社会系统或社会类型"，而是强调"组成成分"。若是如此，则很接近分析社会学的主张。

第七章

台北"中研院"社会学所副研究员汤志杰的评论：

1. 赞同休厄尔把modes of power从structure定义中删去的做法。如果像你的文章一样把权力带回来，那么如何避免权力决定、权力化约论呢？任何单一决定论都是危险的。

2. 对于先夺权，再建立意识形态正当性的情况，要怎么解释？

3. 如果从层次性因果性角度谈资本主义，那么会不会导致把资本主义看作是最后阶段了？

第八章

2019年7月，香港理工大学应用社会科学系荣休首席讲师吕炳强的评论：

1. 阈限时间性更适合改为汇聚时间性，是多种因素汇聚在一起产生的不确定。你对阈限时间性的理解，没有好好参考Victor Turner的用法。

2. 四种时间性的理论，还是没有解决结构–行动的困境，可能只是重新表述了一下。

3. 对于仍在不确定之中的集体事件，可能看不出转型的方向，如何用你的理论解释呢？

2019年12月，台湾政治大学社会学系高国魁副教授的评论：

我想强调，无论我们在问学立场和学派观点上有何差异，我个人对于你的文笔质量和思路水平持有极高的评价。若可简化说，我的主要问题可分几个层次重新叙述如下：

1. 历史观预设（第二节和第三节）：时人"认识"、时间"转型"、人类"发展"等方面都预设历史精神进步化、自由化的现代性，没有考虑到"错认"、时间"消逝"、人类"淘汰"的反/非现代性。

2. 社会观冲突（第四节和第五节）："权力"（对抗的社会、存活赢家的历史）和"时人"（互动的社会、生活常民的历史）指向的社会范围或者尺度不同，尤其"社会他人"概念当中的强人和众人如何协调，也就是史观代表性的问题（这是为何我举例当代社会的媒体制度）。

3. 事件观内涵（全文的核心概念）：事件概念的内涵似乎游走在结构（衔位连续、秩序）和行动（失位断裂、新生）的两端，模棱两可地也因此不无矛盾地分享了两端特点，因此可能尚未形成自成一格的事件观。我的见解是，这也许是事件"社会学"的内生限制，不是你的问题。对比来说，当今的"事件"哲学试图更大幅跳出结构和行动的两种原因论。

4. 行动和真理（现代性的神学源）：本章虽没有深入、直接谈到行动和真理的类自由价值，但其中特别是引用奥古斯丁之处，仍然突显出事件的主要意涵是一种旧的断裂、新的开始，而那是神学源头的（按照韩炳哲的说法，不是海德格式真理，就是阿伦特式行动）。

索 引 / Index

C

策略性叙事（strategic narrative） 154

成伯清

~多重现实性（multi-realities） 198

~多重叙事（multi-narratives） 183 194 200 204

~论社会学的想象力（sociological imagination） 182

~论社会学的非历史化（ahistorical） 184—185

~现代性时间安排 189

D

道成肉身／化身（incarnation） 13 19—31 35—37 39 41 45

邓为宁（Victoria Cass）

~论物理实在（physical realities）和想象实在（imaginative realities） 65 81

E

尔马科夫／伊万·尔马科夫（Ivan Ermakoff）

~论理性选择（rational choice） 325

~论法国大革命 340

G

H

图书在版编目（CIP）数据

历史社会学的逻辑：双学科视角下的理论探索 / 孙宇凡
著. —成都：四川人民出版社，2021.2（2022.3重印）
ISBN 978-7-220-11975-0

Ⅰ.①历… Ⅱ.①孙… Ⅲ.①历史社会学—研究Ⅳ.①K03

中国版本图书馆CIP数据核字（2020）第155997号

LISHI SHEHUIXUE DE LUOJI : SHUANGXUEKE SHIJIAO XIA DE LILUN TANSUO

历史社会学的逻辑：双学科视角下的理论探索

孙宇凡　著

出 版 人	黄立新
策划统筹	封　龙
封面设计	李其飞
责任编辑	李沁阳　冯　珺
版式设计	戴雨虹
责任印制	周　奇

出版发行	四川人民出版社（成都市槐树街2号）
网　　址	http://www.scpph.com
E-mail	scrmcbs@sina.com
新浪微博	@四川人民出版社
微信公众号	四川人民出版社
发行部业务电话	（028）86259624　86259453
防盗版举报电话	（028）86259624
照　　排	四川最近文化传播有限公司
印　　刷	成都东江印务有限公司
成品尺寸	135mm×200mm
印　　张	12.75
字　　数	240千
版　　次	2021年2月第1版
印　　次	2022年3月第2次印刷
书　　号	ISBN 978-7-220-11975-0
定　　价	72.00元